U0021528

A BRIEF HISTORY OF
HUMANKIND

秒懂人類歷史大事件，破解文明背後的真相

一張圖攤開世界史。

王宇琨×董志道——編著

■ 前言　PREFACE

讀歷史，是為了洞察人類發展的真相與趨勢

歷史上的每一個關鍵節點都像是十字路口，雖然從過去到現在只剩下單行道，但未來卻有無限的道路可以走。當我們回顧歷史的時候，會發現它往往選擇一些完全出人意料的道路。歷史從來沒有正義，也從不選擇對人有利的路，真正活在當時的人正是最看不清歷史走向的人。

本書的價值在於超脫一般世界通史類作品的刻板與預設價值觀，直面人類歷史發展的種種眞相：曾經，我們並不是這個地球上唯一的人類物種，而是唯一還存活下來的人種——智人（*Homo sapiens*），智人極有可能是透過消滅其他亞人種，而最終達到獨霸世界的目的。

在智人遷徙的過程中造成大量物種滅絕的鐵證面前，證明人類一直是造成大規模動植物滅絕的元凶，人類從來沒有眞正學會與自然和諧相處。

智人眞正能夠超越一般動物與其他人種的地方，是在「認知革命」之後發展出可以描述並相信虛構故事的能力，將相信這些虛構故事的人團結起來，一躍而居於食物鏈的頂端，最終讓其他人種和大量的大型動物滅絕。這種虛構故事的能力更發展出神話、法律、金融乃至國家和帝國，構築了社會秩序。我們今天深信不疑的自由、平等、國家等概念，與當年部落的民衆相信巫師，本質上並無二致。

農業革命雖然養活了更多人口，卻讓許多人以較糟糕的條件活下去，使得這場「革命」毀譽參半。人類選擇歷史走向時，並不知道選擇後的道路會通往何方。人類在歷史中不斷誤判，無法預見做出決定之後的全部後果。歷史上最成功的文化，並不一定是對人類最有利的文化。

農業革命使人類的生活方式發生了根本性的改變，自此，人類從狩獵採集者變成食物生產者，隨之而來的，是人類進入了一個由物質利益主導的世界，一個由權力、秩序控制的世界。

從地理大發現開始，人類進入了近代社會，發展的步伐猛然加快。科技革命的首要條件在於承認自己的無知。當歐洲人以「我知道自己不知道」的求知態度駛向遠方時，世界近代史的大門就被打開了。帝國與資本結合，使歐洲對其他文明取得了壓倒性的優勢。

資本主義是人類想像力的驚人成就，它最重要的特點是將財富變爲「資本」，多餘的財富不再用來享受，而是繼續投入到生產中，追求利潤的資本永不停息，資本主義由此得名。資本主義的根基在於「信用」，相信未來，相信經濟將永遠增長，是世界上絕大多數經濟運行的唯一後盾。解決經濟增長泡沫的辦法，就是寄希望於科學家在泡沫破裂之前取得科技成果，創造新的利潤增長點。

隨著科學革命迅猛的發展，人類認爲可以通過科學解決一切問題。但科技的發展有一天也許會終結智人的命運。在下一代「超級人類」誕生之前，我們首先要回答一個問題：我們想要什麼？

《一張圖攤開世界史》所展現的並不僅僅是乏味的歷史事實，更多的是上升到歷史哲學層次的思考。從前所未有的高度來觀察人類歷史發展的大趨勢，用通俗易懂的語言、鮮活的事例，讓讀者領略到歷史的魅力。希望閱讀本書能夠帶給讀者更多視覺上的享受和對歷史的反思。

本書以近400幅精美的手繪插圖、近百張表格的全新形式，演繹了人類歷史，使其同時具備閱讀價值、收藏價值和實用價值。本書涵蓋知識廣雜，難免有紕漏之處。我們由衷希望讀者能夠提供寶貴意見，增遺補漏，爲大家帶來更愉悅的閱讀體驗。■

■ 目錄　CONTENTS

第一部
起源與滅絕

第三部

捲入歷史洪流

▶ 第十一章　帝國來襲

▶ 第十二章　神聖的力量

▶ 第十八章　現代新和平

▶ 第十九章　快樂歷史學

▶第二十章　智人的未來

如何閱讀本書 GUIDE

本節主標題
本節所要探討的主題。

小標題
明確揭示正文中每一段文字的思想內容。

正文
通俗易懂的文字，讓讀者輕鬆閱讀。

一 起源與滅絕 第四章——當人類成為其他物種的災難

04 幸運的寵兒 畜牧業大發展的時代

人類雖然造成動植物的大規模滅絕，但有幾種特別的動物則被人類選中，迎來了空前的大發展，那就是家禽和家畜，牠們成爲人類擴張中的幸運兒。

與自然和諧相處是個謊言

考古發現的事實已經證明，智人的第一波殖民浪潮是全球大型陸生哺乳動物的巨大災難。在輪子、文字和鐵器發明之前，人類已經讓全球大約一半的大型野獸魂歸西天。

第二波浪潮則是農業革命到來之後，農夫們用鋤頭對自然棲息地的破壞、外來物種的入侵，以及對自然資源的過度使用。所謂我們的祖先與自然和諧相處，其實是一種謊言。工業革命之前，人類就是造成大規模動植物滅絕的元凶，人類從來沒有眞正學會與自然和諧相處。

068

搭乘人類諾亞方舟的動物

不過智人征服自然的過程，並非是所有動植物的災難，有幾種動物在人類製造的大滅絕洪水之中，因爲被人類選中，而登上了諾亞方舟，甚至獲得了空前的大發展，那就是被人類當作盤中佳餚的家禽與家畜。這幾種動物和人類的命運息息相關：雞、鴨、豬、牛、綿羊、山羊和狗。牠們隨著智人的領地擴張而被注意，隨後搭上了人類發展的快車。大約 1 萬年前，全球的綿羊、牛、山羊、野豬大概有幾百萬隻，分布在亞歐非大陸的某些地方，現在牠們隨著人類的擴張遍布全球。大型哺乳動物數量最多的是人，數量位居第二、三、四名的就是馴化的牛、豬和羊，每一種都是數以億計。

只是，這一切對狩獵採集社會的人們來說，根本還想像不到。智人的新時代很快就要到來了，它使得人類的生活方式、人類的數量發生了徹底的改變，這是一場重大的革命——農業革命。

圖解標題

針對內文所探討的重點圖解分析，幫助讀者深入領悟。

有幸被選上的家禽和家畜

人類從來沒有真正學會與自然和諧相處，在工業革命之前就已經造成大量動植物的滅絕。但有幾種動物有幸被選中，登上人類發展的快車，擴散到了全球。

渡渡鳥　模里西斯特有的一種鳥類，被人類發現 70 年後，於 1662 年滅絕，是人類歷史紀錄中，首個因為人類活動而滅絕的動物。渡渡鳥不會飛，跑得也不快，歐洲人向模里西斯島上輸入了貓、狗、大鼠、豬及食蟹獼猴，這些動物或以渡渡鳥為食，或排擠了牠，破壞其生存的環境，使得渡渡鳥最終滅絕。渡渡鳥因此也成為最著名的滅絕動物之一。

牛的祖先——原牛

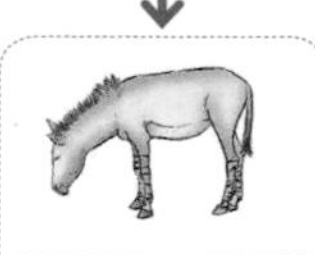

家驢的祖先——非洲野驢

山羊的祖先——中亞羱羊

人類馴化的方法

1. 早期發育階段馴化：這種馴化方法是利用幼齡動物可塑性大的特點，進行人工馴化，其效果普遍較好。
2. 個體馴化與集群馴化：個體馴化是對每一動物個體的單獨馴化。集群馴化是在統一的信號指引下，使每一個動物建立起共有的條件反射，產生一致性群體活動。
3. 直接馴化與間接馴化：個體馴化和集群馴化皆屬於直接馴化。間接馴化是利用同種或異種個體之間的差異，或已馴化動物與未馴化動物之間的差異而進行的。如利用馴化過的母鹿帶著未經馴化的仔鹿去放牧。
4. 性活動期馴化：性活動期是動物行為活動的特殊時期，只有根據此時期動物生理和行為的特點，有針對性地進行馴化工作，才能避免繁殖的損失。

04

幸運的寵兒：畜牧業大發展的時代

069

章節序號

本書每章節皆採用色塊標示，以利讀者尋找識別。同時用醒目的序號提示該文在本章下的排列序號。

圖表

將隱晦、生澀的敘述，以清楚的圖表方式呈現。這也是本書的精華所在。

插圖

較難懂的抽象概念運用具象圖畫表示，讓讀者可以盡量直觀地理解原意。

第一部

起源與滅絕

第一章
我們從何而來

01 從大霹靂到人類誕生 智人並非獨一無二

宇宙大霹靂（Big Bang）90 多億年之後地球誕生了，人類又在地球誕生 46 億年之後才出現。當我們自認爲是唯一的人類種族，卻已經遺忘了鐵一般的事實：幾十萬年前，至少有 6 種人類曾經在地球上共同繁衍生息。

宇宙的出現與複雜結構

如果沒有 135 億年前的那場大霹靂，說不定就沒有人類和世間萬物。對，那場大霹靂 135 億年後的今天，我們成了世間的主宰。在漫長的歷史中，人是如何從動物到萬物之靈的？

大霹靂之後的一瞬間，宇宙出現了，物質與空間變成現在的樣子。而較此稍微晚一點，準確地說，是大霹靂 30 萬年之後，物質和能量開始變成更爲複雜的結構，也就是「原子」。原子又構成了「分子」，「元素」的故事則稱爲「化學」。

由強大的「原子」組成「分子」，更多的「分子」形成了「有機體」。「有機體」就是分子和原子相互作用形成的更龐大而精密的結構，而有機體的故事就成了「生物學」。生命的神奇就在於，組成你我身體的這些「原子」，如果用一根極細的針將它們完全分開，每一個原子都是沒有生命的。而實際上，你無法僅用手指就將這些「原子」分開，因爲它們之間有著極強的引力。

物種的故事

大霹靂發生 90 億年後，太陽系中誕生了一個被稱作「地球」的星球，在這裡產生了生命，準確地說，是高級生命。進化和演變從那時候開始，就未曾停歇過。

大霹靂之後發生了什麼

大霹靂之後的一瞬間，時間出現了，物質與空間變成現在的樣子。而較此稍微晚一點，也就是 30 萬年之後，物質和能量開始變成更為複雜的結構。

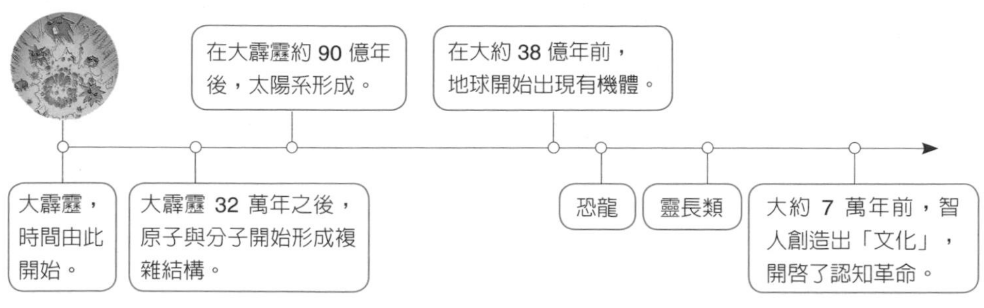

元素週期表

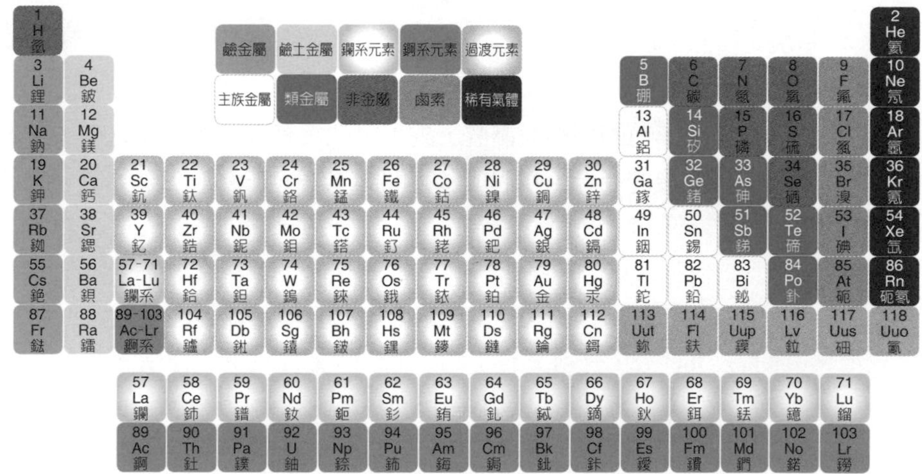

大霹靂之後很短的時間內形成了較輕的元素，在經歷漫長的時間後形成了較重的元素。目前，人們已知的元素有 118 種，其中 94 種是天然存在的，還有 24 種是在實驗室裡製造出來的。

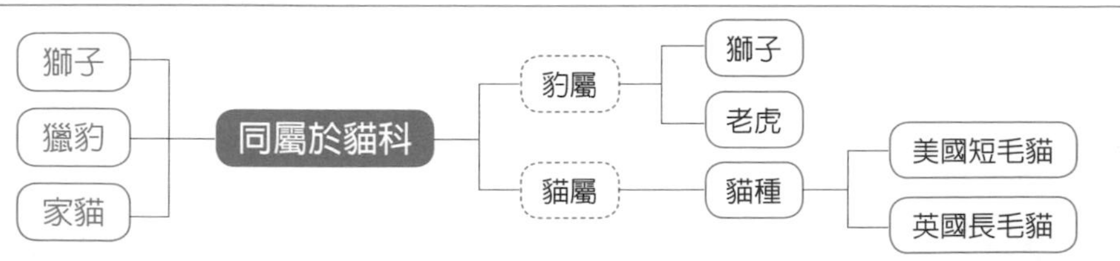

同科共祖：雖然是不同屬的動物，但如果彼此之間屬於同一科，那麼，同一科的所有成員都能追溯到某個雄性或雌性祖先。

如今的生物學家將所有生物劃分成不同的「物種」，而同一物種彼此之間可以（或者說是樂意）交配，從而產生下一代。舉例說，獅子、獵豹、老虎、家貓等，雖然不是同屬的動物，但牠們彼此之間屬於同一科，即貓科動物。而這龐大的貓科動物中的所有成員，都能追溯到某個雄性或雌性祖先。「喵喵叫」的家貓和吼聲震天的獅子，都來自於大約 2500 萬年前的一個共同祖先。

人類的家族祕史

人類在有歷史紀錄之前就已存在，早在 250 萬年前，就已經出現了非常像我們的動物了。人、馬、驢、虎及豹等動物之間，到底有什麼聯繫和區別？人和黑猩猩之間，究竟是不是同一個祖奶奶？

雖然現在公認的人類祖先是「智人」，但按照物種的分類方式，「智人」毫無疑問也應該屬於某個科，即人科動物。雖然現在看起來這並不奇怪，但「智人」的歷史卻曾是整個歷史上最大的祕密。有人認爲「智人」一直希望自己和其他動物不同，彷彿「人科」就只有自己存在一般，而且「智人」沒有兄弟姊妹，沒有遠親近鄰，甚至最重要的是——沒有父母。

現在看來，這絕非事實。

人類進化的錯誤認知

一直以來，人們都認爲人類是由單一人種演化而來。事實上，在幾十萬年前的地球上，至少有 6 個不同的人種。但人類總是習慣認爲自己是這個星球上唯一的「人類」，事實上，在過去的 1 萬年間，人類歷史上也僅僅記載了「智人」這一個物種。但不要忘了，人類早在有歷史紀錄以前就已經存在。

有一種常見的錯誤：認爲人這種物種是呈線性發展的，即從「匠人」變成「直立人」，從「直立人」再變成「尼安德塔人」，而我們最終就是由尼安德塔人變來的。但事實上，整個世界其實同時存在很多不同人種。就像今天，地球上有斑馬、馬、驢、騾子一樣，屬於同一科下的不同種生物。而在幾十萬年前的地球上，多個人種共存應該是一種常態。

最早的人類是從大約 250 萬年前的東非大陸上開始演化，而我們的祖先是一種更早的猿屬動物，即南方古猿。在大約 200 萬年以前，遠古人類開始跨越大洲、大洋，足跡遍及北非、歐洲、亞洲的廣大地區。是的，那時候的人類還沒有登上澳洲和美洲大陸。

人類的進化和遷移

當最早的人類走出東非大陸之後，經過百萬年的演化，地球上存在著好幾種不同的「人類」，智人只是其中的一種而已。那麼，這些人都到哪兒去了呢？

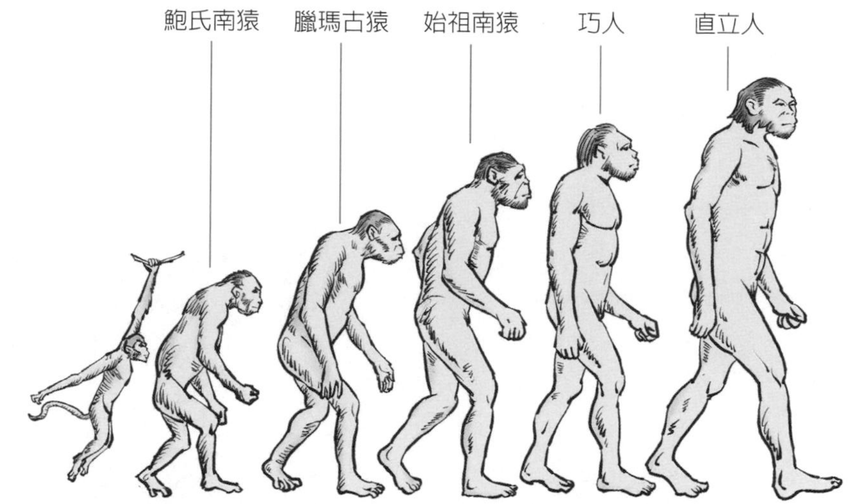

一直以來，人們都認為人類是由單一人種演化而來。實際上，這種認知是不科學的。

DNA 的祕密

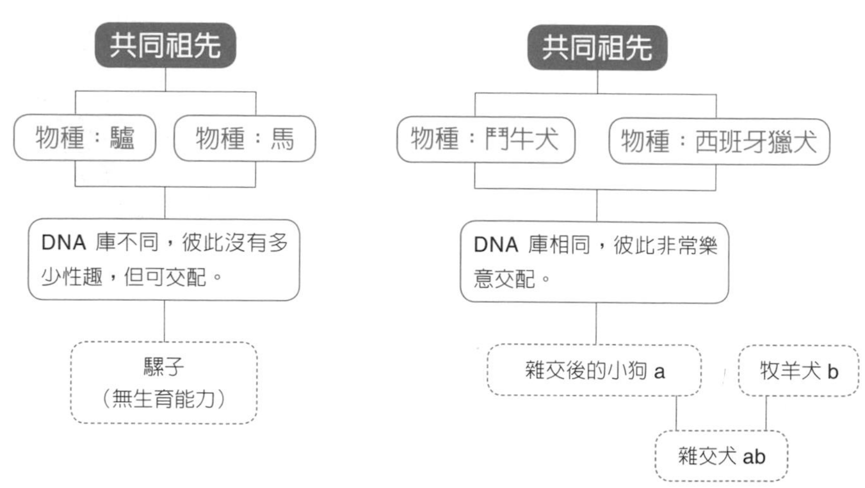

當物種之間的 DNA 突變，不能傳遞給另一物種時，我們就認定牠們是不同的物種，各自有各自的演化路徑。而一旦 DNA 庫相同，即便是不同物種之間，也能互相繁衍，子孫滿堂。

尼安德塔人

遷徙至此處的「尼安德塔人」，與「智人」相比更為魁梧，肌肉更發達，十分適應冰河時期歐亞大陸的寒冷氣候。

智人

直立人在歐亞大陸不斷演化的同時，在東非的人種演化並沒有停止，那裡出現了「魯道夫人」、「匠人」和人類的祖先——「智人」。

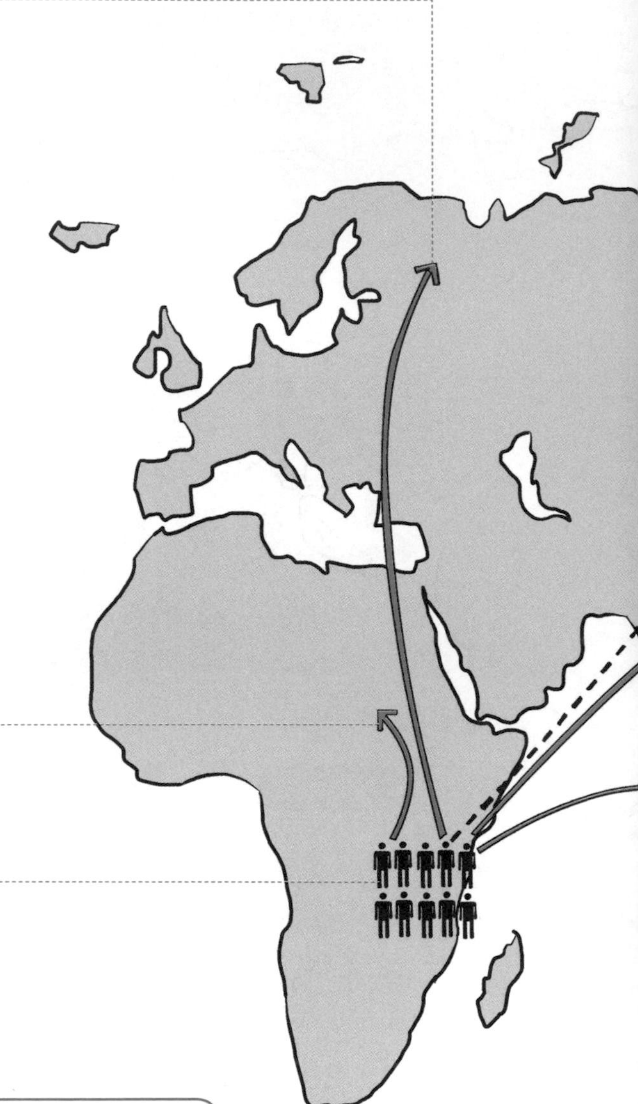

南方古猿

大約 250 萬年前，位於東非的「南方古猿」開始踏上進化、遷徙的旅程，足跡遍及北非、歐洲和亞洲的廣大地區。而此時牠們還是猿屬動物。

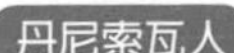

2010 年，科學家在西伯利亞的丹尼索瓦洞穴中發現了人類大家族的另一成員——「丹尼索瓦人」。而這個人種過去並不為人所知。是否由南方古猿遷徙而來？

直立人

在亞洲居住的「直立人」一共存續了將近 200 萬年，是目前已知存續最久的人類物種。

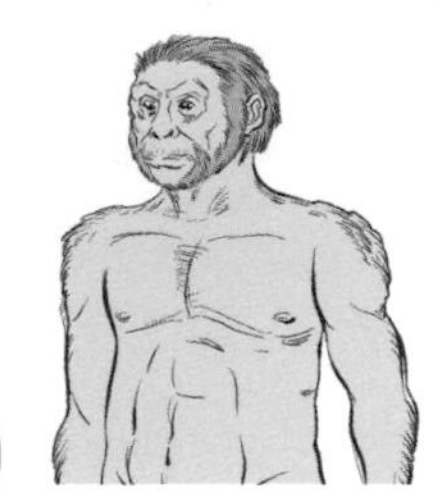

梭羅人

居住在印尼爪哇島的「梭羅人」，很適應熱帶的生活環境。而此處另一個叫做「弗洛里斯」的小島上，因為生存環境的緣故，「梭羅人」不得不進行整體「侏儒化」的過程。最後，那裡的人類物種變成了最高不過 100 公分，體重不超過 25 公斤的特殊人種——「弗洛里斯人」。

02 思考之謎 高度發展的人類思維能力

人類的大腦在幾百萬年的時間裡持續變大，使人類具備了更發達的思維能力，人類和動物的差距開始愈來愈大，但發達的思維也帶給人類很多的煩惱。

大腦容量持續提高

雖然人種之間有著諸多的不同，但還是有幾項人類的共同特徵。其中最重要的一項對人類進化異常關鍵，那就是人類的大腦開始明顯大於其他動物。在長達 300 萬年的時間裡，人類的智力提高並得到激發。同一時間裡，南方古猿的平均腦容量與身體比例像黑猩猩一樣保持不變，而人類卻持續提高，平均腦容量達到 1200～1400 立方釐米，尼安德塔人甚至比智人的腦容量更大。

大腦容量的提高，不但讓人學會製造工具，還具備了更高水準的想像和推理能力。當南方古猿只懂得去哪裡找尋食物的時候，人類已經知道該到哪裡尋找製造工具的材料了。這使得預見、記憶和籌畫的能力隨之發展出來，人類和動物的差距也跟著拉開。

「思考」帶來的負擔

爲什麼只有人類演化出比例如此龐大的思考器官呢？隨著人腦的增長，相應地也帶來了巨大的負擔。人腦的能量消耗占了身體的 25％，人類也把手臂二頭肌的能量撥給大腦中的神經元，相比其他動物力量有所退化。更致命的是，人的頭部也隨之在增大，但直立行走又限制了骨盆的寬度。這個兩難問題依靠另一種方法解決了：人類嬰兒的大腦只有成人大腦的 25％，而幼年黑猩猩的腦部卻是成年腦的 65％。於是人腦在後天得到了增長，但隨之而來的一個問題，是人的身體發育遲緩了下來。

一匹新生的小馬可以自己獨立站起，出生 2 小時即可行走；大猩猩在出生 12 個月即可自理生活；而人類在 6 歲之前則處於凡事完全依賴父母的狀態。

在這種情況下，就需要創立新的社會結構：女性在生育之後，要養育脆弱的嬰兒，以及兩性共同養育孩子；這種方式反過來要求人類建立更穩固、更複雜的關係。

獨一無二的大腦演化

只有人類演化出如此龐大的思考器官，原因我們依然不得而知。但這一演化對於人類最終成為地球霸主具有決定性意義。

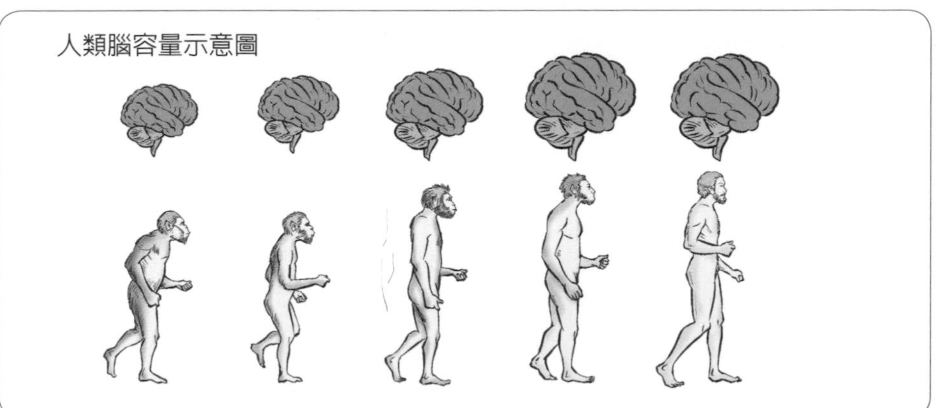

人類進化與腦容量

進化階段	腦容量	製造工具	火的使用
南方古猿	450～530mL	不能製造工具	不會用火
巧人	680mL	能製造簡單的工具	不會用火
直立人	1000mL	會打造不同用途的石器	學會使用天然火
智人	1360mL	會製造精細的石器和骨器	學會人工取火

人族各屬的系統樹

距今 300 多萬年前，從南方古猿屬分出的真人屬最終勝出。

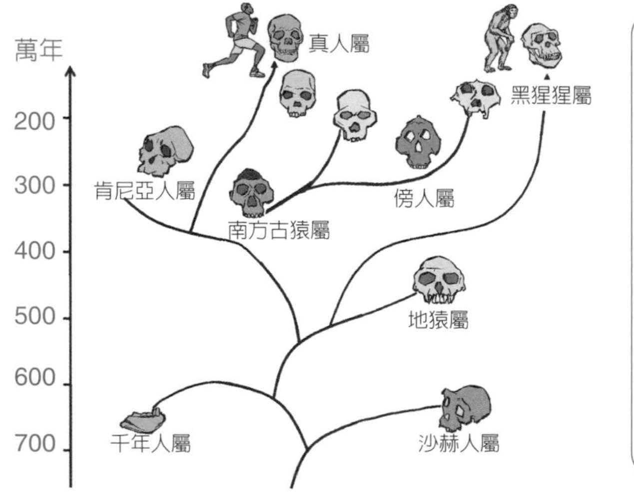

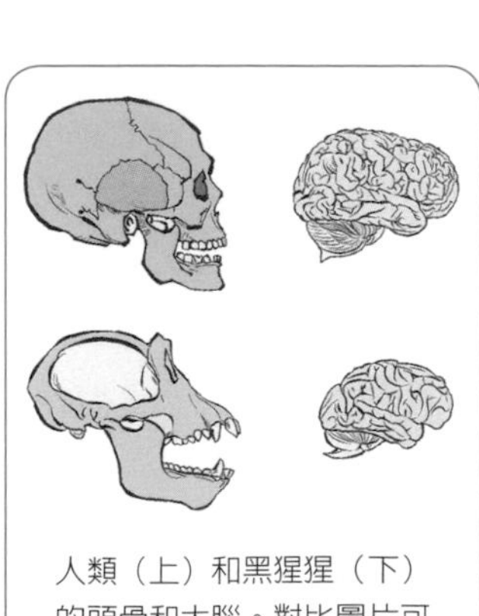

人類（上）和黑猩猩（下）的頭骨和大腦。對比圖片可以看出，人類的大腦溝回要比黑猩猩複雜得多。

03 進化的標誌 直立行走帶來的驚人變化

直立行走是人類起源過程中的標誌性事件，對人類演化的影響之大超過一般人的想像。它影響的不僅僅是人類的健康、行爲方式，甚至還有人類社會的社交技巧。

雙手萬能與直立行走的負擔

幾百萬年前的一隻南方古猿站立了起來，成爲人類進化史上一件劃時代的大事。直立行走是人類進化的標誌之一，兩條腿能夠站立起來，就更容易環視整片草原，看到哪裡有獵物或者敵人。科學研究表明：靠兩足行走，比黑猩猩四肢行走要節省 75%的能量。

更重要的是，直立行走讓雙手擺脫了移動身體的任務，從而能發揮其他用途，諸如丟石塊或傳遞食物給夥伴。手能做的事情愈多，人的演化也就愈朝著重神經的方向發展，手開始能夠處理精細的事務，製造和使用複雜的工具。

然而，直立行走也帶來相應的問題，骨骼因此發生了劇變。直立行走後，脊椎成爲承重的支柱，長期擠壓之後，可能會出現椎間盤突出，壓迫脊椎神經，引起疼痛。沒有其他的靈長類動物忍受過這種背部疼痛。此外，人類膝蓋承受的壓力可能是其他動物膝蓋的好幾倍，讓很多人飽嘗足痛膝傷之苦。

女人付出的代價：分娩的考驗

對女人來說，直立行走的代價更大。直立行走使得臀部變窄，產道因此變窄；與此同時，大腦不斷發育，胎兒的頭部愈來愈大，分娩就成了一場嚴酷的考驗，它意味著劇痛與風險。婦女的骨盆結構在二者之間勉強取得平衡，使女人的生產成爲高級哺乳動物中最爲困難的事。直到 100 多年前，分娩死亡依然是育齡女性死亡的首要原因。

直立行走帶給人類什麼（一）

直立行走是人類獨有的特點，對人類來說有利有弊。直立行走讓智人的手得以解放，能夠製造工具；但也讓人腰痠背痛，分娩困難。

猿類行走

猿人直立行走

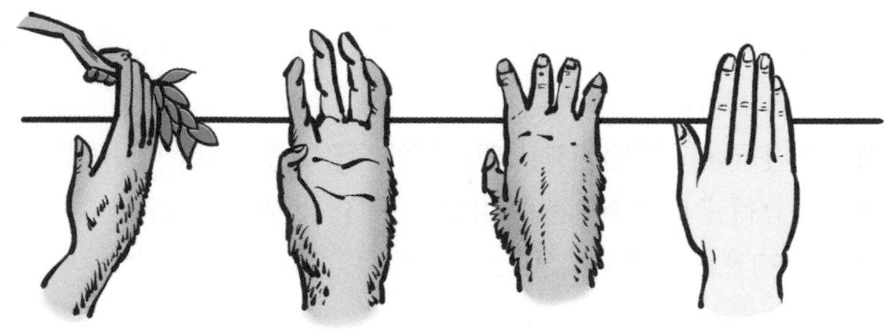

直立行走解放了雙手，從左至右，依次是猩猩、黑猩猩、大猩猩的「手」和人手。

利於人直立行走的身體結構

- 上肢短小，體重減輕。下肢粗壯，腳板寬。
- 人體脊柱四個生理彎曲降低人體重心，增強了人體直立行走的穩定性。
- 足的三點（第一、第五蹠骨，跟骨結節）決定一平面，增強了承重和直立行走的穩定性。
- 人類骨盆立體結構，髖骨向身體左右兩側彎曲凹進，對於支撐身體、肌肉的生長都很有利，能完全承載我們的體重。
- 頸後無須再由強健的肌肉來維持頭部位置，使之不下垂，減輕了顱骨附生的肌肉的負擔。

隨之而來的一系列變化，更對人類社會屬性的形成有重大影響。人類嬰兒乃是「啃老族」，需要多年的撫育和保護，如果母親是獨自撫養孩子，就很難為自己和孩子獲得足夠的食物，因此需要家族其他成員和朋友持續提供協助。於是，人類形成了十分突出的社交技巧。

人是一種學習型動物

為了照顧孩子，人類不但需要聚居生活，發展出更高的社交技巧，也因此形成了具有強大社會關係的種族。這意味著更加複雜和多變的社會屬性。以群體方式生活，在生活中無論進食、休息或遷徙都以集體為單位，彼此相互照顧、相互協助。這是人類發明語言進行交流的一大原因，也正是在此基礎上形成了文化。

與其他動物有顯著區別的，還有人類的孩子需要更多地學習。絕大多數哺乳動物出生之後，可以在短時間內適應外界環境，牠們需要的生存本能已經被鐫刻於基因之中，而人類出生時發育遠稱不上完全。雖然需要照顧孩子多有不便，但更容易通過教育和社會化的方式而改變孩子的習慣，可塑性遠超過一般的哺乳動物。

猶太人的希伯來語一度成為死文字，已經有 2000 多年無人使用，但 19 世紀末，一位語言學家將希伯來語當作母語教給他的孩子，成功使希伯來語復活，今天使用希伯來語的人已經達到 750 萬。如果在孩子成長的階段給予不同等級的教育，他們就可能成為基督徒、猶太教徒、佛教徒或者無神論者，人類可塑性之高由此可見一斑。

直立行走帶給人類什麼（二）

智人直立行走給人類社會帶來了重大變化：嬰兒發育遲緩，需要群體協助，腰痠腿疼，膝蓋容易磨損，以及分娩困難。

大猩猩骨骼圖片

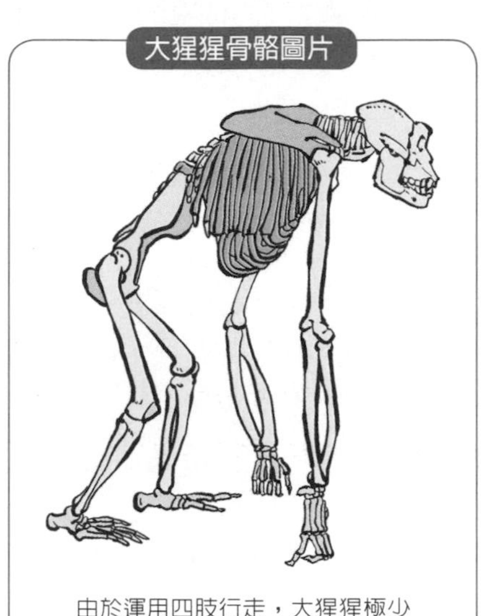

由於運用四肢行走，大猩猩極少出現腰椎問題。

人類骨骼圖片

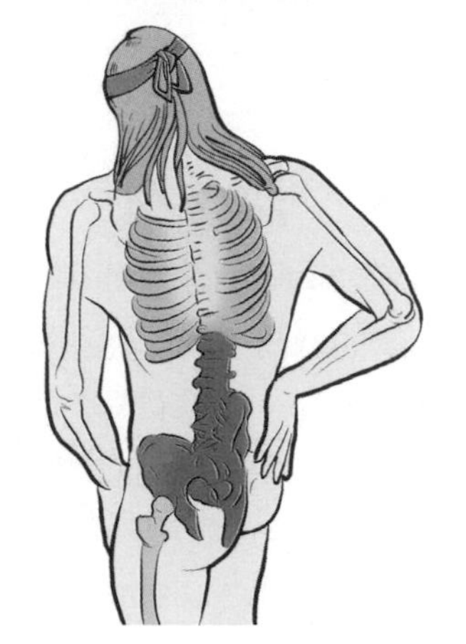

直立行走使上半身的壓力集中，脊椎受到壓迫，導致人類出現了特有的腰痠背痛現象。

猩猩與人類骨骼對比

猩猩分娩示意圖

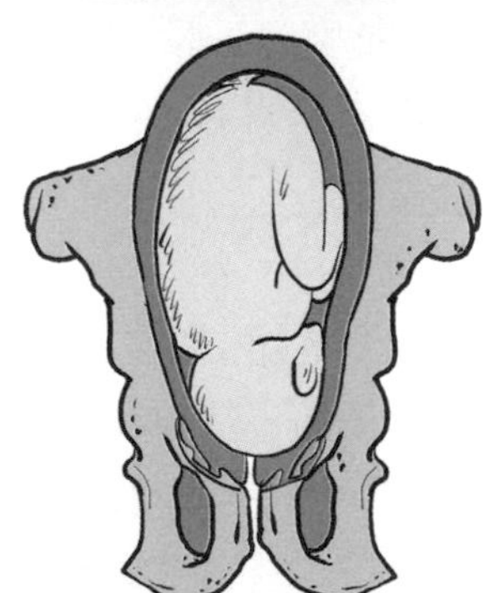

人類分娩示意圖

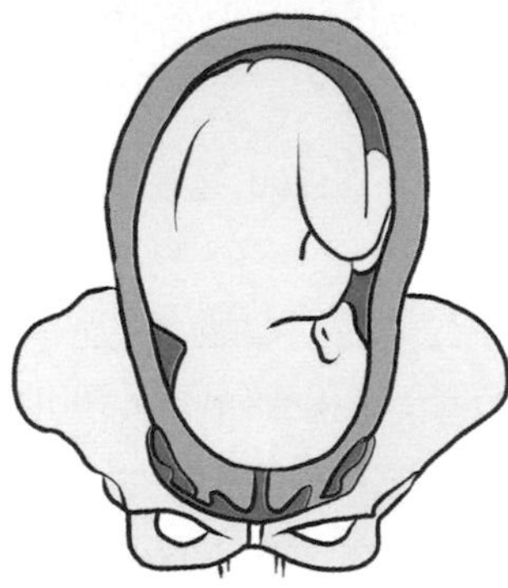

猩猩的嬰兒頭骨比人類小很多，母猩猩分娩難度也遠小於人類母親。

04 成為頂級獵食者 人類如何登上食物鏈頂端？

人類在漫長的進化過程中，其實一直處於食物鏈中間的位置，一直到 10 萬年前，人類在自己發明的武器的幫助下，突然躍居至食物鏈頂端。這爲人類自身和生物界都帶來了巨大的變化。

既是獵人，也是獵物

在整整 200 萬年的時間裡，人類一直是一種弱小與邊緣的生物。在大約 100 萬年前的時候，人類已經擁有容量很大的大腦和鋒銳的石器，但依然恐懼肉食動物的威脅。儘管最早的原始人對於肉食有著強烈的欲望，卻常常得不到滿足，甚至自身也成爲肉食動物（諸如獅子等貓科動物）的犧牲品。某些人類化石上就有著明顯的證據。

長期以來，智人一直穩定居於食物鏈中間的位置，人類採集各種能得到的食物，獵殺小動物，但也被較大型的動物獵殺。早期石器最爲常見的用途，就是把骨頭敲開，食用裡面的骨髓；在大型猛獸吃掉動物之後，再由食腐動物的鬣狗和豺吃掉內臟與剩肉，最後才輪到原始人享用剩下的骨髓。

一躍而成頂級獵食者

一直到 40 萬年前，有幾種人類才開始固定追捕大型獵物。在西元前 30 萬年前後，智人的遊獵群開始圍剿和獵殺大象這樣的大型動物，他們用火將大型獵物驅趕進包圍圈，以便更容易殺死獵物。智人的捕獵隊一般是 20 到 30 人一起行動，在非洲、亞洲和歐洲，大約能夠供養得起 4 萬個這樣的獵人群體，當時全球人口不到 100 萬人。到了 10 萬年前，智人崛起，人類一躍而居於食物鏈的頂端。

這段從中段到頂端的跳躍來得突然，通常到達食物鏈頂端的動物，諸如獅子、鯊魚都是在幾百萬年的進化之後，才終於到達頂點，生態系統也在這一過程中逐步形成新的平衡。而人類在轉瞬之間，對一切大型動物取得了完全的優勢，這不僅令生態系統猝不及防，也讓人類不知所措。這場過於倉促的地位跳躍，給生物界和人類自身都帶來了災難與浩劫。

突然躍居食物鏈頂端

人類經過幾百萬年的進化，一直處於食物鏈的中間位置。但隨著人類進化速度加快，幾十萬年間就躍居頂端。

① 尼安德塔人敲食骨髓。

② 投矛器等技術的使用，使人類的狩獵能力得到顯著提高。

③ 有能力捕獵大型猛獸，標誌著人類已經成為頂級捕獵者。

④ 人類登上食物鏈頂端。

05 會做飯的物種 用火烹飪的智慧

對人類來說，會使用「火」是進化過程中的一件大事。用火進行烹飪，發揮巨大的作用，這讓我們吃得更健康，長得更好看，大腦發育得更大。

征服自然的利器——火

人類是如何在這麼短的時間內就登上食物鏈頂端呢？在這一過程中，使用火可以說是人類邁出的一大步。那麼，人類最早是從何時開始用火？目前無法知道準確時間，但在 80 萬年前就已經有部分人種開始偶爾使用天然火。

到了 30 萬年前，對直立人、智人和尼安德塔人來說，人工取火已是家常便飯。從非洲的發源地長途跋涉進入歐洲那些寒冷地區，火對於維持生存至關重要。火還能夠做爲致命的武器，阻止大型猛獸對人類的侵襲。當人類熟練、掌握了火之後，還能通過刻意焚燒野地，讓本來難以通行、對人無益的叢林變成有利的原野，而且很容易就能發現獵物。

烹飪加速人類進化

人類是唯一能對食品進行加工的動物。火帶來的最大好處就是能夠進行烹飪，某些食物如小麥、水稻、馬鈴薯，在自然狀態下很難爲人類所食用吸收，而經過烹調，就變成了我們的主食。烹飪蒸煮後，食物中的病菌和寄生蟲會被殺死，咀嚼和消化所需要的時間也大爲縮短；咀嚼熟肉的時間只有生肉的五分之一。

此外，烹飪還讓人類的咀嚼肌和牙齒縮小，減少了腸道的長度。人類腸道縮短，能量消耗也跟著減少，相應地，大腦就可以發育得更大，不經意間，烹飪使得智人和尼安德塔人的演化走上了讓大腦更大之路。

就在這種狀態下，西元前 10 萬年前的南非，一種和我們幾乎一模一樣的人類出現了，他們被稱爲「晚期智人」，是「雙料的聰明人」（解剖學意義上的現代人）。在接下去的 7 萬年時間裡，他們在全世界範圍內取代了先前的原始人種，成爲人亞科人屬下唯一的一個種。這一切究竟是怎樣發生的呢？

會做飯對人類進化很重要

學會烹飪食物對人類的進化絕非可有可無，而是火、食物加熱和滅菌等綜合水準的提高，更促進人類進化為晚期智人。

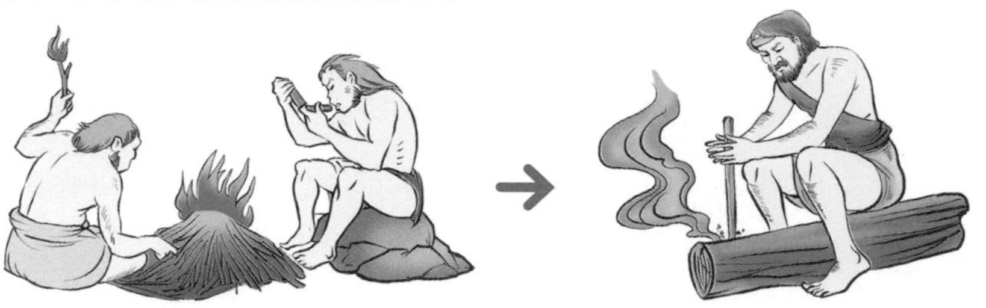

學會使用天然火是人類進化征途上一件劃時代的大事。

鑽木取火是人類學會的一項重要生存技能，讓人類向全熟化的食物烹飪更近了一步。

原始人燒烤獵物。

燒荒可以讓叢林變成對人類有利的原野，並為「刀耕火種」的原始農業的出現創造了條件。

使用火對於人類進化的意義

- 用火來幫助狩獵。
- 火可以用來加工武器和工具。
- 借助火的使用，人類學會了在各種氣候條件下生存，向過去未曾生活過的地區擴散。
- 人類用火之後，發現泥土經過焙燒後能變得堅固，並能燒製成各種器皿，由此發明了陶器。
- 用火烹飪可以殺死食物中的病菌和寄生蟲，熟食有利於咀嚼和消化。
- 「刀耕火種」促進了原始農業的發展。

06 滅絕之謎 其他人種去哪了？

地球上本來並不只有智人一個人種，但在幾萬年的時間裡，其他所有的人種都先後滅絕了。這背後也許隱藏著一個駭人聽聞的眞相：智人的祖先滅絕了其他人種，使自己成爲獨一無二的人類亞種。

晚期智人的技術革命

晚期智人出現之後，最多不過 7 萬年的時間裡，他們就橫掃整個世界，排擠掉所有先前的人種，移居到了完全陌生的地區，比如巧人、直立人從沒有登上過的美洲大陸。大約西元前 35000 年前，他們已經占據了亞歐大陸所有尼安德塔人的領地。

晚期智人進行了技術革命：首先是石刀加工，藉由使用退火的方法，他們能夠製造出 250 公分長的刀刃，還製造出燧石矛頭，並把兩種不同的材料結合起來。晚期智人還可以用骨頭、象牙爲原材料，製作工具和武器，比如骨針、魚鉤等，這種技術是人類工具使用的一次飛躍。晚期智人還發明了弓箭，以及大幅度增強狩獵殺傷力的投矛器。頭腦發達的他們還運用陷阱、驅趕獵物到懸崖、誘使獵物進入有利地形等狩獵方式，一躍而超越了地球上所有的物種。

史上最早的種族滅絕運動？

那麼，在晚期智人取得絕對優勢之後，當初那些其他人種後來怎樣了？先前的原始人種是被他們驅逐還是滅絕呢？或者，這種晚期智人只是簡單地從歐洲、亞洲的直立人種進化而來？

被廣泛接受的觀點是：智人有著更先進的技術、更高的社交技巧，在狩獵和採集上更爲熟練，於是族群迅速成長；相反地，尼安德塔人因爲自身缺陷，生活愈來愈艱難，種群數量下滑，逐漸走向滅絕。甚至因爲資源競爭愈演愈烈，最後爆發衝突，導致智人直接將對手趕盡殺絕，也許爆發了史上最早的種族滅絕運動。

雖然令我們不安，但這很可能就是遠古曾發生的眞相。在大約 12000 年前，當昵稱爲「霍比特人」的弗洛里斯人也滅絕之後，智人成爲地球上唯一的人類亞種。

晚期智人獨霸全球

在 7 萬年的時間裡，晚期智人就橫掃整個世界，所有先前並存的人類亞種都滅絕了，這期間究竟發生了什麼事？

海德堡人

在德國海德堡首次發現，是尼安德塔人的直系祖先。

丹尼索瓦人

2012 年在俄羅斯西伯利亞發現。

尼安德塔人

被視為人類進化史中間階段的代表性人種，是現代歐洲人祖先的近親。

晚期智人

爪哇人

東南亞舊石器時代的人類，也是最早被發現的直立人化石。

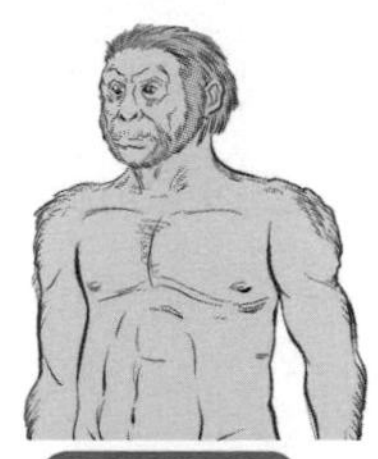

弗洛里斯人

別名霍比特人，在印度尼西亞發現，身高僅 100 公分左右。

智人遷移到世界各地的過程

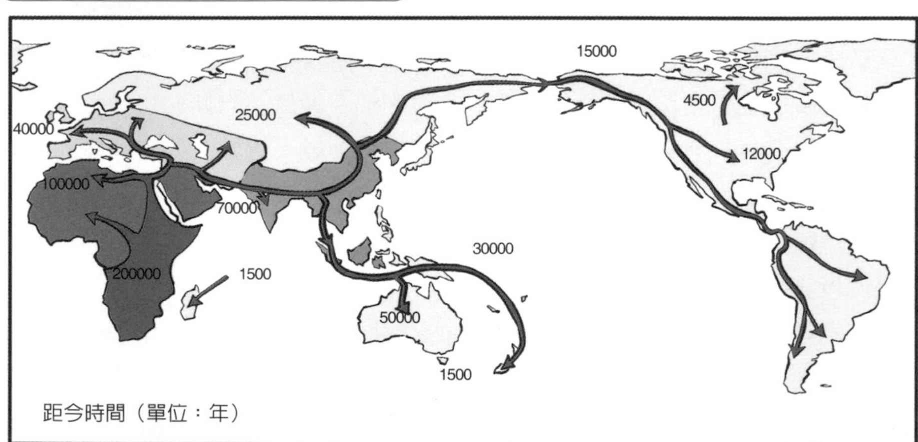

第二章
認知革命的影響

01 智人崛起
認知革命帶來技術革命

智人的祖先曾在和尼安德塔人爭奪領地時失敗，但 7 萬年前，智人再次走出非洲，擊敗了所有的人類亞種，並且分布到全世界。這首先歸功於幾萬年時間裡由認知革命帶來的技術革命。

占領全世界的智人

西元前 10 萬年之前，智人開始在東非出現；不過，幾萬年之後，雖然他們和現代人在外表與腦容量上沒有多大差異，但和其他人類亞種相較，並無任何優勢。即使在那之後不久，有幾群智人向北遷徙到地中海東部，這裡原本是尼安德塔人的地盤，但智人在爭奪領地失敗之後，不得不退回到非洲。至於失敗的原因現在已無法弄清。智人在非洲又蟄伏了 3 萬年之後，才再度向其他地域擴張，在 7 萬年不到的時間裡，已經分布到全世界所有能夠居住的地方。

認知能力的強大力量

智人是通過什麼方法和途徑辦到這一切呢？從西元前 7 萬年到西元前 3 萬年，智人社會被幾項技術革命徹底改變：包括船、油燈、弓箭和縫衣禦寒必備的針。研究人員一致認爲，這些前所未有的重要成就，與智人的認知能力有了革命性發展是分不開的。合作與分享成爲智人群體成員間交往不可或缺的關鍵因素。然而，動物也有各自的語言，智人的新語言究竟有何特別，讓他們突然在這個世界上崛起呢？

答案是：隨著語言能力的不斷發展，人類開始深入到抽象和象徵的領域，不但開闢了一個新的、超越即時、即地的世界，更有了「八卦」的能力。就是這種看似沒什麼了不起的能力，開啓智人最了不起的統治世界之旅。

認知革命讓智人統治了地球

為什麼會發生認知革命？我們無從得知。但普遍認為是一次偶然的基因突變，改變了智人的大腦連接方式，讓智人開始以全新的語言來溝通。

智人已經能夠熟練使用弓箭，大大增強了狩獵能力。

智人學會了製船，從此就能漂洋過海，成為征服世界的一大利器。

大約 7 萬年前，智人從非洲出發，開始了征服世界之旅。

油燈幫助人類深入洞穴，還可以進行壁畫創作。

骨針的發明可以縫製衣服，對抵禦寒冷氣候有很大的用處。

智人的關鍵技術對進化的影響

船，原始人能夠遠渡大海。

弓箭，狩獵範圍擴大，面對大型猛獸具備了優勢。

油燈，可以深入洞穴，並創作出精美壁畫。

骨針，對於智人縫衣禦寒，具有重要作用。

認知革命

語言的發展進入抽象和象徵的領域，帶來了「八卦」的能力。

發展出宗教、商業和社會階層。

02 用語言集結力量 「講八卦」帶來的變化

人類在 3 萬年前突然開始了藝術創作活動，這證明人類已經能夠通過想像進行創造。通過「八卦」的能力，人類的語言才得以發揮，能夠集結大批人力，最終統治了這個世界。

跳脫實用，邁向藝術創作

考古發現已經證明，在西元前 3 萬年前後，藝術活動忽然從實用品到增加裝飾，進入了藝術創作領域，並在整個人類居住地拓展開來。這一時期，小巧的藝術品種類多得驚人，有新奇的人物和動物造型，有用陶土或石頭製成的作品，也有骨頭或象牙雕刻而成的藝術品，還有精緻的珠串、貝殼項鍊，以及像在法國、西班牙發現的驚人的洞穴壁畫。這些藝術形象背後的創作動機是出於宗教、審美或教育，現在難以判斷，但智人此時已經能夠通過想像創造出自然界不存在的物品。這次認知革命讓智人超乎所有生物之上，對世界產生了革命性影響，以全新的語言進行溝通。

「八卦」是維繫群體的重要手段

比想像力更重要的是，人類語言從此發展成為一種八卦的工具。對智人來說，僅是實在的「獵物在哪裡」已經不夠了，而是要傳遞出「河邊有一頭野牛剛喝完水、正在吃草」的訊息。語言的發展能夠傳遞更多的資訊，大家能夠通過語言交流，與他人分享彼此的知識、經驗和見解，而不需要事必躬親。

八卦討論是為了兩個目的：一、探索眞相，這個世界究竟是怎樣？二、表達感想——我是如何看待這個世界？豐富的語言和旺盛的八卦交流之欲望，能夠讓人在交流中得知部落裡誰的能力更強，從而可以維繫幾百人的群體。一個黑猩猩部落由 20 到 50 隻黑猩猩組成，再大的群體就會面臨分裂的危險。而通過強大的「八卦」能力，智人可以討論從來沒有看過、碰過的事物，並且形成一種觀念，諸如「獅子是我們部落的保護神」，從而維繫幾百人的團隊。「八卦」討論可以讓人們「一起」想像，讓智人集結大批人力，靈活合作，最終統治了這個世界。

語言與想像力的應用

八卦能夠讓智人一起討論虛構的事物，編織出種種共同的虛構故事，從而大規模合作，最終統治了世界。

人類語言發展成為一種八卦的工具，語言有傳播知識、分享經驗的作用，使得人類的演進速度得以加快。

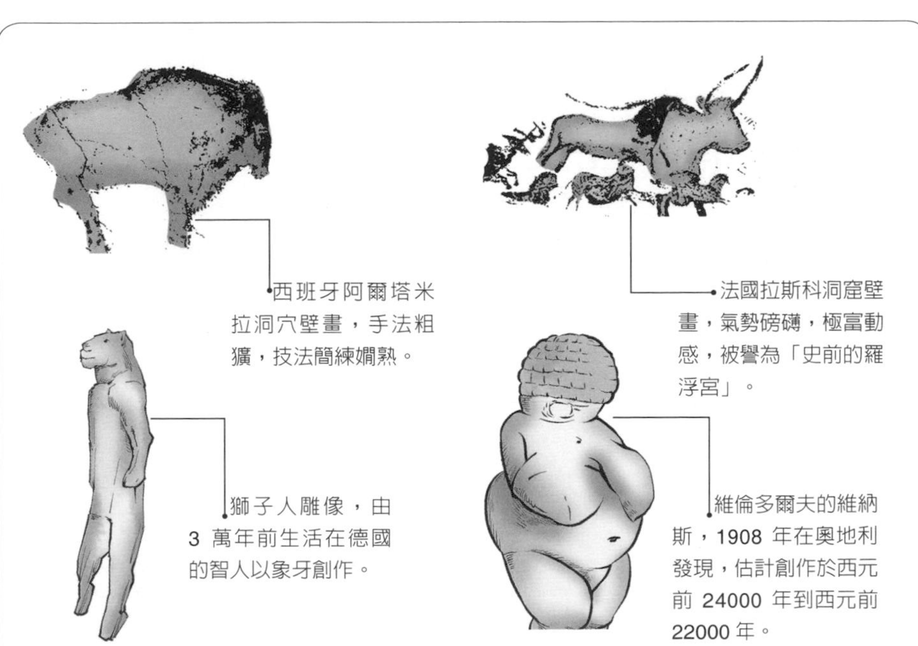

西班牙阿爾塔米拉洞穴壁畫，手法粗獷，技法簡練嫻熟。

法國拉斯科洞窟壁畫，氣勢磅礡，極富動感，被譽為「史前的羅浮宮」。

獅子人雕像，由 3 萬年前生活在德國的智人以象牙創作。

維倫多爾夫的維納斯，1908 年在奧地利發現，估計創作於西元前 24000 年到西元前 22000 年。

03 想像力的作用 當人類用虛構共創合作

八卦是人們討論日常生活中出現的人和事。通過八卦，能夠讓社交效率大爲提高。更重要的是，八卦能夠讓人們一起虛構出想像的世界，得以達成多人共同合作，最終人類統治了世界。

八卦開啓新的交流模式

爲了打獵和搜尋糧食，早期的人類需要相互合作。而最有效率的方式，就是與團隊共用自己所知的資訊，進而分配角色——這就是八卦最初的形式，以八卦來鞏固社會聯繫。

八卦是討論我們日常生活中出現的人和事。通常八卦說的都是壞事，不過，它卻帶來一種新的交流模式。剛開始人類的交往乃是一對一，非常耗時，效率很低，而智人利用了自己的新工具：語言，讓一個人說，多個人聽，社交效率很高，「一次搞定一群人」。

虛構故事與共同想像

在智人的認知革命之後，八卦的最大作用就是可以傳達一些根本不存在的事物的資訊。八卦討論的事件可能發生過，也可能沒有發生過。這種情況愈來愈多，隨之智人就能夠傳達自己想像中的概念和故事，於是傳說、神話、神和宗教也就應運而生。

遺憾的是，八卦並不是萬能的，研究證明，建立在八卦基礎之上的群體，最大的規模也就是 150 人左右。即便在今天，一個小型組織，無論是軍事單位、家族企業還是學校團體，不必依靠法律、法規、階級等就能維持秩序。可是一旦超過 150 人的門檻，團體就無法有效依靠非正式協議或彼此間的親密關係運作。

幸運的是，八卦的作用不僅是「虛構」故事，更重要的是能夠「一起」想像。它不僅能讓智人沉浸在自己的想像世界中，更可以讓許許多多不同的智人一起沉浸在同樣的想像世界中。我們可以共同創作傳說、神話和故事，這些共同想像讓人們第一次有了可以靈活地與許多人合作的能力。

智人是這樣統治世界的

智人的八卦能力可以使無數陌生人一起合作。正因為這種能力，才使智人統治了世界，而黑猩猩只能被關進動物園。

原始語言的五大特性

- 有聲語言→口耳相傳
- 音義結合體→音義結合的符號
- 與人的抽象思維相連→伴隨抽象思維
- 具備語音、詞彙、語法三要素
- 人類最重要的交流工具

智人語言「八卦」的過程

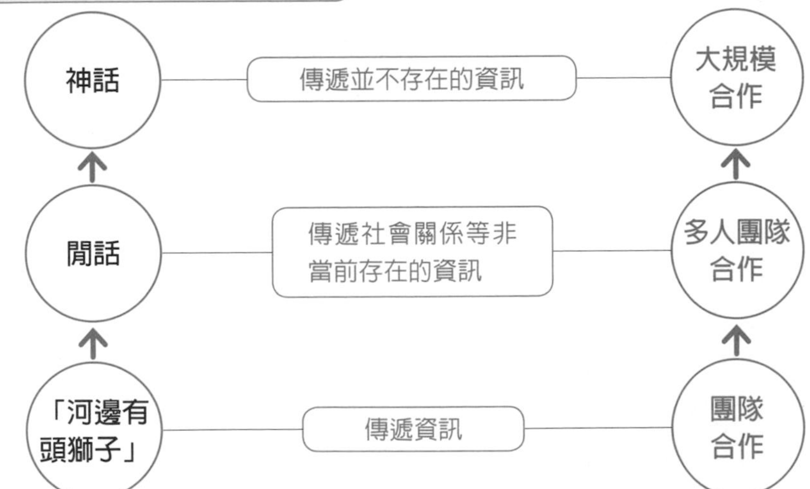

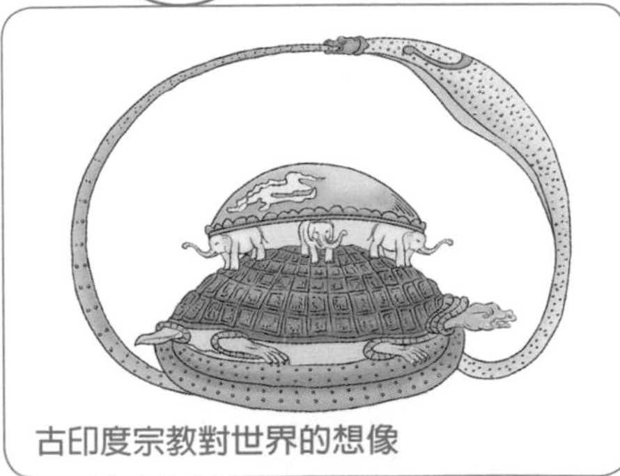
古印度宗教對世界的想像

原始宗教

04 突破群體規模的關鍵 為什麼人類可以超越黑猩猩？

藉由與黑猩猩族群合作方式進行比較，我們會發現：人類能夠打破群體規模的魔咒；最重要的是通過「虛構的故事」，使大批互不相識的人進行合作，創造出人類秩序，完成了對動物界的終極超越。

黑猩猩的族群模式

爲了理解智人靈活地與陌生人合作的能力，有必要與現存和我們最接近的表親——黑猩猩的行爲方式進行參照比較。黑猩猩也是群居動物，成員通常在 30 到 60 隻之間，極少數情況下，有超過 100 隻黑猩猩的超大族群。一般來說，隨著數量的增加，黑猩猩的社會秩序便開始動搖，最後分裂，一部分成員會另外組織族群。

有趣的是，其他黑猩猩無論雌雄都會對首領低頭、發出呼嚕聲，表示臣服，這與人類向皇帝叩首、高呼萬歲並無二致。同一族群裡的黑猩猩更是經常分享食物，共禦外敵。而不同族群之間的黑猩猩則會爭奪領地和食物，甚至相互之間是世仇。有紀錄顯示，某些黑猩猩族群會有系統地殺死鄰近群體的黑猩猩。

用故事串聯人群、建構理念

早期人類社會的秩序很可能也是遵循相同的模式，憑藉本能，人類的祖先同樣結交朋友，確立等級，一同狩獵和戰鬥。只是人類組織能力的門檻仍然無法超過 150 這個神奇的數字，直到今天依然如此。爲了打破魔咒，人類創造了「虛構的故事」的方法，讓大批互不相識的人，通過同樣的故事來共同合作。比如說宗教以自己的故事聯繫起兩個教徒，爲贖罪而做相同的事；兩位互不謀面的律師基於司法制度，同心協力爲另一位完全陌生的人辯護，只因爲他們都相信法律、正義、人權確實存在。

通過這種基於共同理念的虛構故事，智人最後創造出有著數萬居民的城市，甚至是上億人口的帝國。這讓他們徹底超越黑猩猩的生存機制，統治了世界，而把黑猩猩關進籠子裡供人觀賞。

人類表親帶給我們的啓示

黑猩猩的社會關係模式與我們十分近似，牠們的社會模式很可能也主導了早期人類各物種的社會生活。

黑猩猩首領和牠的屬民在一起。

黑猩猩也有類似人類選舉時握手、親吻的舉動。

黑猩猩之間會為了食物和領地進行激烈的打鬥。

國家起源學說

- **自然說** 人生來就是政治的動物，男女構成家庭，逐步形成自然村，繼而在自然村基礎上建立共同體，也就是國家。
- **契約說** 國家的產生是人們相互之間或同統治者的人民之間彼此訂立契約的結果。
- **神權說** 國家是根據神的意志所建立，國家的權力來源於神。
- **暴力說** 國家起源於掠奪和征服。
- **馬克思關於國家起源的學說** 階級矛盾不可調和的產物。

兩位律師在討論案情，基於共同的道德觀念，完全陌生的兩位律師會攜手為同一位陌生人辯護。

巴比倫人基於共同信任建造了傳說中的通天塔。

05 宗教與商業 想像的現實改變世界

智人通過「虛構的故事」，創造了原始宗教。時至今日，這依然是現代社會運作的機制。我們從事的商業活動，從本質上來說，與古代的宗教活動並無二致。

現代社會的虛構故事

在西元前 3 萬年左右，解剖學意義上的「現代人」已經成熟，並且躍居地球裡的所有物種之上。從這時起，人類發展的歷史結束了由自然塑造人類的過程，轉而開始由人類塑造自然。

人類爲了能夠讓陌生人一起大規模合作、發明並相互講述故事，原始人開始有了共同信仰的鬼神，並在每個月圓時刻進行祭祀，於是社會秩序得以傳承。現代人很好理解這件事，不過許多人沒有意識到，現代社會運作的機制依舊如此，現代商業領域中的商人和律師就是法力無邊的巫師。

天主教每週日舉行彌撒，這是最重要的禮拜儀式之一。神父身著神聖的長袍，佩戴十字架，說出正確的話，於是普通的麵包和酒就變成了基督的身體和血液。數以百萬計虔誠的天主教徒也會行禮如儀，如同基督眞的現身於這神聖的麵包和葡萄酒之中。

商業活動如同現代宗教儀式

現代人如同對待宗教一樣創造著商業的故事。按照商業法規，一個職業律師在辦公室裡會穿著專業服裝，遵循所有正確的儀式，在印刷精美的紙上寫下所有必要的咒語和誓言，並且在最後簽字，然後，一個新的有限責任公司就成立了。

講述這個新公司的故事並不難，難處在於讓所有人都相信。人類歷史主要圍繞著如何說服大衆相信一個故事而展開，通過成功說服所有人相信，就會給予智人巨大的力量，從而讓上百萬素不相識的陌生人，爲了一個共同目標而合作。基於這個共同的信仰，「虛構的故事」也就成爲這個世界實際存在的力量，我們通過它建立起公司、神靈和國家。

讓人們相信「想像的現實」

「想像的現實」最重要的是人人都相信。這項共同的信念足以改變世界。

聖餐禮 基督教各主要派別共同的重要聖事。聖餐的設立源於耶穌與門徒共進最後的晚餐，擘餅分酒給門徒時所說：「這是我的身體」、「這是我的血」。

英國公司註冊流程圖

擬定公司名稱並查冊，查冊通過以後，提供公司股東及董事證件。 → 簽訂註冊協議、帳單，收取註冊預付款。 → 確認公司註冊資訊，無誤後遞交英國政府。 → 5～7 個工作日註冊完成，領取註冊證書。 → 刻印章：簽字印、圓印、鋼印，註冊全套手續完成，收取餘款。 → 綠盒套裝交至客戶。

法律制度規定公司的註冊過程，就是現代的宗教儀式

① 經過認證的律師。

② 經過正確的禮儀和儀式。

③ 在印刷精美的紙上寫下所有必要的誓言和咒語。

④ 在文件上簽字，宣告公司成立。

06 文化演化 智人適應環境的優勢

智人完成遺傳演化之後，開啓了文化演化之路。觀念的改變往往十分迅速，這讓人類社會的發展速度一日千里，也讓其他沒有經過文化演化的人種，無可避免地陷入了消亡。

快速的文化演化

從生物進化的角度來說，遺傳演化相當緩慢，重大的生物演化需要幾十萬年乃至數百萬年的時間。但人類在成長爲晚期智人之後的幾萬年間，基因幾乎沒有什麼革命性的變化，這時改變的就不再是遺傳演化，而是開啓了文化演化的道路。因爲大規模的人類合作是以虛構故事爲基礎，所以只要改變所講述的故事，就能夠改變人類合作的方式。如在資產階級革命時期，民衆從「君權神授」的觀念到「民主共和」，往往只需要一場革命的時間而已。

認知革命之後，文化演化的速度是如此快速，能夠讓智人通過不斷變化的條件和需求，迅速改變自己的社會、政治和經濟活動，這種演化甚至只用幾年時間就能完成。

尼安德塔人消亡的終極原因

認知革命和文化演化的完成，是智人對尼安德塔人取得勝利的決定性因素。因爲智人能夠以虛構的故事，諸如部落守護神的故事，讓整個群體團結，並與之戰鬥；尼安德塔人則無法和成群的同伴合作，他們的社會更無法通過文化演化而快速改變，適應變化的環境。

即便智人沒有和尼安德塔人發生戰爭，在狩獵技巧的競爭上，智人能夠出動幾十乃至上百人共同遠征狩獵，而尼安德塔人往往只能單人或幾個人一起。通過考古發掘的證據證明，智人可以包圍並殺掉一大群動物，還能用巧妙的陷阱捕獲動物，將動物趕下懸崖或陷阱中，獲得大量的肉、骨頭、油脂、皮毛等物資。這種全方位的壓倒性優勢，讓尼安德塔人等其他人種不可避免地陷入了消亡。

以文化演進成為地球霸主

通過共同理念創造「虛構的故事」，於是文明誕生了，創造出大規模人口一起努力的城市乃至帝國，從而統治了地球。

智人的勝利

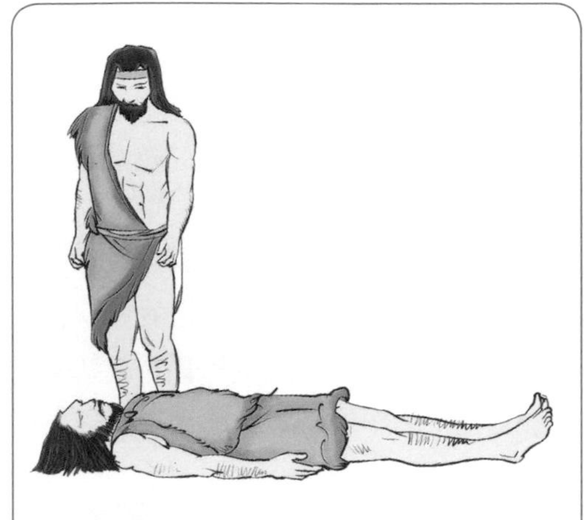
智人與尼安德塔人的競爭，最後以智人的勝利告終。

用陷阱捕獵猛獁象

圍獵野牛群

東半球文明的演進

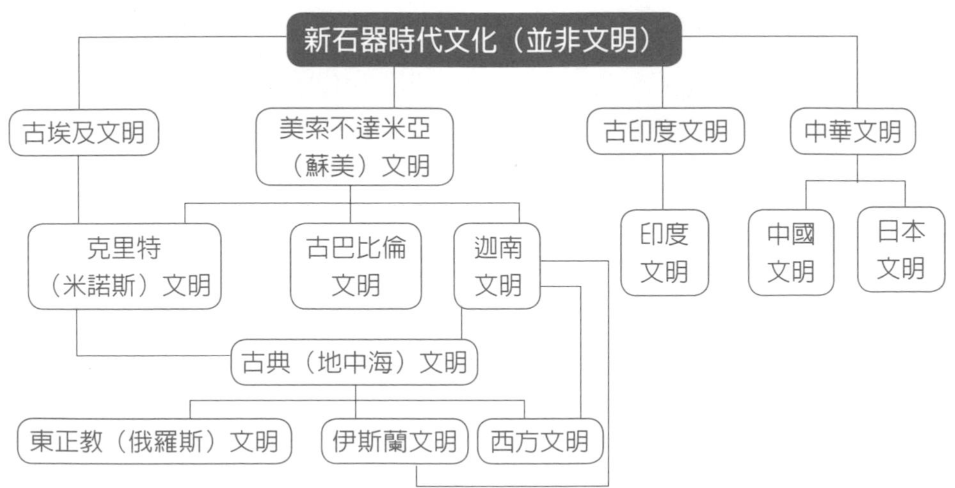

07 認知革命的意義 歷史學的起點

認知革命是智人對其他生物獲得壓倒性優勢的關鍵，也是使歷史學從生物學中獨立出來的起點。此後，人類社會的發展就必須用歷史學來進行解釋了。

生物學不足以描述的人類社會

認知革命對智人征服世界來說，是最爲重要的一步，它包含三個方面的內容：複雜的語言、八卦能力和虛構的故事。在認知革命之前，智人只是諸多物種之一，並不是太重要，其成長和進化都處於生物學的領域內。認知革命發生之後，生物學的模型和解釋已經無法正確闡釋智人的行爲和發展，無法回答爲什麼智人能夠戰勝其他亞人種，獲得快速的發展。這不光是生物學的模型，還需要歷史學的描述。認知革命正是人類歷史從生物學中剝離出來，從而獨立存在的起點。

智人在 3 萬年的時間裡，活動範圍從東非擴展到了全世界。這些群體一旦在當地定居下來，就開始分道揚鑣了，各自形成獨特的生活方式。每一處的智人發明了諸多想像的故事，也從此發展出許多的行爲模式，這就是我們稱爲「文化」的主要部分。相距遙遠的居民處於彼此隔絕的狀態，他們的文化差別也極大，並且無法阻止改變和發展，從而形成了我們所說的「歷史」。

徘徊在認知革命到農業革命之間

在農業革命到來之前，人類一直沿襲著祖先的狩獵採集生活方式。而在認知革命之後，人類的狩獵和採集延續到大約 12000 年前。此時的狩獵採集生活方式，與之前已經有了很大不同：以集體經營、集體勞動的方式進行，因此財產屬於整個群體，並且平均分配個人消費品。由於狩獵對人的集體性要求較高，由此開始形成明確的組織管理體系。原始人群轉變爲血緣家族公社，人類歷史形成了第一個社會組織形式，還是最早的家庭形式、經濟組織和政治組織形式。石器時代的祖先們究竟做了些什麼事？我們將在下一章中一窺究竟。

從生物學到歷史學

認知革命讓人類開始了飛速發展的歷程，從此人類歷史無法再用生物學範疇解釋，進而成為獨立的存在。

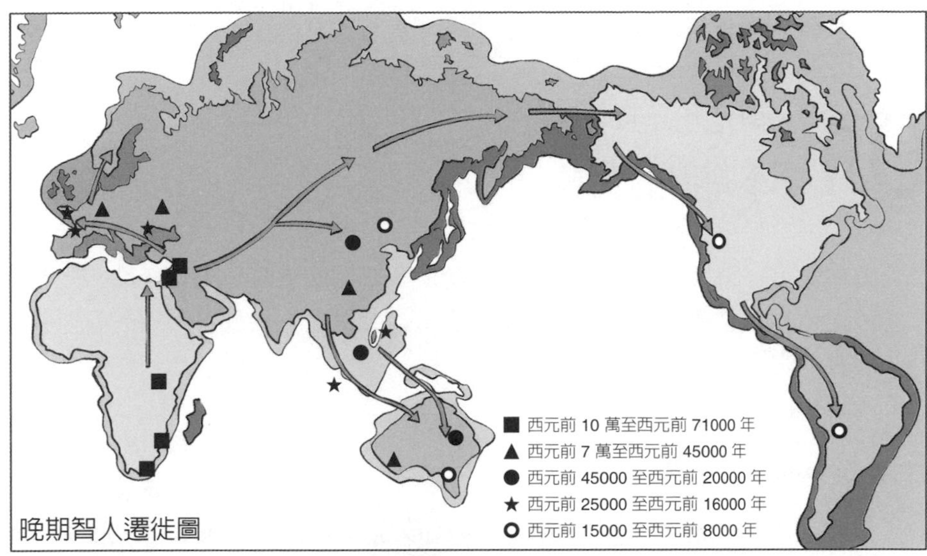

晚期智人遷徙圖

狩獵採集社會

血緣家族公社

人類發音器官的進化與完善

類人猿：口腔和喉管基本呈直線狀態，喉頭直接突入口腔，很難通過改變舌頭的形狀來改變聲道的形狀，因而難以發出清晰的聲音。

早期智人（尼安德塔人）：喉頭和口腔的夾角大於 90 度，喉頭直接突入口腔。

智人嬰兒：出生時為了適應吸奶和呼吸的需要，喉部位置和哺乳動物一樣較高。但在出生 3 個月後開始下降，逐步達到成人的位置。

第三章
狩獵採集社會的真相

01 演化心理學研究
本能的呼喚

從演化心理角度來看，人們對於甜食根深蒂固的嗜好，來自於原始社會食物的匱乏。藉由了解現代社會人們的心理，對於探索原始社會人類的心理狀態是一個有效的途徑。

什麼是演化心理學？

演化心理學是研究人類進化過程中，成就最顯著的學科之一。此學科認爲：當代人類的各種社會和心理特徵，早在農業社會之前便開始塑形；而洞悉人類的起源與歷史，就能以最深刻的方式把握人類的本質。我們擁有前人夢想不到的物質資源及更長久的壽命，卻比前人覺得疏離、沮喪並壓力重重。而要理解現代人的這種心理狀態，就必須明白這種心理形成的原因。

為什麼我們抵抗不了甜食？

演化心理學對於「貪食基因」的解釋已經被廣泛接受。人類自誕生之後幾百萬年，99%以上的時間都處於食物匱乏的狀態。當發現熟透的水果時，大口吃下直到再也吃不動爲止是最合理的選擇。這種本能被深深植入我們的基因之中，雖然今天已進入食物過剩階段，但因爲本能的緣故，面對甜食依然讓人欲罷不能，最後脂肪攝入過剩也就毫不奇怪了。

但演化心理學對其他問題的解釋爭議性就大得多。遠古公社理論認爲，古代狩獵採集社會並非實行一夫一妻制，而是一群人共同生活，實行群婚制，男女都可以同時和多個異性有性關係，生下的小孩大家一起撫養。而現代一夫一妻制卻帶來了高離婚率、不孕及各種家庭問題，因爲這與我們的生物本能背道而馳。那麼事實是否如此呢？智人究竟是怎麼生活的呢？

從基因本能探討人性

演化心理學認為現代人的社會和心理特徵，源自人類進化過程中的基因本能，通過追溯人類進化過程就能把握人類本質。

演化心理

高熱量的甜食在原始社會永遠供不應求，對這類食物的渴望鐫刻進我們的基因，導致我們難以抗拒甜食的誘惑。

→

對甜食的喜愛源自食物匱乏演化出的本能。

群婚制「貪食基因」理論被廣泛接受，但是將現代婚姻的問題歸咎於一夫一妻制則引發了極大的爭議。

→

一夫一妻制產生的種種婚姻問題，能否用演化心理學來解釋？

群婚與對偶婚的形式

群婚

原始社會的婚姻形式，指一個集團的一群男子與另一集團的一群女子集體互相通婚，而集團內部的男女則禁止婚配。

血緣群婚制

亦稱血婚制或血緣家庭，指原始社會蒙昧時期，在同一原始群體內，同一行輩或年齡段的男女既是兄弟姊妹，又互為夫妻的集團婚姻形式。

亞血緣群婚制

又叫夥婚制、亞血緣家庭或普納路亞家庭，是原始社會蒙昧時期的高級階段所存在的群體婚姻家庭形態。它仍是同輩分男女之間的集團婚，但排除了兄弟姐妹。

對偶婚

原始社會不同氏族的成年男女在或長或短的時間內，由一男一女組成配偶，以女子為中心，婚姻關係不穩固的一種婚姻形式。

走婚制

走婚制起源於母系氏族社會時期，是以感情為基礎，夜合晨離的一種婚姻習俗。

望門居

男女結為配偶後，雖為對偶婚，但不住在一處，而是分別住在自己母親的氏族公社裡，男子通過拜訪女子的方式實行同居，女子很少去拜訪男子。

「不落夫家」

已出嫁的女子，除節日喜慶丈夫專程來接以外，婚後女子要待在娘家，直至有了身孕才去夫家。

02 邁向新時期 探尋狩獵採集社會的變化

到了狩獵採集社會，人類社會出現一些新的變化。此時智人已經掌握發達的狩獵採集技巧，細化爲許許多多的狩獵採集族群。多樣化是當時社會的最大特點。

新的變化不斷帶來新課題

很多人以爲農業革命之前的人類都處於石器時期，其實這是考古偏誤造成的誤解。將石器時代稱爲「木器時代」還更準確，當時的狩獵採集工具多半還是木質的。200 萬年以來，人類一直以採集到的野生植物爲生，智人時代又進入了狩獵採集社會。

大約在 1 萬年前，覆蓋地球的冰川收縮到南北兩極，植物生長茂盛起來，動物家族更加昌盛，智人也迎來了一個急速繁衍時期。到了西元前 8000 年，地球上的人口大約 500 萬～1000 萬之間，這時的智人已經掌握了發達的狩獵採集生存技巧。他們清楚地知道自然再生產迴圈過程，了解他們附近的地理情況，知道何時何地最適合打獵，還懂得一年中什麼時間、地點最容易收穫穀物、果實和可食用的塊莖。儘管每個人分配的食物有限，但整個群體的生活資源還算充足。

雖然他們已經具備狩獵採集技巧和知識，但最佳的生存方式依然是 25～30 人的小群體群居。因爲隨著人群的擴大，愈來愈難管理，獲得充足的食物也就成了難題。

多樣化是狩獵採集社會的最大特點

大約 1 萬年前，地球上的智人總數最多不過 1000 萬，但當時的人類散居在地球各處，發展出各具特色的文化。空間距離讓他們相互隔絕，創造出非常不同的「虛構的現實」。英國人征服澳洲之前，整個澳洲的狩獵採集者有 30 萬～70 萬人，分成 200～600 個族群，每個族群再分成幾個部落，而每個族群都有自己的語言、宗教、規範和習俗。因此，在狩獵採集社會時期，很可能有多達數以千計的語言和文化。

狩獵採集社會的樣貌

狩獵採集社會中已經掌握了發達的狩獵採集技巧。由於群體較小，空間隔絕，狩獵採集社會的文化非常多樣化。

「木器時代」。實際上，石器時代更常採用的是木器，但木質工具很難保存下來，故被冠以石器時代的稱謂。

進入狩獵採集社會，智人已經掌握了發達的狩獵技巧。

狩獵採集社會的生活場景。

狩獵採集覓食模式

- 小規模社會，人數一般少於 100 人。
- 以季節性的流動來獲取未馴化的食物資源。
- 群體成員多以血緣和婚姻相連，成員間無明顯經濟差異或地位差異，沒有正式的領袖。

03 比想像中更好的時代 原始社會的生活樣貌

與一般人想像的不同，狩獵採集社會的人們比起後來的農夫、牧羊人乃至之後的工人或上班族，生活要更加舒適，也更有意義。因此，有許多專家將這種社會定義爲「最初的富裕社會」。

為什麼原始社會的生活更悠閒？

現代社會平均每週工作時間是 40～45 個小時，發展中國家有的高達 60～80 個小時，而狩獵採集者平均每週只需要工作 35～45 個小時。他們大約每三天打獵一次，每天採集 3～6 個小時，就能夠養活整個部落了。並且，他們的狩獵採集經濟比農業或者工業社會中的生產更有趣。現代血汗工廠中的工人每天早上 7 點出門，進入工廠操作機器達 10 個小時，晚上 7 點累得麻木地回家，再做飯、洗碗、洗衣服。而 2 萬年前的採集者大約早上 8 點離開部落，在附近的森林和草地採集食物，挖掘根莖，中午過後再回到部落烹飪午餐，其後就可以進入休閒時間。遠古人類的骨骼化石證明，相比農業社會，遠古時期採集者的飢餓和營養不良問題比較少，身材較高，而且也較爲健康。

狩獵採集者的健康生活

食物來源的多樣化，是狩獵採集者健康生活的關鍵。在農業社會，農民的飲食種類往往極少。到了近代，很多農業人口更是依靠單一作物做爲主要熱量來源，這樣就會缺少人體所必需的維生素、礦物質等營養。據學者估計，一個典型的狩獵採集者群體有幾十至幾百種不同的食物，其中有動物也有植物，確保了遠古採集者吸收到所有必需的營養。

還有一點不可忽視，那就是他們的傳染病也比較少。農業和工業社會的傳染病多半來自家禽家畜，而對於遠古狩獵採集者來說，他們總是一小群一小群地在大地上漫遊，人口密度較低，唯一近距離相處的動物是狗，疾病很難流行起來。

最初的富裕社會

與一般人想像的不同，狩獵採集社會比農業或工業社會更悠閒和有趣。而因為他們的食物來源多樣化，也比農業社會的農民更加健康。

原始人部落遺址

狗是人類最早馴化的動物。狩獵採集社會的人因為只有狗陪伴，因此傳染病較少。

原始人食譜

肉類、蔬菜、常規脂類（動物脂肪、椰子油、橄欖油、棕櫚油），海產品、水果、蛋類、堅果和種子、野生蜂蜜（少量）。

近年來風靡一時的「原始人食譜」，從中我們可以看到狩獵採集社會的食物來源比我們想像的更多樣化。

狩獵採集社會的優勢

- 狩獵採集社會的工作時間比我們短。
- 狩獵採集社會不用擔心車禍或工業汙染。
- 狩獵採集者吃的食物比現在營養，身體更加健康。

04 原始宗教的誕生 泛神論與神話

狩獵採集社會並非浪漫有趣的，原始人信奉泛神論，他們的創世神話都大同小異，原始宗教在這種情況下開始出現了。

原始人認為萬物皆有靈魂

雖然狩獵採集生活不如我們想像的那麼艱難，但把他們的生活浪漫化也是錯誤的。當時的世界對於他們來說，依舊是殘酷無情。因爲醫療條件差和知識匱乏，某些小事故就能讓人一命嗚呼，嬰兒死亡率比今天要高很多。小群體的親密關係能讓人找到歸屬感，但如果被群體成員排斥的話，就可能使人感覺如同煉獄，甚至可能會被殺掉、用來獻祭。

大部分學者都認同遠古的狩獵採集者信奉泛神論。泛神論認爲世間萬物皆有靈魂，在任何地點，任何動物、植物、自然現象都有意識、思維和感情，並能與人類直接進行溝通。泛神論的世界裡並沒有森嚴的等級，而是包括人在內的萬物都是平等的，世界的核心是無數地位平等的實體之間的交流。

不同的民族，相似的神話

狩獵採集社會的人們認爲將來會和現在相同，就像現在與過去一樣。所以，他們的頭腦裡並無變化的概念，在他們看來，天地萬物包括自己的一切都是早先創造出來的，並將一成不變地繼續下去。各個狩獵民族的創世神話，包括神話中半神式的英雄都驚人地相似。這些英雄創造了自然環境，安排供狩獵的動物，繁殖人類，還教人類各種技藝和風俗習慣。

當遇到自然界的變化時，他們無法從自然界本身來解釋，於是只能求助於超自然的力量，祈求大自然能夠讓他們的生活富足起來。剛開始，所有的部落成員都會參加宗教儀式，但後來出現沒有完全脫離生產的巫醫或巫師，他們通過施用巫術，爲部落祈求利益和幸福。原始宗教出現了，只是還不能當作控制社會的一種工具，還不可能產生有很大社會凝聚力的神學。而這些信仰和儀式也是千差萬別，甚至相互認爲對方的信仰是異端。

了解原始宗教的內涵

遠古的狩獵採集者信奉世間萬物皆有靈魂，他們創造出各自的創世神話，原始宗教也隨之出現了。

原始活人祭祀。將人做為祭品，用來獻祭神靈，在許多文明中都曾有過這樣的事例。

泛神論相信萬物都有靈魂，任何動植物、自然現象都有意識、思維和感情，可以和人直接溝通。

戴面具的巫師。巫師代表一個部落和天地神靈進行溝通，在部落中具有特殊的地位。

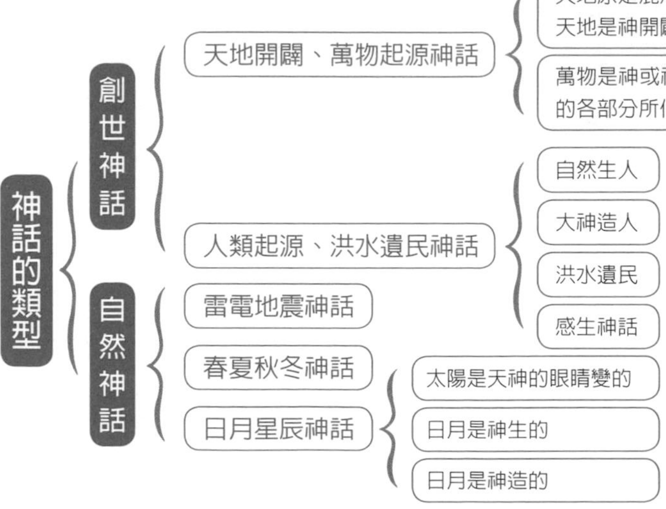

05 遠古的戰爭 「暴力」自古即有

狩獵採集社會並非與世無爭，一片祥和。通過考古發掘已經證明，當時有許多人類暴力衝突的痕跡。為了各種各樣的原因，與鄰近的人們發生戰爭，看起來似乎並不罕見。

考古學證明的戰爭

在遠古時代，看似你狩獵我採集、和睦相處的互助生活，但 1 萬年前的人類社會是否過著與世無爭的美好生活？狩獵採集社會是否經常爆發戰爭？這個問題曾長期引起科學家之間激烈的爭論。某些人類學家認為，狩獵採集社會依賴外部世界的貿易網路而生存，總體上是和平的；直到農業革命之後，民眾開始積累私有財產，才開始有了戰爭和暴力。然而，近年有愈來愈多的研究成果表明，當時人與人之間並不只有想像中的友好協作。

愈來愈多的考古證據證明，許多地域的狩獵採集者和鄰近部落頻發致命衝突。肯亞的人類遺址發現至少 27 具人骨遺骸，手腕被捆綁，身上有致命的創傷；在蘇丹、多瑙河谷、德國巴伐利亞等地，都發現了大規模遭遇嚴重暴力攻擊致死的遺骸，充分證明暴力絕非是進入文明時代之後才有的產物。

引發戰爭的原因

由於缺乏直接有力的證據，人們並不清楚遠古社會暴力衝突的原因。有學者認為，狩獵和戰爭無疑是一件大同小異的事情，對於遠古的智人來說，殺死獵物或殺死人並沒有本質上的區別，甚至被殺死的人也會和獵物一樣成為食物。家族仇恨、部落積怨、復仇心理往往成為戰爭的重要起因。

人口過剩也是戰爭的一個重要原因。做為食物鏈頂端的人類，通過戰爭將人口密度控制在饑荒水平線以下。為了能夠更好地活下去，遠古智人常以戰爭達到劫掠資源的目的，包括土地、婦女、兒童及儲存的食物。

必須指出的一點是：狩獵採集社會的暴力傾向也是不同的，某些時期，有的地方一片安靜祥和，而在其他地區卻動亂不斷。

原始社會的暴力

考古學的證據表明，遠古社會絕非與世無爭的美好生活，暴力和戰爭屢見不鮮。是什麼造成了遠古時代的暴力行為？

原始人的戰爭

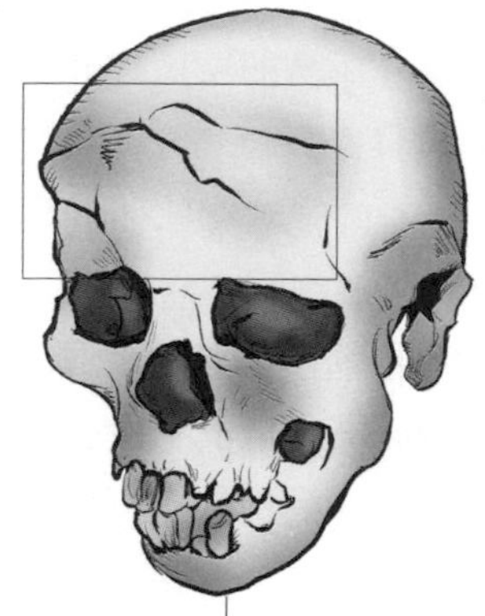

原始社會遺址中受到暴力攻擊的頭骨

肯亞原始社會遺址中發掘的頭骨，前額有典型的鈍器砸擊所導致的塌陷性骨折。

原始人戰爭勝利之後的慶祝

原始人在部落戰爭勝利之後，都會加以慶祝，其後可能會有殺死戰俘殉葬的行為。

兩個氏族為爭奪更好的水草地等優越生存條件而發生衝突。

一個氏族的成員殺害了另一個氏族的成員，血親復仇。

參與作戰者都是自願參加。

沒有專門的武器，而是以平時用於生產和狩獵的工具為武器。

原始社會戰爭的特點

06 迷霧重重 遠古時代的真相

在狩獵採集社會長達 6 萬年的漫長歲月裡，一定發生了許多不為我們所知的重大事件，它們對今天的世界有著超乎想像的重要影響。但我們幾乎不可能搞清楚這 6 萬年的時間裡，究竟發生了什麼。

缺失的 6 萬年歷史

狩獵採集社會對我們來說，依舊是迷霧重重，我們幾乎無法重建遠古時代的宏觀景象，更不用說探尋特定事件的眞相。當智人部落進入尼安德塔人的領地時，後面的時間裡幾乎可以肯定，發生了許多重大事件。然而，這樣的事件不太會留下任何痕跡，極少數倖存的骨骼化石和石器也只會對我們保持緘默，從中能研究出他們的身體結構、飲食及社會結構，卻不可能考察出他們的信仰、是否存在與鄰近智人部落的政治結盟，或者祈禱著什麼樣的神靈。

在智人出現後 7 萬年的歷史中，有長達 6 萬年的歷史都模糊不清。現代考古無法了解當時的人究竟有何信仰，他們組成了什麼樣的政治形態，發生過怎樣的政治運動，因為當時沒有記載遠古事件的技術。如果我們不能發展出新的研究工具，可能永遠無法了解這些對人類發展至關重要的事件，也無法證實目前已有的猜測。

過去的遺跡比想像中重要

根據科學家和考古學家研究，已經發現全世界許多地區的大洪水遺跡，找到了史前大洪水存在的眞實證據。多國科研人員還將中國黃河流域的大洪水精確定位到西元前 1920 年前後，和史書中夏禹治水的時間相吻合。但我們依然沒有找到夏王朝存在的直接證據。狩獵採集社會的歷史對現在的世界來說，有著遠超乎我們想像的影響。當我們走過最茂密的叢林、最荒涼的曠野，以為這裡是亙古以來無人涉足的地方，而實際上遠古採集者早已到達，並且使得環境產生巨大的變化。在遠古農業社會誕生之前的漫長時間裡，這群四處遊蕩的狩獵採集者改變了整個地球的生態，是動物界中最具有破壞性的力量。

真相湮沒於塵埃

我們無法重建遠古時代的真相，長達幾萬年的歷史已無法證實，但狩獵採集社會對現在世界的重要性遠超乎我們的想像。

狩獵採集社會復原圖

在長達 6 萬多年的時間裡，由於考古遺跡太少，我們無法重建當時的歷史，了解那些對人類發展至關重要的事件。

史前大洪水

世界許多文明都有大洪水的傳說，但由於可靠證據不多，已經無法了解大洪水的具體史實了。

大禹治水的傳說反映華夏民族形成階段對黃河的治理，並在考古發現中找到證據。

第四章
當人類成為其他物種的災難

01 智人前往新大陸 大滅絕的元凶

智人走出「世界島」，到達新大陸，不但對人類是一次重大事件，對於新大陸的生態系統來說，影響更是極爲深遠。

智慧增長，走出「世界島」

智人的認知革命出現之前，所有的人類物種都只能在「世界島」的亞歐非大陸上生存。由於沒有遠航能力，並無法到達美洲、澳洲、紐西蘭、日本等地。非但人類如此，像澳洲、馬達加斯加等地的生物種群，也是獨自演化了數百萬年，地球因此可以劃分爲幾大獨立的生態系統。然而，這一切都因爲智人的進化而畫上了句號。

在認知革命之後，智人的智慧得到了爆炸性增長，他們現在終於有能力和技術走出「世界島」，前往新的大陸了。其中一項重大的成就，是在大約 45000 年前到達澳洲，進行殖民。

澳洲生態系統大洗牌

人類到達澳洲，重要性不亞於哥倫布抵達美洲，因爲這是有史以來大型哺乳動物第一次從亞非大陸抵達澳洲。他們一到來，就立即占據澳洲大陸生態鏈的頂端，改寫了這片大陸的生命發展史。

僅僅幾千年的時間，當地體重在 50 公斤以上的 24 種動物，就有 23 種慘遭滅絕，還有許多小的物種也從此消失。不禁讓人思考，這次生態滅絕的凶手是誰？

澳洲生態劫難

45000 年前，人類到達澳洲，這是一場不亞於哥倫布抵達美洲的重要行動。澳洲土著一直維持狩獵採集社會到 19 世紀，並引發澳洲生態系統最大的一次轉型。

人類登陸澳洲之後，當地滅絕的動物

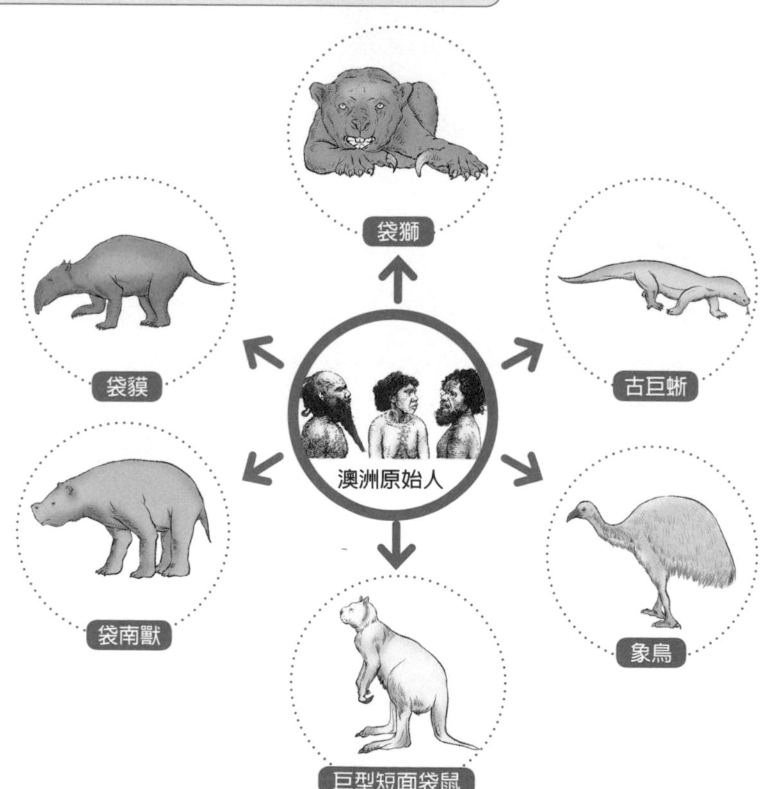

02 人類之惡 物種滅絕的災難

人類突然到來，令澳洲的巨型動物猝不及防。牠們還沒有形成警惕心就被大肆捕殺，最終滅絕，物種滅絕速度比之前大大加快了。

第六次物種大滅絕

自生命在地球上誕生以來，物種大滅絕現象已經發生過五次，都是由於地質災難和氣候變化造成的。而現在正進行中的第六次物種大滅絕，智人成爲罪魁禍首。有些學者將這次物種滅絕的責任推給氣候變化，但關於澳洲巨型動物的滅絕有三大證據，證明人類難辭其咎。

首先，45000 年前澳洲雖然有氣候變化，但範圍幅度不大。在此之前，澳洲雙門齒獸已經歷了至少 10 次冰川期，而在 45000 年前的那一次，包括雙門齒獸在內，90%的澳洲巨型動物從歷史長河中徹底消失。其次，如果是氣候原因導致物種滅絕，那麼海洋生物受到的衝擊，往往與陸地生物不相上下，但 45000 年前澳洲的海洋生物沒有顯著的滅絕。最後，每當人類向外面的世界進行遷徙時，類似澳洲生物大滅絕的事件就不斷上演，在接下來的幾千年間也持續發生。

生態的連環殺手

據科學家估算，在整個生物史中，地球上物種的滅絕速度爲平均每年有一個物種滅絕；而在智人誕生以後，物種消失的速度比正常速度快了將近 100 倍，甚至有人估計物種滅絕速度整整加快了近千倍！澳洲的動物還沒來得及對人類形成警惕心，就被智人大肆捕殺，牠們的棲息環境也被嚴重破壞，在幾百年的時間裡，95%的大型動物便徹底滅絕了。

「澳洲物種滅絕」絕非單一事件，翻開歷史來看，智人毫無疑問就是生態的連環殺手。

人類遷徙與生態災難

登上地球生物鏈的頂端後，人類遷徙的步伐一直沒有停止。而無論到達哪裡，對當地的物種都是一場大災難。

滅絕的主要類群

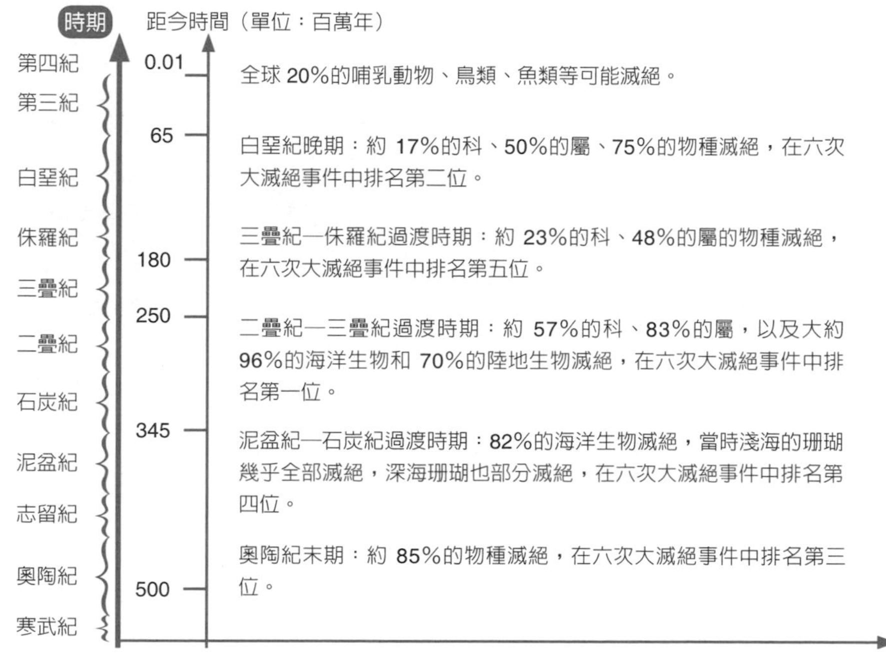

澳洲土著捕殺動物 → 澳洲已經滅絕的大型動物

03 動物因人類而滅絕 致命的遷徙

歷史上從沒有任何動物能像人類一樣，如此快速地遷徙到其他地區，所到之處，造成大批的動物滅絕，成爲對其他動物最有威脅的物種。

史無前例的快速遷移

科學家將目前由人類活動引發的物種大滅絕，定義爲第六次物種大滅絕。這一次滅絕是由人類活動引發，而發軔於智人活動範圍的拓展。

16000 年前，地球正處於冰川期，智人從西伯利亞東北步行到達阿拉斯加，這是人類第一次抵達美洲。智人通過更加高明的狩獵技術，用骨針將獸皮縫成衣服，以及其他生存技巧的提升，因而能抵禦嚴寒的天氣。當時這裡到處都是大型肥美的動物，如馴鹿、長毛象等。到了西元前 12000 年，全球暖化，人類大舉南遷，在 2000 年的時間裡，就來到了美洲大陸最南端的火地島。在此之前，還沒有其他動物能夠快速地遷移到環境差異這麼大的地區，並且迅速適應。

萬物之靈也是萬物的噩夢

要知道，現代人到達美洲大陸之後，那裡曾生存著多達幾十種大型動物，諸如劍齒虎、長毛象、乳齒象、巨型地懶、美洲本土馬……在那些手持燧石尖矛的獵人，彼此默契配合的捕殺之下，很快有將近四分之三的大型動物滅絕了，正好是在智人從北到南席捲整個美洲大陸的 2000 年間。即便在亞歐大陸，那裡的動物對與牠們搏鬥過數萬年之久的人類懷有高度戒心，但是仍有三分之一到一半的大型動物遭到滅絕。還有成千上萬的小型哺乳動物、爬行動物、鳥類、昆蟲乃至寄生蟲，同樣慘遭滅絕。

最能說明問題的，是古生物學家和動物考古學家在美洲平原和山區，尋找到與目前年代最接近的地懶糞便化石和駱駝骨骼化石，就是人類如洪水般席捲美洲那段時期的遺跡。人類毫無疑問成爲了對其他動物最具威脅性的物種。

人類對其他動物的致命威脅

人類遷徙到其他地區的速度之快史無前例，而所到之處橫掃一切，無數的大型動物慘遭滅絕。

人類對於大型動物的捕殺

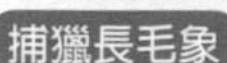
捕獵長毛象

美洲土著

捕殺美洲野牛

在 2000 年的時間裡，人類就席捲了整個美洲大陸。

人類遷徙過程中滅絕的動物

巨型地懶

南美大陸最大的哺乳動物之一，於更新世滅絕。

劍齒虎

廣泛分布於世界各地，生存於 3370 萬年至 9000 年前。

美洲乳齒象

370 萬年前就在北美洲生活，於 8000 年前滅絕。

物種滅絕的概念

1. 常規滅絕：新物種產生，舊物種消失。
2. 集體滅絕：如恐龍，在生物史上非正常的大規模、整體消失。
3. 全球滅絕：野生的種群消失，還存在人工養殖的物種。
4. 局部滅絕：在原來生活的地區消失，在其他地區仍有發現。
5. 生態滅絕：一個種的數量減少到對群落其他成員沒有影響，如老虎。

04 幸運的寵兒 畜牧業大發展的時代

人類雖然造成動植物的大規模滅絕，但有幾種特別的動物則被人類選中，迎來了空前的大發展，那就是家禽和家畜，牠們成爲人類擴張中的幸運兒。

與自然和諧相處是個謊言

考古發現的事實已經證明，智人的第一波殖民浪潮是全球大型陸生哺乳動物的巨大災難。在輪子、文字和鐵器發明之前，人類已經讓全球大約一半的大型野獸魂歸西天。

第二波浪潮則是農業革命到來之後，農夫們用鋤頭對自然棲息地的破壞、外來物種的入侵，以及對自然資源的過度使用。所謂我們的祖先與自然和諧相處，其實是一種謊言。工業革命之前，人類就是造成大規模動植物滅絕的元凶，人類從來沒有眞正學會與自然和諧相處。

搭乘人類諾亞方舟的動物

不過智人征服自然的過程，並非是所有動植物的災難，有幾種動物在人類製造的大滅絕洪水之中，因爲被人類選中，而登上了諾亞方舟，甚至獲得了空前的大發展，那就是被人類當作盤中佳餚的家禽與家畜。這幾種動物和人類的命運息息相關：雞、鴨、豬、牛、綿羊、山羊和狗。牠們隨著智人的領地擴張而被注意，隨後搭上了人類發展的快車。大約 1 萬年前，全球的綿羊、牛、山羊、野豬大概有幾百萬隻，分布在亞歐非大陸的某些地方，現在牠們隨著人類的擴張遍布全球。大型哺乳動物數量最多的是人，數量位居第二、三、四名的就是馴化的牛、豬和羊，每一種都是數以億計。

只是，這一切對狩獵採集社會的人們來說，根本還想像不到。智人的新時代很快就要到來了，它使得人類的生活方式、人類的數量發生了徹底的改變，這是一場重大的革命——農業革命。

有幸被選上的家禽和家畜

人類從來沒有真正學會與自然和諧相處，在工業革命之前就已經造成大量動植物的滅絕。但有幾種動物有幸被選中，登上人類發展的快車，擴散到了全球。

渡渡鳥　模里西斯特有的一種鳥類，被人類發現 70 年後，於 1662 年滅絕，是人類歷史紀錄中，首個因為人類活動而滅絕的動物。渡渡鳥不會飛，跑得也不快，歐洲人向模里西斯島上輸入了貓、狗、大鼠、豬及食蟹獼猴，這些動物或以渡渡鳥為食，或排擠了牠，破壞其生存的環境，使得渡渡鳥最終滅絕。渡渡鳥因此也成為最著名的滅絕動物之一。

人類馴養的家畜之祖先

牛的祖先——原牛

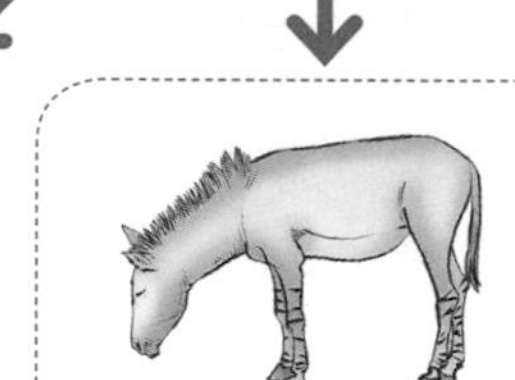

家驢的祖先——非洲野驢

山羊的祖先——中亞羱羊

人類馴化的方法

① 早期發育階段馴化：這種馴化方法是利用幼齡動物可塑性大的特點，進行人工馴化，其效果普遍較好。

② 個體馴化與集群馴化：個體馴化是對每一動物個體的單獨馴化。集群馴化是在統一的信號指引下，使每一個動物建立起共有的條件反射，產生一致性群體活動。

③ 直接馴化與間接馴化：個體馴化和集群馴化皆屬於直接馴化。間接馴化是利用同種或異種個體之間的差異，或已馴化動物與未馴化動物之間的差異而進行的。如利用馴化過的母鹿帶著未經馴化的仔鹿去放牧。

④ 性活動期馴化：性活動期是動物行為活動的特殊時期，只有根據此時期動物生理和行為的特點，有針對性地進行馴化工作，才能避免繁殖的損失。

第二部

更好或更壞的生活

第五章
農業革命的巨大陷阱

01 一場糟糕的革命 農業革命開啓新篇章

農業革命改變了幾百萬年以來的狩獵採集社會，它使人類社會發生重大變化，但也讓人們的生活更加艱苦。

農業革命改變了人類的生活方式

在長達 250 萬年的時間裡，人類一直以採集野生植物、狩獵野生動物爲生，而並不直接控制動植物。大約西元前 1 萬年前，智人開始投入幾乎所有的心力和時間來操縱幾種植物和動物的生命，比如小麥、水稻和雞、羊、牛。人類從狩獵、採集生活，轉變爲控制和培育動植物，這次大革命就是農業革命，是一場人類史無前例的生活方式革命。

毀譽參半的「革命」

其中帶來的影響是顯而易見的：原先需要 650 平方公里的土地才能維持 25 個狩獵採集者的生活所需，而現在只要 15 平方公里就能養活 150 人的農民群體。人們終於能夠定居，人口也穩步增長，開始出現城鎮、勞動分工、有效的政治管理、等級社會秩序、遠距離貿易，以及宗教組織。

但是，農民的生活卻更加辛苦，飲食反而變得更糟，比狩獵採集社會更容易營養不良。一旦農作物歉收就時常出現饑荒。由於人口集中，和家畜、家禽接觸過多，衛生條件差，於是很容易爆發大規模疾病。一言以蔽之：農業革命讓更多人以更糟糕的條件活下去。這也讓這場「革命」毀譽參半。

史無前例的生活方式變革

在延續了幾百萬年的狩獵採集生活之後，從 1 萬多年前起，人類開始有了農業生產行為。這是人類生活方式一次前所未有的變化。

①

狩獵採集社會中，智人發現某些野生的穀物可以吃，後來逐步有意識地收集並加以培育，這便是農業革命的開始。

②

中東的小麥耕作。這一地區被公認為世界最早的農業地區。

③
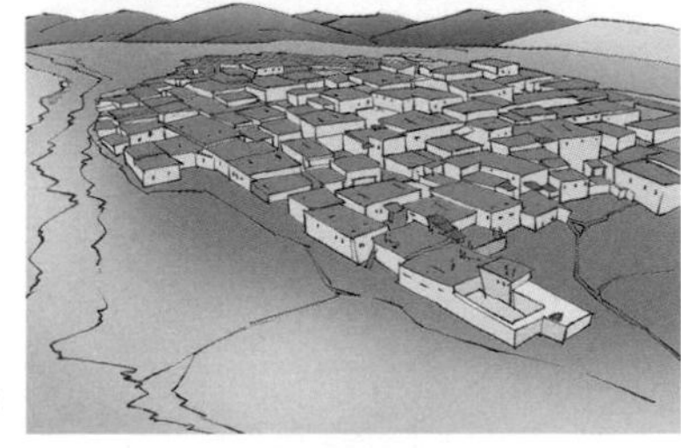

加泰土丘遺址復原圖。加泰土丘是典型的中東農業定居點。

農業的起源

- 植物馴化不可能發生在食物不足的地區。
- 耕種不得不在林地中開始。
- 馴化中心必然位於一個動植物種類繁多的區域。
- 農民掌握耕種的技能。
- 馴化不可能出現在大河的河谷內。
- 原始的馴化者應該是定居的。

02 農業革命的主導者 植物登上歷史舞臺

農業革命是由少數幾種植物主導的。人類辛苦地培育農作物，換來了更糟糕的生活條件、更暴力的衝突，人類已經被穀物所「綁架」。

農耕生活的苦果

誰是農業革命的主導者？如果必須找出一個答案，那麼就是極少數被馴化成功的植物物種，包括小麥、稻穀和馬鈴薯。當人們自以爲馴化了植物時，其實是植物馴化了智人。單單小麥就有 225 萬平方公里的種植面積，相當於 10 個英國的面積。

爲了培育這些農作物，智人改變了頗爲舒適的狩獵採集生活，不得不進行辛苦的勞作，從早到晚培育這些作物。考古學家在古人類骨骼化石上找到許多證據，證明從狩獵採集生活到農耕生活的轉變，爲人類帶來了腰椎間盤突出、關節炎和疝氣。由於人們對土壤、種子、肥料和農作物輪植等知識的掌握極爲緩慢，生產率十分低下。

養活更多人，卻吃得更差

穀物種植從個體層面並沒有帶來好處，但給智人這個物種帶來了穩定的人口增長。13000 年前的耶利哥綠洲能養活大約 100 個狩獵採集者；10000 年前，同一塊土地的麥田就能供應 1000 人。食物有一定的富餘，讓人們可以製作更多工具，並用穀類進行交換。

但穀物種植並沒有提供智人更好的飲食，也沒有帶來更和平的生活。採集者有多達幾十種食物維生，遇到荒年也不用擔心餓死。而農業社會靠寥寥無幾的幾種農作物生存，一旦遇到天災人禍，就難以避免大規模死亡。農業讓人類定居下來，但也讓農民被拴在土地上。爲了保衛無法移動的財產和土地，農民常常死戰到底，衝突比狩獵採集社會更暴力。

究竟是誰馴化了誰

植物讓人類遠離狩獵採集生活，不得不在田地裡進行艱苦的勞作；雖然養活了更多人，卻同時開始了更糟糕的生活。

原始農業仍然處於刀耕火種階段，發展極為緩慢。

中東的農夫用牛耕田。農耕生活雖然提供了更多糧食，但也讓人在土地裡艱辛勞作。

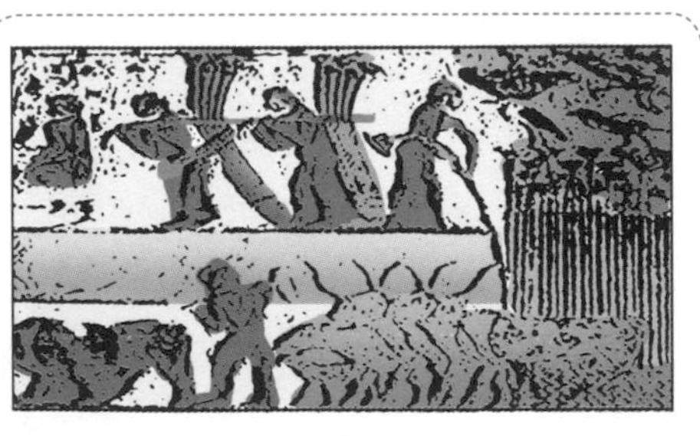

古埃及耕作壁畫。

小麥是人類最早馴化的作物之一，直到今天仍是世界上總產量位居第二的糧食作物。

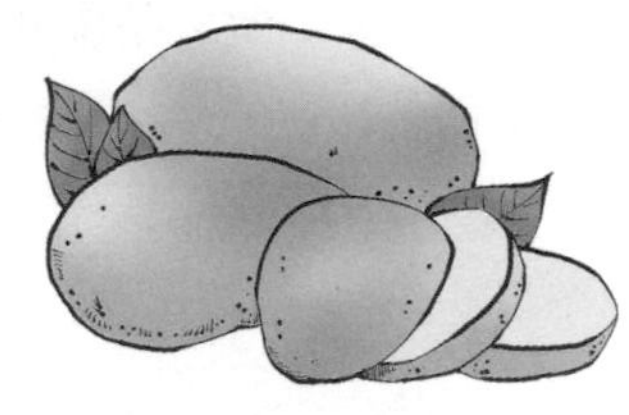

馬鈴薯起源於南美的秘魯，今天是世界第四大糧食作物。

中國是稻穀的發源地之一。稻穀位居世界糧食作物產量的第三位。

03 始料未及的變化 無法回頭的農業革命

農業革命帶來實在的好處，但同時也帶來了更多的煩惱。最糟糕的是，一旦進入農業社會，人類就再也無法回頭。

農業革命的實質反饋

人類選擇歷史走向的時候，並不知道自己的抉擇將會讓道路通向何方。整個人類歷史中，人類不斷誤判，無法預見做出決定之後的全部後果。農業革命並不是人類富有遠見採取的生活方式，在西元前 8500 年，中東出現人類歷史上最早的農夫。只要有人定居下來成爲農民，那些原先沒有打算定居下來的人也不得不做出改變，要不成爲農民，要不放棄領地遷往遠方。因爲狩獵採集的生活方式註定會被農業擠壓，無法繼續大規模存在。

農業並非一夜之間興起，而是歷經數千年的緩慢過程。人們在物產豐富的地方定居下來，漸漸發現植物不僅能提供食物，還有諸多功用。7000 年前，智人開始種植亞麻，再加工成亞麻布，穿起來遠勝獸皮。隨後人們還發現大麥與水果的發酵作用，啤酒和葡萄酒因此被釀造出來。農業革命帶來的好處是實實在在的。

沉重的威脅

然而，新的生活方式也帶來了更多的煩惱。人口增多使得原本富餘的糧食被消耗，種植穀物這個原本看起來划算的選擇，成爲愈來愈沉重的負擔。單一的食物結構使人們的免疫功能下降，人口增多、永久定居變成疾病傳染的溫床。種植糧食也造成旱澇災害對人們的威脅更大，人們被土地拴在了一處。豐收的年份也不是高枕無憂，因爲會引來盜賊和敵人，迫使他們高築城牆，嚴加戒備。

然而已經無法回頭。農業革命讓人口增長到了再也不能回歸採集狩獵的時光。沒有人操縱這場革命，但遠古的採集者不得不走向整天在烈日下挑水耕作的辛苦生活。

誤判與無法回頭的選擇

農業革命之後，為智人帶來了許多好處，但同時也帶來更多的煩惱。當智人開始反思農業革命時，他們發現自己已經無法回頭。

①

古埃及農耕壁畫

古埃及是人類農業最早的發源地之一。

蘇美文明的啤酒女神

②

古埃及釀造啤酒的場景

西元前 3000 年，古埃及陵墓中就有反映釀造啤酒的壁畫，這也是世界上最早釀造啤酒的地區。

③

古埃及人飲用葡萄酒

葡萄酒被古埃及人認為是太陽神的汗液，荷魯斯神的眼淚，這種神聖的飲料被當作祭品，供奉給神靈和死者。

④

農業發展給社會帶來的變化

- 改變了人類長期以來的流動生活方式，使人類從不斷流動轉向定居。
- 從事農業活動的群體人數明顯少於狩獵時期的群體人數，促進了家庭的發展。
- 居民點可以容納很多農業活動單位聚集在一起，使居民點的規模愈來愈大，從而出現了聚落。

04 無法預測的選擇 農業革命的誤判

農業革命並非富有遠見的舉措，只是爲了讓生活變得「更好」而做出的選擇，而無法預測做出選擇後的全部後果。當生產發展令原先的奢侈品變成了必需品，人類別無選擇，只能繼續往前走。

人類與作物的依賴關係

農業革命並不是突然在一代人之間發生的，而是以一種隱蔽、漸進的方式進行。剛開始只是爲了讓生活變得更「輕鬆」一些，使生活得到改善。然而，一旦有了開始，狩獵採集者對農作物的依賴性就愈來愈強。

經過幾代人之後，人類和農作物之間的這種關係，逐步成爲人類愈來愈重的負擔。爲了提高糧食產量，人們不得不開始修築灌溉系統。所以我們可以看到，世界各大文明發源地都和河流有關。因爲人口壓力的緣故，糧食種植消耗過度，導致土地肥力下降而減產，最後迫使村民必須拋棄原來的定居點，並且進行遷徙。

奢侈生活改變了社會結構

隨著生產的發展，原本的奢侈品最後往往成爲必需品。人們在習慣奢侈品之後，覺得擁有它乃是天經地義，最後就再也不能沒有奢侈品了。從古代的美酒、綢緞、首飾，直到現在的豪宅、車子、自動化電器都是如此。

結果，本想讓生活變得輕鬆、富有的意願，釋放出一股巨大的能量，導致更多人只能過著更艱苦的生活。而這時，人們已經再也無法回頭。農業革命從根本上改變了人類的社會機構，智人意識到，他們唯一的出路就是向前走，尋求新的發展。

誤判導致勞作更加辛苦

為了讓生活得到改善，智人擴大農作物耕種面積。然而隨著生產的發展，奢侈品變成了必需品，改善生活的願望則變成更加艱苦的生活。

印度摩亨卓──達羅遺址復原圖

印度河流域文明的重要城市，農耕文化初期的著名遺跡。

古波斯的水利灌溉系統

美索不達米亞的水利系統可以追溯到西元前 4000 年，完善的灌溉系統對兩河流域文明的興起發揮很大的作用。

古埃及法老和貴族佩戴的奢侈品

這些飾品是由黃金鑲嵌金青石、綠松石或紅玉髓等裝飾。對於奢侈品的追求，使得人們不得不一再擴大農耕面積。

05 農業革命的目的 信仰改變人類進程

人類未必是爲了讓生活變得更好而進行農業革命，也許是爲了實現更崇高的宗教目標。留存在世界各地的「巨石文化」就是一個例證。

「巨石文化」的思考

遠古人類從狩獵採集社會進入農業革命，未必是爲了讓生活輕鬆點，也許先民們有著更爲崇高的目標，因此自願過得辛苦一點，從而實現這些目標。

「巨石文化」就是一種令考古學家迷惑不解的智人早期文化。它通常指的是從石器時代至青銅時代，分布於歐洲、亞洲、美洲、大洋洲等世界各地，以巨大石質結構建築爲標誌的古代文化類型。其中最著名的是英國的巨石陣，以及復活節島上的巨型石像。

由於缺乏文字資料，對於這些巨大建築的建造者、建造目的和方法，迄今並無定論。但顯而易見的是，巨石建築需要來自不同群體的狩獵採集者、花費數年才能完成，而哥貝克力石陣的發現則讓農業革命的起源有了新的可能。

為了信仰鑄就奇觀

1995 年，考古學家在土耳其東南部發現了哥貝克力石陣。該石陣有著雄偉的石柱結構，每根石柱重達 7 噸，高 5 米。哥貝克力石陣大約可以追溯到西元前 9500 年，這些建築沒有實用目的，顯然只是爲了文化或宗教目的。

更有價值的是，關於馴化小麥基因的研究表明，有一種馴化小麥就來源於距此石陣僅 30 公里的喀拉卡達山脈。這絕非巧合。在西元前 9500 年，土耳其東南部的狩獵採集者突然從採集野生小麥轉變爲種植馴化小麥，極有可能就是爲了養活建造哥貝克力石陣的勞動力，其目的也是爲了支撐建造這些宗教、文化中心的巨石建築。

巨石陣與農業革命

巨石陣是智人早期文化中，令人困惑不解的一個現象。先民們為什麼要建造巨石陣呢？近年來的考古發現證實，建造巨石陣也許是農業革命的目的之一。

英國索爾茲伯里巨石陣

巨石文化時期最有名的遺址，距今約4300年。

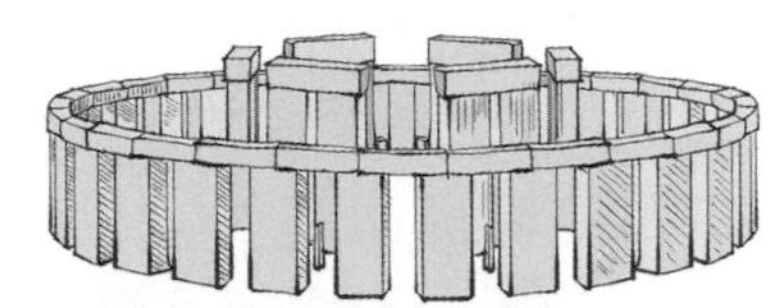

索爾茲伯里巨石陣復原圖

直到今天，人們依然不清楚巨石陣的真正用途，一般認為是祭祀場所或者天文觀測平臺。

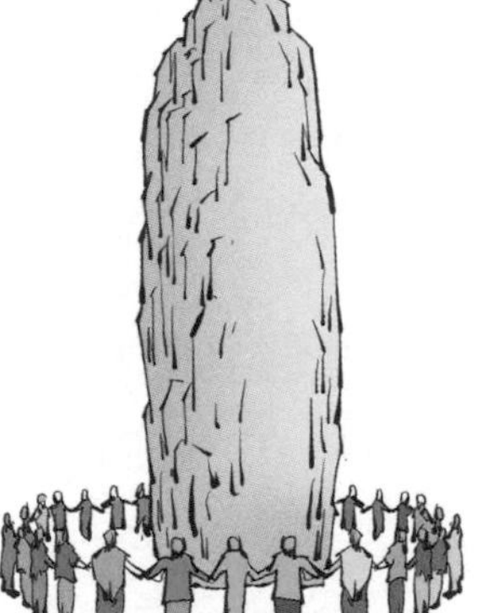

巨石崇拜

古代部落建造石結構建築物，乃是源於宗教禮祭和神靈崇拜，因而形成了世界性的「巨石文化」。

土耳其哥貝克力巨石陣遺址

哥貝克力石陣修建想像圖

距離哥貝克力石陣 30 公里遠的地方，就是馴化小麥的產地，顯然能夠支撐起修建巨石建築的龐大需求。

06 畜牧業的發展 家畜的「成功」

人類先後馴化了狗、山羊、綿羊、雞、牛、馬等動物，爲人類提供肉、蛋和奶，也讓這幾種家畜成爲地球上最成功的物種。

畜牧業的發展

伴隨著農業革命的又一個重要成果，是畜牧業的發展。當農業發展到糧食開始剩餘之後，畜牧業跟著發展起來。

家畜不但能爲智人提供食物，牠們的皮毛還可以用來做衣服，糞便則可以做爲肥料和燃料。當人們掌握乳製品技術之後，增加了奶油和乳酪，人們的飲食結構又豐富了許多。

人類在西元前 9000 年前馴化了山羊和綿羊，及至西元前 6000 年，現代牛的祖先野牛也被人所養殖和馴化，之後很長一段時間沒有再出現爲人所用的動物。直到西元前 4000 年，馬、驢、駱駝才被馴化。又過了 1000 年，貓也進入人類生活，承擔起捕捉老鼠的重任。

數量最多的大型哺乳動物

生命的第一要義是延續種族和生命。換句話說，就是拷貝自身 DNA 的數量。從這個角度來說，家畜是人類占據生物鏈頂端之後，僅次於人類的最成功物種。綿羊、山羊、牛、野豬和雞，從幾百萬隻發展到現在全球擁有 10 億隻綿羊、10 億頭豬、超過 10 億頭牛，以及大約 250 億隻雞。

大型哺乳動物在智人崛起之後，數量都大爲減少，甚至滅絕，唯有家畜例外；在智人之後數量排名第二、第三和第四的，分別是牛、家豬和羊。無疑地，這是家畜的成功，也是農業革命之後最具深遠意義的影響之一。

畜牧業的成就

動物馴化主要發生在原始社會的舊石器時代末期和新石器時代初期，主要家畜的馴化順序為：狗→綿羊、山羊→牛、豬→馬、雞。

人類馴化動物時間簡圖

狗 雖然公認狗起源於狼，但狗的祖先依然眾說紛紜。

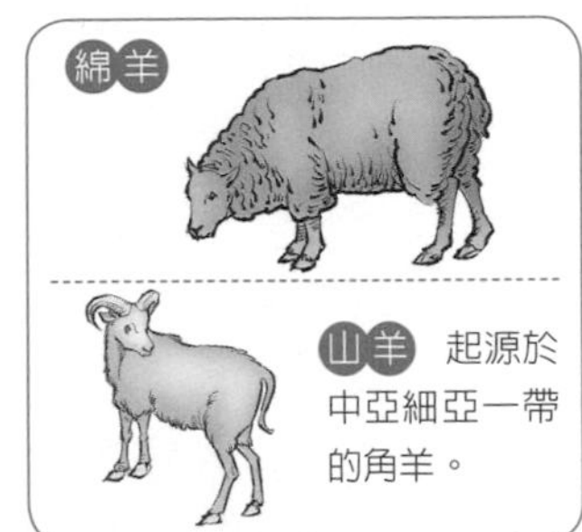

綿羊

山羊 起源於中亞細亞一帶的角羊。

12000　9000

豬 野豬最早在中國被馴化。

牛 一般認為牛最初馴化的地點在中亞。

馬 考古學證據顯示，馬是在歐亞大陸西部草原被馴化的。

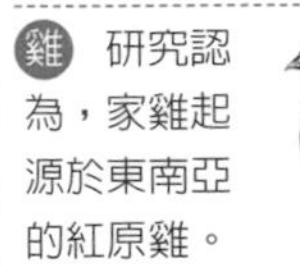

雞 研究認為，家雞起源於東南亞的紅原雞。

水牛

8000　5000　4500　距今時間（單位：年）

野生動物家畜化簡況

動物	馴養開始年代	馴養地區	與人類關係	人類生活方式
狗	西元前 10000 年	歐亞大陸	食用人類殘食	狩獵
羊	西元前 7000 年	西南亞	與人類共生	遊牧
山羊	西元前 7000 年	中亞	與人類共生	遊牧
牛	西元前 6000 年	中亞	—	農耕
豬	西元前 6000 年	東亞	食用人類殘食	農耕
馬	西元前 3000 年	歐亞大陸	—	農耕
雞	西元前 3000 年	東南亞	食用人類殘食	農耕
水牛	西元前 2500 年	東南亞	—	農耕

07 畜牧業發展的負面效應 動物的悲慘命運

畜牧業發展對家畜整體來說是巨大的成功，但對個體來說卻是悲慘的命運。牠們被屠宰、被役用，還有必須不斷懷孕提供鮮奶。農業革命對牠們而言，就是一場災難。

家畜的命運

從繁殖的觀點來看，家畜數量取得了無與倫比的成功；但對個體來說，牠們過的是生物界極爲悲慘的生活。家畜的馴化是爲了人類自身的目的，而這是建立在一系列的野蠻行爲之上。

一般情況下，野生綿羊的壽命是 10～15 年，牛的自然壽命是 20～25 年，雞的壽命是 7～12 年。雖然在野外環境中，大多數活不到這個年限，但也能活相當一段時間。而馴化後的肉雞、肉羊和肉牛，通常只有幾週或幾個月，就到了最佳屠宰時間，然後就被宰殺食用了。

蛋雞、奶牛和役用動物的生活完全不符合其天性。蛋雞通常只有不到半平方公尺的空間能活動。人們會讓奶牛不斷懷孕，維持最大的產奶量，並把牠們生下的小牛全部殺掉；或者將母牛養大，成爲新一代奶牛，公牛則提供肉類爲人們食用。

牲畜個體的災難

當然，進入農業社會，也有被照顧得相當好的某些家畜，比如寵物狗和貓、戰馬等。但對於絕大多數家畜個體來說，所謂物種的「成功」，無法安慰這些個體所承受的痛苦。因此，從牛、羊、雞的觀點來看，農業革命對於牠們不啻是一場災難。

從包括人類在內的動物命運這一角度來看，面對有著複雜感覺和情感世界的動物，農業革命就不能僅僅考慮演化的成功，還需要考慮演化對於個體體驗的影響。演化的成功對於個體卻是災難，這一問題在人類整體能力大幅提高、看似大獲成功的時候暴露無疑，個人的痛苦往往也隨之增加。

家畜的馴化狀況

家畜做為種群，在數量上取得了驚人的成功，但為了得到肉、蛋、奶和役力，人類飼養牲畜建立在一系列野蠻行為之上，導致個體命運十分悲慘。

家畜的祖先

畜種	普通牛	馬	驢	豬	綿羊	山羊	雞	鴨	鵝
祖先	原牛	古代野馬	非洲野驢	亞洲、歐洲野豬	亞洲摩弗倫羊、中亞羱羊	野生角猾羊	紅色原雞	綠頭野鴨	鴻雁、灰雁

動物馴化後的變異

1. 適應性狀變化：自身防衛機能下降，適應人工條件下的飼養，而且具有人類所需的生產性能。
2. 繁殖機能的變化：繁殖機能提高，繁殖季節消失或處於消失之中。
3. 形態結構發生改變：體重和體格發生變化，軀體結構發生變化（骨骼由粗變細，皮膚由厚變薄等）。
4. 器官機能變化：由晚熟變成早熟，生長速度快，飼料消耗率高等。

古代牲畜提供的四種用途

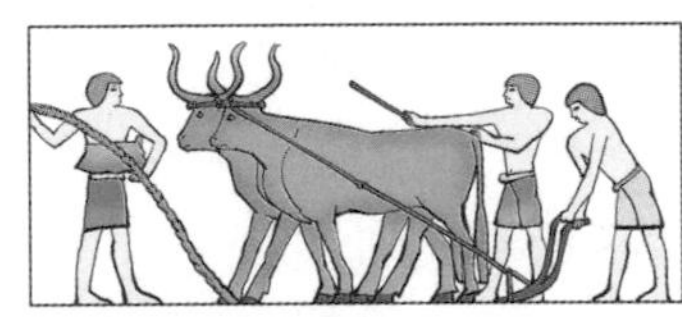

古埃及發達的畜牧業

古埃及文明發展出人類史上最早的畜牧業，當時的人們蓄養了牛、羊、驢子、豬等牲畜。

宰殺雞鴨圖

肉食是人類發展畜牧業的主要目的，屠宰也成為一種專門的職業。

古羅馬人用牛、羊、豬祭祀戰神

古羅馬時代在開戰和取得勝利之後，都會祭祀戰神瑪爾斯，使用牛羊做為祭品，有時也會殺死戰俘獻祭。

禽類提供蛋

第六章
更多的秩序與枷鎖

01 農業革命帶來的改變 推動權力體系

農業革命讓人類進入一個由物質利益主導的世界。農業社會讓人定居下來，隨之產生了各種利益衝突，推動權力體系的建立。

物質利益主導的世界

農業革命使人類的生活方式發生了根本性改變，從此，人類從食物狩獵採集者變成食物生產者，隨之而來的，是人類進入一個由物質利益主導的世界，一個由權力、秩序控制的世界。有了多餘的糧食，就出現如何分配食物的權力問題。誰來控制、管理、分配這些儲存下來的糧食？農業革命帶來生產方式的改變；剩餘產品的增加不僅導致新的分工，而且產生了新的權力。

農業革命帶來的是人口的飛速增長。西元前 10000 年，全體人類都是由狩獵採集者組成的，此時，地球上的狩獵採集者大約有 500 萬到 800 萬。而到了西元前 1500 年，這個人數只占人口的 1%，農業人口則達到了 2.5 億。這也使得複雜的農業社會再也不可能重新回到狩獵採集社會，否則只有崩潰一途。

權力體系帶來文明

農業革命還帶來了利益上的衝突。農業社會到來之後，人的力量開始大規模介入自然界，人與自然的關係被固化到特定區域。原先居無定所的狩獵採集者群體逐步村莊化、部落化，大多數人的活動範圍大幅縮小。對農民來說，幾乎就是在自己的村莊中工作和生活。而不同族群乃至族群內部之間，則產生利益上的衝突，土地、水源、人口和財富都成爲競爭的目標。原始人逐步進入各種權力主宰的人類社會。於是，主導人類文明發展的權力體系建立了。

權力結構的變化

農業革命使人口飛速增長，智人別無選擇，只有繼續沿著這條路前進。隨著各種利益衝突的增加，一個由權力、秩序控制的世界建立起來了。

漢摩拉比像

派遣

漢摩拉比生平

根據歷史文獻的描述，漢摩拉比是一位聰明絕頂、脾氣火爆的君主。他所率領的部隊，翻山越嶺，來去如風。他一生打過很多次仗，總是每戰必勝。他對待敵人手段非常殘酷，五馬分屍就是他處置反對者最喜歡採用的方式。漢摩拉比就是以這樣的鐵腕制服其他城邦，把巴比倫發展成一個從波斯灣到地中海的中央集權奴隸制大帝國。

地方官

職權：

①監督當地統治階層。
②維持治安。
③主持當地的水利和公共建築工程。

統治

村落　城市　遊牧部落

各地百姓可以直接上書國王，反映地方官吏的不公。

西亞農業的傳播路線

西亞到歐洲的傳播路線：

一是從兩河流域往北，穿過土耳其到達烏克蘭平原，然後橫穿東歐，經波羅的海到達斯堪地那維亞半島。

二是向西越過博斯普魯斯海峽到達巴爾幹半島，再向北經多瑙河流域到達歐洲中部，並由此傳播到了大西洋西岸地區。

三是向西穿過愛琴海，經由希臘向西到達義大利、法國南部和西班牙，其中一支往北到達英國和愛爾蘭。

西亞往東的傳播路線：

一是經伊朗高原，到達印度河流域。

二是向東北，沿裏海沿岸到達中亞地區。

02 構築權力體系 被栓在土地上的農民

在農業革命之後，智人的財富迅速增加，私有制的權力體系則開始逐步建立起來。

部落權力體系的建立

農業革命之後，智人的財富得以迅速增加，卻失去了地位的平等。人類擁有改造自然的能力，卻喪失行走於自然世界的自由。絕大多數的農民生活都十分乏味，他們住在永久村落裡，被隔離在一個個狹小的空間內。人口和土地就是隔離帶，成了束縛人類自由的柵欄。

遠古狩獵採集者的活動範圍可能達到幾十至上百平方公里，這一大片區域都是他們的「家」。而農耕時代，所有農民幾乎整天都在一小片田地或果園裡工作，回到「家」中，也只有用木頭、石頭或泥巴蓋成的局促空間，他們一生幾乎都不會離開自己的家鄉幾十里之外。更糟糕的是，人口激增，在族群內及不同族群之間，建立更適合人類生存的社會秩序，就成爲擺在面前的重大問題。組成部落的人們開始逐步確立各種權力，如食品和財產分配權、人事分工權、組織決策權，這中間最重要的是部落內部的祭祀權，以及與其他部落之間的外交權、戰爭權等。部落的最高首領就是族長、酋長或叫做「王」。

智人的人工孤島

與狩獵採集者居無定所、不會專門改造其漫遊的土地不同，農民在荒野中用盡力量，打造出一個專屬於智人的人工孤島。他們砍伐森林、燒荒、耕種土地、建造房屋，用房屋和樹籬隔絕外來者，將這裡建成自己的領地。

這些領地與整個陸地面積比起來是微不足道。地球表面約有 5.1 億平方公里，陸地面積大約占 1.55 億平方公里，而其中絕大部分地區都不適合人類居住，不是太冷、就是太熱，或者太乾、太溼、缺水……。一直到西元 1400 年左右，將農民的耕地和居住地全部加起來，總共只有 1100 萬平方公里，也就是占全球表面積的 2%。但就是這微不足道的 2%，構成了人類整個歷史的舞臺。

權力金字塔的社會形成

農業革命之後，人類被拴在自己的那塊土地上，將土地打造成自己的王國。新的社會秩序也開始建立起來，按權力劃分的等級社會形成了。

古埃及人在田間勞作

婦女用木叉將重量較輕的穀殼和稻草從穀粒中清除。古埃及人用於農業的工具有：犁、鐮刀、鋤頭、叉子、鏟子、籃子、汲水吊桿和篩子。

古埃及人的主要糧食作物是大麥和小麥，食用的蔬菜主要有：洋蔥、韭菜、豆子、小扁豆、大蒜、蘿蔔、捲心菜、黃瓜和萵苣等。

打好的穀物按標準被裝入籃子或袋子裡，在將這些穀物存入倉庫之前，會有書吏對它們進行仔細的測量和記錄。存放穀物的倉庫是由磚塊砌成的庫窖。

蘇美壁畫上的社會階層

隨著農業社會的發展，逐步分化出國王、官吏、戰士和農民，蘇美壁畫上的形象就體現出這種權力架構。

原始農業的特點

1. 對土地進行輪種而不是對作物進行輪種，以「刀耕火種」為種植方式。
2. 多種作物雜處，充分利用空間，延長食物收穫的時間。
3. 主要是種植作物土地的「遷移」，而不是人口的遷移。
4. 耕種 2～3 年，肥力因作物吸收和水土流失很快消耗殆盡，再以長時間的撂荒來恢復。

03 農業革命帶來文明 「未來」時代的到來

農業革命使農民必須時刻考慮未來，為未來服務，生產出來的多餘糧食則養活了統治階級，構築起文明。但這絕大多數人在歷史上都只是默默無聞地挑水、耕田。

考量「未來」的思維

農業革命讓人類的物質生活變得豐富。雖然從今天的角度來看，遠古農民是髒、亂、差的代名詞，但一個典型的農民家庭所擁有的物品，已然超過了整個採集部落。這也是他們時間觀念不同的原因。

狩獵採集者不會思考太多下週或下個月的事情，因為食物難以保存，財產在打獵、採集食物的遷徙過程中難以積累。而農業革命到來之後，「未來」受到空前的重視。智人的「未來」成了需要時刻操心的事情，農業生產具有很強的季節性和不確定性，一旦遇到旱災、洪水和瘟疫，就容易災情嚴重。農業經濟以生產的季節週期為基礎，經過多個月的艱苦耕作，再迎來收成。農民們時時刻刻想到的都是未來，或者說為了未來服務。

統治者的話語權

為了未來的生活穩定，農民們不得不付出更多努力來減少風險。他們開墾更多的荒地，修築灌溉系統，並多種一些作物，為的是冬天或來年能有足夠的食物。

多餘的糧食則用來養活統治者，以及用於戰爭、藝術、宗教和哲學，建立起宮殿、堡壘、廟宇，並使得城市和上層精英的出現成為可能，從此社會結構中多了一小撮精英：國王、官僚、思想家和戰士。他們建立了秩序，書寫了歷史，然而歷史上也只有他們的故事。流傳下來的史冊告訴我們這極少數的人在做什麼，而其他絕大部分人的生活就是無休止地挑水、耕田。

農業革命將所有人從各安其所的「洞穴」，驅趕到無比廣闊的超級廣場，在這裡，權力和秩序控制了一切，所有人都無法逃離農業革命奠定的天地。

農業哺育的文明史

農業革命之後，「未來」在農業活動中占據重要地位。多餘的糧食養活了一小撮精英，他們在歷史上留下自己的故事，而絕大多數人只是默默地勞作。

亞述國王（右）和高級祭司（左）

亞述歷代國王都信奉武力，持續向外擴張，將古埃及和巴比倫兩大文明置於統治之下。

亞述貴族（中）和官員（右）

亞述是奴隸制國家，祭司、官員和貴族都屬於奴隸主，新征服的土地歸奴隸主所有，成為發動戰爭的原動力。

亞述戰士

亞述軍事發展完備，是古代世界最發達的，亞述依靠這支強大的常備軍事力量，建立起橫跨歐、亞、非大陸的帝國。

亞述帝國可說是世界史上第一個「軍事帝國」，亞述的統治秩序是建立在戰爭基礎之上，它將多餘的資源都用來發動對外戰爭，主要社會階層包括王室、祭司、行政官吏和自由民、奴隸等。

扶犁耕種的羅馬農夫

羅馬文明奉行重農思想，在早中期，自耕農是羅馬農業的主力。

旱災中挖井的農夫

在傳統農業社會的天災人禍之中，以旱災引發的損失最大，往往造成赤地千里、民不聊生的災難。

中國原始的灌溉系統

04 建立文明社會 為何人類不能沒有神？

人類通過共同虛構的故事，形成大型合作網路，並依靠對這種故事的認同，建立起數以百萬人計的帝國。

意識到「無知」便需要神靈

無知是一切神靈產生的眞正根源。在缺乏理性和科學思維的遠古時代，人類無知的領域屬於神靈統治的空間。可以說，當人意識到自己對於世界的無知，也就意識到神的存在。

農業革命產生以後，文明的邏輯就從人類意識支撐下的點狀空間擴散開來。依靠農民生產出來的多餘糧食，先是出現了村落，接著形成市鎭，最後發展爲都市，依靠王國將它們緊緊相連。而能夠促進這一切出現的，就是對共同的神話故事的認同。

有了共同的神話故事，幾百個陌生人就能相互合作。有了祖靈，有了部落的圖騰，就能夠讓 500 個智人一起進行消滅尼安德塔人的戰鬥。不過想讓幾百萬互不相識的人一起合作，建立都市和強大的帝國，就需要更加嚴密的虛構故事了。

神聖的「大型合作網路」

在原始社會，人類通過對自身的有限認識，以三個方面的本能——求生本能、性本能和畏死本能——產生了三種神學思維模式：自然崇拜，也就是將世界歸結爲神靈的創造，以此解釋世間萬物存在的邏輯關係；血緣紐帶與祖先崇拜，將性本能的活動轉變成血緣關係，形成穩定的族群文明；生命傳承與靈魂崇拜，相信人可以永生或者個人可以永無休止地輪回。

不要小瞧這幾種神學思維，古埃及文明相信人可以永生，進而發展出木乃伊，乃至大金字塔；古印度人則相信無所不在的最高實體是「梵」，個人應當達到梵我合一的境界，以此來擺脫永遠的輪回；而在中國，「敬天法祖」成爲傳統社會的核心思想之一，根植於中國人的思維之中。通過這些思想，埃及、印度、中國、古羅馬等形成「大型合作網路」，建立起數以百萬人計的帝國。

文明社會依靠共同神話進行合作

文明社會是從彼此認同的神話故事所開始。當很多人都認同這一神話的時候，就能組成「大型合作網路」，從而建立起更大型的帝國。

死神阿努比斯
以狼頭、人身的形象出現在法老的壁畫中。

智慧之神圖特
負責保護藝術和書記員的工作，相傳是埃及象形文字的發明者。

法老的守護神荷魯斯
他是王權的象徵，一位鷹頭人身的神靈。

母性與生育女神伊西斯
她是最原始的女神，奴隸、罪人、手工業者和受壓迫者的朋友。

古埃及神話中的諸神
古埃及神話在埃及文明體系中占有重要位置，每一位法老都有自己的守護神，如拉、阿蒙、圖特等。

冥王歐西里斯
最初是大地和植物之神，後來成為陰間的最高統治者。

死者守護神奈芙蒂斯
是死者的守護神，也是生育之神。

「虛構的故事」合法化的手段

1. 合法化行為一般由專門的政府宣傳部門完成，古代往往是宗教與祭司。這些機構通過宣傳統治階級的意識形態，使人們認可統治秩序的合法性。
2. 統治階級往往用道德規範、宗教信仰、理想價值來證明體系的合理性。
3. 統治階級的意識形態並不總是一成不變，而是有一定的含糊性和靈活性。只有如此，意識形態才能被發展。
4. 意識形態是統治的重要手段，但統治階級也不能完全訴諸意識形態，經濟職能也是重要手段。

05 前所未有的統治秩序 帝國的崛起

自從人類進化爲智人以後，基本上基因的進化就停止了。近幾千年來，人類通過想像力的急速奔馳，建立起前所未有的社會統治秩序。

由想像力帶來的社會秩序

人類在幾百萬年的演化過程中，基因的演化十分緩慢，幾十人小部落的生存狀態一直沒有太大的變化。直到農業革命之後，短短幾千年間，出現城市、王國和帝國，凝聚了幾萬乃至幾百萬人的龐大文明。時間並不允許人類發展出大規模合作的本能，人類是通過想像力的急速奔馳，在短時間內，建立起地球上前所未有的大型合作網路。

西元前 8500 年，距離耶路撒冷 38 公里的耶利哥城，有著當時最大的人類聚居區。到了西元前 3100 年，下尼羅河谷統一，歷史上第一個埃及王朝建立，法老統治著幾十萬人民。大約西元前 2250 年，薩爾貢大帝建立了第一個阿卡德帝國，有超過 100 萬的子民。西元前 1000 年到西元前 500 年之間，亞述帝國、巴比倫帝國和波斯帝國都統治了幾百萬的人口；西元前 221 年，秦始皇統一中國，常備軍達到幾十萬，有超過 10 萬人的官僚系統治理帝國。西元前後，古羅馬將地中海變成內湖，納稅人口高達 1 億，維持了 25 萬～50 萬的常備軍。

用共同想像的現實構築帝國

這些偉大的文明在歷史上留下輝煌的遺跡，一直到今天仍爲我們所驚嘆。它們的存在都基於某種共同想像的現實，這種想像的秩序維持著這些國家社會的穩定。幾百萬人通過對共同想像的現實的信仰，彼此協調並管理著帝國，否則帝國在一夕之間就可能會崩潰。

然而，這種「大型合作網路」遠非完美，很多時候並不是出於自願，更不用說裡面往往充斥著壓迫和剝削。奴隸、農民無償交出他們辛苦勞作得到的糧食，用以建造宏偉的建築，傳承不朽的文明，而這都是因爲他們相信共同虛構的神話故事。

人類通過「想像的秩序」建立帝國

當基因進化幾近停滯之時，人類依靠想像構築的秩序，創造了一個又一個偉大的文明，使智人的社會快速向前發展。

人類通過「想像的秩序」建立的帝國

前 8500 年 →

耶利哥遺址

世界上最古老、一直有人居住的地方。9800 年前，這裡就形成 3000 人的居住規模。

前 3200 年～前 2850 年 →

那爾邁調色板

反映埃及第一位法老統一上下埃及的情景，它被認為是國王和王權權威的形象描繪。

前 2371 年 →

阿卡德王朝的建立者薩爾貢大帝

（西元前 2371～前 2316 年在位）美索不達米亞最早的統一者，阿卡德帝國的開創者，是世界上第一個建立常備軍的君主。

前 550 年 →

居魯士大帝

（西元前 550～前 529 年在位）古代波斯帝國的締造者，阿契美尼德王朝的第一位國王。

前 221 年 →

秦始皇

（西元前 246～前 210 年在位）首位完成中國大一統的統治者，中國歷史上第一位稱皇帝的政治家。

前 29 年 →

屋大維

（西元前 29～14 年）羅馬帝國的首位君主，元首政制的創始人，西方政治史上最重要的人物之一。

06 統治秩序的建立 將虛構故事深植人民腦內

如果我們的統治秩序眞的是由想像構築而成，那麼它們是如何產生？又是怎樣運作呢？

建立統治秩序

要構築秩序，首先必須堅信這是客觀的事實，比如宣稱這是神的旨意或自然規律。其次，在教育上，從人一出生就不斷提醒他，不論是童話、戲劇、歌曲或政治宣傳，將秩序深植於人民的頭腦中。而一旦想要改變這種秩序，則需要推動思潮、政黨或者宗教運動。

在原始社會中自發形成的風俗習慣，也就是通過想像構築起的秩序，被全體成員自願維護。而農業革命之後，人類進入文明社會，社會秩序就要憑藉國家的權力，以強制手段加以維護。

兩個最有名的虛構故事

有關統治秩序的故事，在古代社會最著名之一，是西元前 1772 年的《漢摩拉比法典》，這是古代巴比倫王國社會秩序的基礎。當代社會最著名的統治秩序手冊，則是 1776 年的《美國獨立宣言》，它是數億美國人合作的根基，更是今日強大美國的奠基石。

《漢摩拉比法典》裡提出永恆的正義原則，其中最重要的是等級制度。人被分爲男、女兩個性別，以及上等人、平民、奴隸三個等級，不同性別、不同等級的成員有不同的價值。

《美國獨立宣言》宣布人人生而平等是普遍且永恆正義的原則，所有人都平等已經成爲美國人的信條，然而這和《漢摩拉比法典》背道而馳。兩個文本都宣稱自己代表了神聖、普世的原則，那麼正義到底在哪一邊？實際上它們都不正確，漢摩拉比和美國國父們都想像出這樣一個現實：用永恆統一的正義原則來指導統治秩序，然而，這個原則只存在於人類的想像中，世界上不存在任何時間、任何地點、對任何人都適用的客觀正義。

如何維護統治秩序

以想像構築的秩序一旦形成，就需要全體成員自願維護。為了能讓眾多的人共同合作，人類虛構了許多故事，來規定這種秩序的神聖與必要。

漢摩拉比

古巴比倫帝國傑出的國王，將兩河流域統一在巴比倫文明之下，被譽為古代世界卓越的立法者。

太陽神沙瑪什

古代兩河流域的太陽神和司法之神。這一畫面是沙瑪什向漢摩拉比授予法典，後者向太陽神宣誓，表現了《漢摩拉比法典》的權威性和神聖性。

《漢摩拉比法典》原文

這是世界上最早的一部完整保存下來的成文法典。它體現了刑法的嚴苛與殘忍，以及人與人之間的不平等，是研究古巴比倫經濟與社會制度極為重要的文獻。

《美國獨立宣言》體現的精神

第一，平等學說；第二，天賦人權學說；第三，主權在民學說；第四，人民革命權利學說。成為美國立國精神最重要的文獻之一。

大陸會議簽署《美國獨立宣言》的情景

獨立宣言分為三部分：闡明了政治哲學；列舉具體事例證明喬治三世破壞了美國自由；鄭重宣布美國獨立。

湯瑪斯．傑佛遜

《美國獨立宣言》的主要起草人，美國的第三任總統，也是美國開國元勳中最具影響力的人之一。

07 維護統治秩序 暴力機構與社會精英

依靠想像構築的秩序有一朝崩潰的風險。爲了維持這種統治秩序，不但需要暴力機構，更需要社會精英的堅守和維護。

鞏固秩序依靠深信不疑

毋庸置疑，依靠想像構築的秩序，一旦被發現其背後依靠的是虛構故事，那麼這一秩序就存在崩潰的風險，甚至一夕之間就會發生。因此，必須讓人們眞正相信，這種秩序才能持久。文明的核心在於人，一種秩序的形成與固化需要在一代又一代的人們中間薪火相傳。基督教徒對上帝、教義深信不疑，使得基督教依舊是世界上信徒最多的宗教之一。中國對五常——仁、義、禮、智、信的信仰，讓帝國維持了 2000 年之久。美國人堅信人權和自由，因此已經發展了 250 年之久。銀行家和資本家更是對資本主義頂禮膜拜。

爲了維持想像中構築出來的秩序，就必須持續投入大量的精力。一部分社會秩序的維護，是由軍隊、員警、法院和監獄這些國家暴力機關完成的。不過，僅僅依靠暴力維持由想像所構築的秩序是不現實的，想要長期維持，就必須由眞正信仰這個想像中的秩序的人來完成。

社會精英的堅信與守護

一種秩序想要持久地維持，肯定離不開特定人群的堅守。而這些特定的人群，很大一部分是社會的精英，他們需要投入熱情與信仰，這種信仰可能是神靈、榮譽、祖國、男子氣概，甚或只是單純的金錢。這種秩序能否長久存續下去，取決於其是否擁有足夠的力量，支撐有此信念的精英代代相傳。如果只是出於純粹利益的考量，秩序絕不可能長久存續下去。當一部分堅信者不遺餘力地宣傳、提醒、讚美虛構的故事，才能影響絕大多數人都相信這種秩序，從而使美國的人權和自由，或是中國的儒家社會維持幾百乃至上千年之久。

捍衛秩序的人

秩序一旦形成，就必須在一代又一代人之間薪火相傳。這不能僅僅依靠軍隊、員警這類暴力機關來完成，更需要堅信這些秩序的精英來維護。

聖三位一體

三位一體是基督教的重要概念。上帝是獨一真神，但包括聖父、聖子、聖靈三個位格。時至今日，基督教依舊是世界上最廣泛的信仰。

聖殿騎士團

聖殿騎士團是中世紀天主教的軍事組織，十字軍中最具有戰鬥力的團體，發展出雄厚的經濟實力，甚至開辦了最早的銀行。

孔子

孔子創立的思想體系，以尊卑等級的仁為核心，被後世統治者長期奉為正統思想，是中國古代的主流意識，對中國、東亞產生了深遠的影響。

孔門弟子

相傳孔子有弟子三千，其中賢者七十二人，他們是儒家學說的堅定追隨者和實踐者，為儒學成為官方正統做出了重大貢獻。

統治者的合法性

1. 將占統治地位的經濟關係和政治關係，用法律形式固定下來，使其獲得權威性、普遍性、明確性和穩定性。同時通過龐大的權力機器對人產生的直接心理威懾，如懲罰犯罪等，獲得強力的權威。
2. 通過制度建設和體制改良，在一定程度上，達成被統治階級與統治階級之間的良性互動。如藉由選舉授權、政策選擇、政治溝通、法制約束等機制，使政治統治獲得程序化的權威。
3. 透過意識形態進行灌輸教化，解釋和論證政治統治及相關制度的合法性，樹立信仰方面的權威。這裡必須指出，法律是合法性的基礎，但合法性不同於法律。合法性主要是觀念內化的結果，而法律則是強制力的結果。因此，如果說暴力、法律或制度為合法性提供了基礎，那麼，合法性的獲得主要則是通過意識形態的教化完成。

08 社會秩序的藩籬 打破秩序的迷思

秩序一旦被建立，並被幾十億人所認同，想要打破它就只有靠政黨、思潮或宗教運動。但即使打破秩序，也只會進入另一種更強大的社會秩序中。

無孔不入的想像秩序

當由想像構築的秩序成為帝國的根基時，社會就存在秩序崩潰的危險。怎樣才能讓人相信這些秩序？對外必須堅持它們是千眞萬確，絕非虛構的。這種秩序由偉大的神靈或自然的法則所創造，是客觀的事實，並非出自漢摩拉比或湯瑪斯・傑佛遜，而是太陽神或者上帝的旨意。

人類經過幾千年的發展，早已通過大量的手段，讓一般人不會發現自己生活其中的種種秩序，其實是虛構想像出來的。首先，雖然由想像構築的秩序只存在於我們的腦海中，但它已經和眞實的世界緊緊結合，密不可分。通過童話、建築、宣傳乃至食譜，無孔不入地告訴我們，觀念和眞實世界是高度一致的。其次，我們從出生時就置身於這種想像中，以至於我們的欲望也由這種秩序所塑造。比如消費主義就宣稱我們想要快樂，就應該購買更多的產品，得到更多的服務，這些產品或服務能夠讓日子更好。再次，由想像構築的秩序存在於人和人之間的思想聯結中，並非個人的主觀想像，因此就算某個人不認同這些觀念，在數十億人的共同想像中也無力撼動這種秩序。

人生而自由，卻無往不在枷鎖之中

當今世界的秩序乃是由數十億人共同的想像所構成，想要改變這些秩序，就必須同時改變數十億人的想法。若要達到這種規模的改變，就必須有複雜而龐大的組織在背後協助，比如政黨、思想運動或者宗教。

若想改變現有的秩序，就不得不先用想像構築另一套秩序，而且這秩序需要更為強大。因此，人類已經無法擺脫由想像所構築的秩序。即使衝破了現有秩序的監獄高牆，向著貌似無限自由的方向邁進，也只是到了另一個更大的監獄，跑進更大的牢籠中。

難以打破的藩籬

雖然社會秩序是虛構的想像，一旦建立起來，就難以被打破，只有強力的政治運動才能改變。然而，即使打破現有秩序，也只會陷入另一種更強大的社會秩序之中。

自由女神像

自由女神像原本是法國為了紀念美國獨立戰爭，贈送給美國政府的禮物，但現在已經成為爭取民主、自由的象徵，更成為美國統治秩序的象徵。

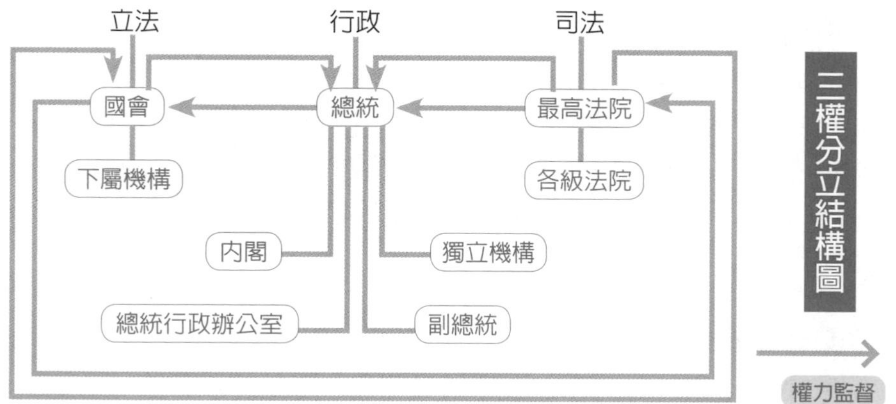

維護統治秩序的方式

1. 暴力後盾

   在統治過程中，首先依賴的是國家機器。因此，建立政治秩序必須依賴軍隊、警察等強制性的國家權力。

2. 制度建設

   秩序建立之後，還要建立和完善具體的制度，以維持統治秩序。

3. 法律建構

   制度運轉具體表現為法律規定，法律是統治合法性的一個重要手段。

4. 實現法治

   意味著所有政黨、團體都必須平等地服從憲法和法律。

第七章
將世界記錄下來

01 飛躍的文明
文字的誕生

當智人社會發展的資訊已經超過大腦的容量，爲了管理國家，蘇美人首先發明文字來記錄資料。這是人類社會發展的又一次飛躍。

超越動物性的行為難題

某些動物（如螞蟻和蜜蜂）也能形成大型社會，不過那只是基於基因和本能的行爲。對人類來說，並不存在這種預先設定於基因裡的行爲模式。智人的社會秩序是由想像而構建，因此，維持秩序的關鍵資訊不可能單純通過 DNA 複製傳給後代。只有藉由教育和各種強力手段，才能使法律、習俗、程式、禮儀等維持下去。

數字處理系統——文字

面對維持和運轉秩序所需的海量資訊，在之前的幾百萬年，只有一個地方能存放這些複雜的資訊，那就是大腦。但大腦會隨著人類的死亡而死，儲存的資訊也會同時消失。還有，最重要的一點是：人類大腦經過演化，只習慣儲存和處理特定類型的資訊，而無法準確儲存對一個國家來說非常重要的資訊——數字。

國家正是依靠數字來計算自己掌握的資源，以及能夠利用的資源。最早克服這個問題的，是美索不達米亞南部的蘇美人。大約在西元前 3500 年至西元前 3000 年間，蘇美人創建了一套處理系統，即「蘇美文字」，從此，蘇美人的社會秩序不再局限於人腦的處理能力，開始走向城市、王國和帝國。

文字誕生的過程

與動物本能的行為模式不同，智人的社會秩序只能依靠後天的教育和強化，才能維持下去。為了儲存和處理大腦難以記憶的數位資訊，最早的文字誕生了。

	以尖筆刻畫的最古老的文字形態	楔形文字（約西元前 2300 年）	巴比倫與亞述各自在楔形文字的發展（約西元前 1500 年）	亞述最終確定的楔形文字
人			A B	
運河			A B	
城牆			A B	
洋蔥			A B	
黏土板			A B	
釘			A B	
犁			A B	

楔形文字的演化過程

1. 楔形文字的書寫方式從縱向書寫變成了橫向書寫，而且書寫的順序也與現代人的習慣一樣，是從左往右。
2. 為了提高書寫的效率，楔形文字的筆劃開始簡化。
3. 到了西元前 2900 年時，蘇美人將楔形文字的數量從早期的 2000 個左右，減少到大約 600 多個，這是巨大的進步。不過，楔形文字和後來的希臘字母或腓尼基字母比起來，仍然繁瑣很多。

02 早期高度文明 有史記載的蘇美文字

許多人都會對世界上最早的文字感到好奇，遺憾的是，第一個留下名字的人是個記帳員，第一個文本是帳單，而蘇美文字也只能用來記帳和記錄事實。

第一個被記載的人名

目前我們所能找到人類祖先留下的最早文本是什麼？是由誰書寫的？記載了什麼內容？很遺憾，它並不是優美的詩歌，也不是智慧的箴言，更不是傳奇的故事或嚴密的法律，而只是一份無聊的記帳單：

29086（單位）大麥，37 個月，庫辛。

這份文件用現代語言解讀就是：「在 37 個月之內，共收到 29086 單位的大麥，由庫辛審核。」這是一塊大約西元前 3400 年至西元前 3000 年的泥板，來自蘇美古城烏魯克遺址的神廟。這是人類歷史上第一個有據可查的文本，「庫辛」成了人類文字記錄下來的第一個人。他不是國王、先知、詩人，而是一位倉庫審核員，這眞是一件讓人跌破眼鏡的事。

蘇美文字的功用

蘇美文字是世界上最早的文字，前述第一份文本就體現出這點：蘇美的文字只是用來記錄事實和數字，而不是書寫故事或小說。因爲當時要寫下文字十分耗時，而能閱讀的人又太少。蘇美文字由兩類符號構成，一類是以 6 和 10 爲基數的數字，另一類則代表人、商品、領土、日期、動物等。通過這些文字就能記錄遠超過大腦容量的數據。

目前出土的其他泥板，絕大部分也都是借貸和債務的合約。其他倖存下來的蘇美文本更加無聊，就只是一堆做爲練習重複抄寫的單詞。蘇美文字只能部分表意，而無法完整表意，就像現在的數位和音樂符號。因此，如果用蘇美文字來記帳、收稅，可以說效率一流；但要想用它來寫情詩，可就力有未逮了。

認識蘇美文字

人類歷史上能找到的第一個文本既不是優美的詩歌，也不是智慧的箴言，更不是傳奇的故事或嚴密的法律，只是一份無聊的記帳單。

在蘇美的一座神廟裡，一位書記正在泥板上記錄佃戶送來的一袋穀物。蘇美的官僚十分精明，神廟的每份穀物收穫都必須寫兩份紀錄，一份交給繳納者做為收據，另一份則保留在神廟的檔案庫裡。

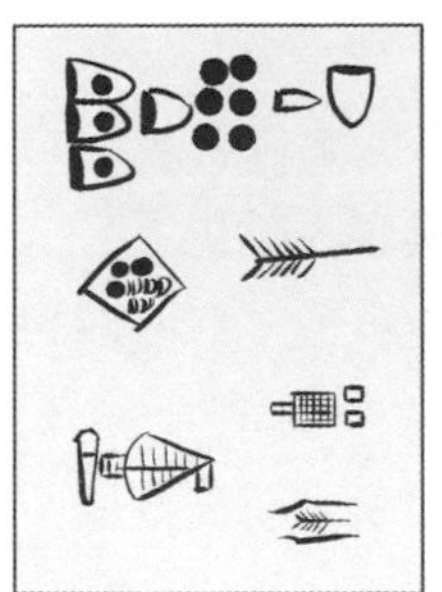

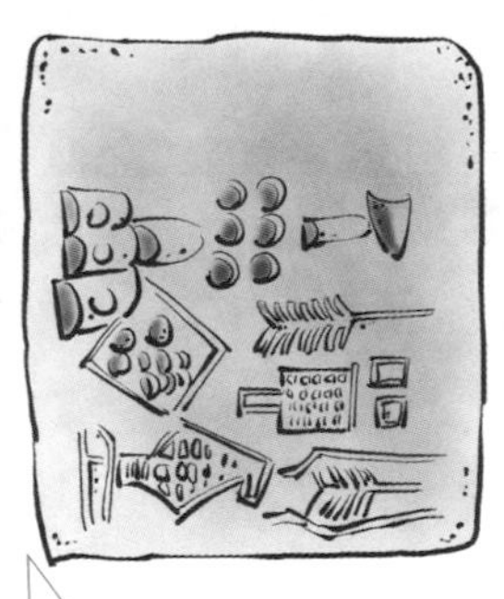

這是人類歷史上有據可查的最早文本，是蘇美古城烏魯克神廟的倉庫保管員「庫辛」留下的紀錄。這也展現文字最初的作用：用數據來延展大腦的記憶和檢索功能。

蘇美人的楔形文字泥板

蘇美人的楔形文字被後來的巴比倫人、亞述人和波斯人廣泛採用，現在保留下來的泥板書大約還有 3 萬多塊。

03 準確有效的奇妙文字 結繩記事

結繩語出現在文明社會初期，是非常先進的記錄方式。中國和印加王國通過結繩語言記錄了大量的數據，但這種語言終因交流困難而最終消亡。

巧妙利用繩結的技術

蘇美文字並非用來寫詩，而是爲了達成口語所不能完成的任務。在遠古的中國和南美洲的安地斯山脈，則流傳著另一種部分表意的文字，它是一種將文字藝術化的過程，甚至很多現代人不認爲這是一種文字。因爲它並非寫在泥板或木板上，而是用繩子打結來記錄事務和思想的方式，那就是結繩記事。

與許多現代人想像的不同，結繩記事並不只是用來計數，安地斯山脈的結繩語運用顏色不同、長短不一的繩子，在不同的位置打結，就能準確地儲存和處理多達十幾萬人的印加帝國的海量數據。在中國，古籍中記錄著：「上古結繩而治」，「事大，大結其繩；事小，小結其繩；結之多少，隨物衆寡」。說明結繩記事也和其他語言一樣，能夠跨時空、跨地域傳播與表達。以至於在漢語中，許多具有向心力、聚合性的要事，幾乎都用「結」字表達，比如結義、結社、結拜、結盟、團結，等等。

無人能識的祕密

在文明時代的初期，結繩記事是非常先進的記錄方式，配合著語言的使用，便能發揮事半功倍的作用。一旦掌握了使用方法，能夠讓人終生不忘。由於中國的結繩記事並無實物留存下來，南美洲的結繩語文本就成了最直觀的考察物件。

南美洲的結繩語顏色多達九種，賦予其不同含義；材質上則有樹皮繩、草繩、麻繩、動物毛線繩等幾十種類別，又有粗、中、細三種不同規格；從結繩方法上有橫向繩子、也有縱向繩子，有主繩、也有支繩。它的有效性使得征服了美洲的西班牙統治者繼續沿用，直到最終被拉丁語取代。

這種結繩語表達繁瑣，編織需要時間，更重要的是，還需要專門培訓編織和閱讀人才來使用它，最終也因爲人才的凋零而變成無人能識別的文本。

結繩語的歷史

在文明時代的初期，結繩語的出現是非常先進的記錄方式，一旦掌握方法，就能終生不忘。但這種文字使用的繁瑣和難度，讓結繩文字最終消亡。

秘魯發行的印加結繩語紀念郵票

傳遞結繩記事的印加信使郵票

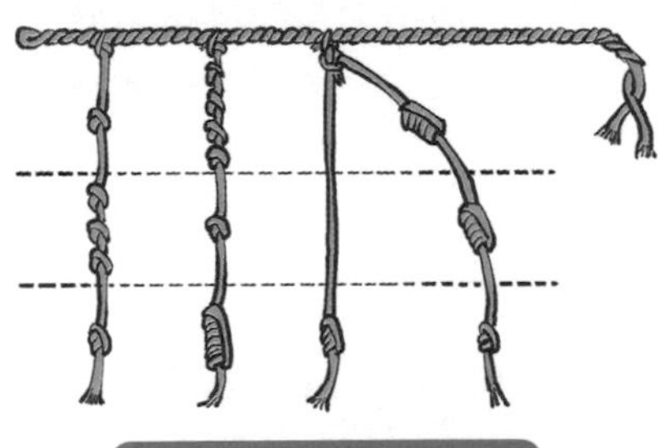

印加結繩語代表的數字

中國結繩語代表的數字

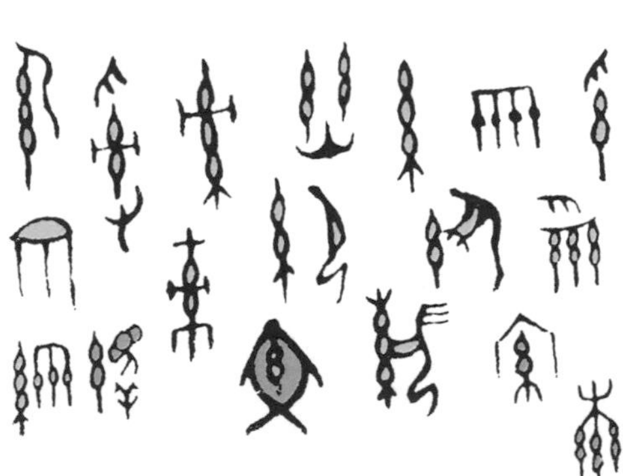

結繩語在文字中留下的痕跡

結繩語只能表示和記錄數字或方位等簡單概念，是一種表意文字，可以把它看成是文字產生前的一個孕育階段。因為它只能幫助人們記憶某些事情，而不能進行思想交流，從而不具備語言交流和記錄的屬性。因此，結繩記事不可能發展為成熟的文字，只是在文字中留下了少許痕跡。

04 文字的影響力 官僚制度茁壯

文字不但要能記錄資料，更重要的是能快速編制、檢索資料，當適合這一思考模式的文字出現之後，官僚制度得到了空前的發展，進而影響人類思維模式的改變。

比記錄數據更重要的功能

隨著時間的流逝，蘇美人開始希望在無聊的數據之外，能夠表達日益複雜的邏輯意義。大約西元前 3000～西元前 2500 年，蘇美文字發展成能夠完整表意的楔形文字。國王可以用它來發布法令，祭司可以用它來頒布神諭，普通民眾可以用它來寫信。大約在同一時間，埃及發展出另一種文字——象形文字。其他地區如中國、中美洲地區，也相繼獨立發展出完整表意的文字。

文字被廣泛用於各種用途，但相對於發明文字，更困難的是從大量的行政檔案數據中，能夠有效編制、查找和檢索。這是很多文字後來被遺忘的重要原因：官僚管理制度能否正常運轉，很大程度上取決於相關公文的傳遞，以及各個部門資訊溝通和政令傳達能否暢通無阻。這是許多文明的文字無法做到的，從而使統治者難以掌握當時的政局，更無法進行有效的管理。

文字改變了人類的思維

蘇美、古埃及、古代中國和印加帝國文化的特殊之處，就在於發展出良好的方法，使得管理者能夠有效地將文字紀錄進行歸檔、編目和檢索。更投入人力、物力，培養專門人才負責抄寫、管理資料。治理國家的官僚制度必然伴隨著配套的文牘主義盛行，各種紀錄需要合理地分類、擺放、增刪、重新分配，隨之誕生了嚴格的檢索方式。這種方式與我們大腦自由聯想的機制截然不同。

爲了適應這種「不自然」的運作機制，就要進行專門訓練，改變人的思維方式。於是，文字對人類歷史最重要的影響產生了：將自由聯想、整體思考轉變爲分割思考，進而改變人類思維和觀察這個世界的方式。

探索古代文字

世界上幾大文明都發展出良好的方法，對檔案進行管理和歸檔。文字因此改變了官僚制度，進而改變人類思考問題的方式。

烏魯克瓶殘片反映了蘇美國王進行祭祀的場景

A	B	B	C	D	E
F	G	H	H	I	J
K	L	M	N	N	O
P	Q	R	S	T	T
U	V	W	X	Y	Z

象形文字與英文對照表

方塊漢字	卯	門	酉	無	乙	癸	寅	田	八
水文									
甲骨文									
金文									

甲骨文、金文與漢字對照表

甲骨文是中國商代獨立發展起來、現存最古老的一種成熟文字，金文則是甲骨文之後，殷商時代銘刻在青銅器上的文字。

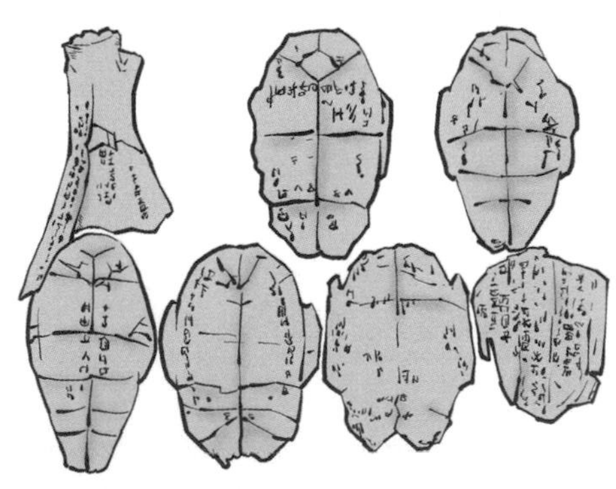

甲骨文檔案

產生於商代後期，以龜甲、獸骨為載體，是現存最早的中國古代檔案，對商王朝的統治及官僚制度的形成發揮重大作用。

05 全世界最通用的語言 阿拉伯數字

阿拉伯數字是全世界最重要的一種通用語言，它記錄著人類發展的方方面面。隨著二進位的出現，更有可能帶來一種在未來取代人類大腦思考的革命性文字。

阿拉伯數字其實是印度人發明的

社會發展愈來愈複雜，隨之官僚制度的數據處理方式也就越發重要。西元 8 世紀，一種新的、部分表意的文字開始傳播開來，令儲存和處理數據的效率大爲提高。這是一種由 10 個符號組成的文字，代表了從 0 到 9 的數字，被稱爲阿拉伯數字。事實上，阿拉伯數字是由印度人發明的，西元 8 世紀阿拉伯人征服印度後學習到這套數位系統，經過改良傳播至歐洲，所以被稱爲阿拉伯數字。

阿拉伯數字是全世界最重要的一種通用語言，幾乎所有的國家、企業、組織、機構，無論說的是英語、阿拉伯語或印度語，都需要用數學符號來記錄和處理資料。

時至今日，數學語言已經滲透到社會生活的各方面。整個理工科領域，幾乎與人類的口語脫節，而完全成爲數學代碼的體系。就連社會科學領域，專家們也想方設法在理論中塞入數字，讓自己的觀點顯得準確而專業。

0 和 1 創造的文字

進入資訊時代後，數學符號帶來了一種更激進、更具革命性的文字，那就是電腦所使用的二進位，它只有兩個符號：0 和 1。由二進位發展而來的人工智能擁有遠超過人類的能力，一旦成功，將有可能完全取代人類的大腦。

文字發明幾千年的時間，原本是人類意識的僕人，但現在很可能反客爲主，通過二進位的數學語言，使得電腦擁有自己的意識、感情和夢想。一種不安已經在電影中浮現：我們千方百計想通過二進位的數學語言令電腦獲得新的智慧，一種自我的意識。是否有一天，二進位語言會強大到突破人類給予它的限制，而想要解決掉人類？

阿拉伯數字和二進位

印度人發明了阿拉伯數字，通過阿拉伯人傳播到全世界，成為最通用的語言。當今世界，二進位人工智慧語言正大行其道，也許有一天會消滅人類。

古印度的數學家　阿拉伯數字是古印度數學家首先發明的，因為歐洲人從阿拉伯人那裡學會這種語言，所以被稱為阿拉伯數字。

二進位與十進位的對應轉換表

十進位	二進位
0	0
1	1
2	10
3	11
4	100
5	101
6	110
7	111
8	1000
9	1001

阿拉伯數字的發展演變

阿拉伯數字					
歐洲		阿拉伯	印度		
14世紀	12世紀		10世紀	5世紀	1世紀

二進位運算的理論奠基人喬治・布爾

19 世紀愛爾蘭數學家、邏輯學家，他將邏輯命題的思考過程轉化為對符號 0 和 1 的代數演算，成為今天電腦語言的基礎。

第三部

捲入歷史洪流

第八章
神聖與公正的曲解

01 不公平的秩序 被劃分等級的人們

雖然人類自建立秩序之後就宣稱神聖、公正，但從古至今的社會實踐中，無不把人分成三六九等，然後區別加以對待。

套用在社會中的想像秩序

人類在農業革命之後建力起龐大的社會網路，永久性地改變了人際關係。但是人類基因中並沒有鐫刻大規模合作的本能，人類是怎麼維繫這創造出來的網路？不同文明的人們憑藉想像構建了不同的秩序，發明不同的文字，以此來彌補基因中的不足。

然而，這些想像中的秩序——城市、王國和帝國，對很多人來說並非好事，因爲維持社會的想像秩序既不中立也不公平。所有已知的社會都將人劃分爲不同類別和等級，這劃分的標準也許是種族、宗教、性別、地域和財富，都是將人劃分成不同類別，然後產生差別對待。

平等與歧視的統一

幾乎所有法典、法律和宣言都是標榜神聖與公正的名義。在古代，往往借助神明的名義；在近現代，則以神聖的秩序、天賦的權利爲號召。但最終無不把人分爲三六九等。即使是 1776 年的《美國獨立宣言》，將天賦人權、自由平等的口號喊得震天價響，實際上區分了男性和女性，並剝奪女性的某些權利；還區分了白人、黑人和印第安人，後兩者被認爲較爲劣等，他們的許多權利也被剝奪。

只不過，以上所有的區別都是由虛構的想像所建構出來。他們絕不會承認這些都出自想像，反而大談是自然和必然的結果。

建構於想像之上的歧視

雖然人類建立的各種秩序都宣稱神聖、公正，但這些秩序並不公平、也不中立。通過想像建立的秩序無不把人分為三六九等，對待方式也有差別。

美國國父華盛頓

雖然貴為美國國父，但華盛頓本身就是擁有 317 名奴隸的大奴隸主。

油畫《維吉尼亞人的奢侈》

1800 年一名匿名畫家所作，表現一位奴隸主對奴隸擁有兩種權力。美國開國五位總統中，有四位來自維吉尼亞州，這幅畫突顯了建國之初，理想與現實之間的衝突。

《漢摩拉比法典》原文上方的浮雕

湯瑪斯．傑佛遜

美國民主之父，《獨立宣言》起草者，但他也是一名奴隸主，認為「黑人在肉體和精神上都劣於白人」。

《漢摩拉比法典》對奴隸的歧視性規定

如果奴隸主把自由民的眼睛弄瞎，只要賠償銀子 1 邁拉（重量單位）就沒事了。如果把奴隸的眼睛弄瞎了，則無須任何賠償。

如果奴隸不承認他的主人，而主人拿出該奴隸屬於自己的證明，這名奴隸就要被處以割去雙耳的刑罰；如果奴隸打了自由民一巴掌，也要割去雙耳。

自由民醫生給奴隸主治病，如果在開刀時奴隸主死了，那麼醫生就要被砍掉雙手。

如果理髮師不經奴隸主人的許可，就把奴隸頭上的奴隸標記剃掉，理髮師的手就要被砍掉。

任何一個人將皇宮內的男性或女性奴隸，或者隸屬於自由民的男性或女性奴隸帶到城門外面，他將被處以死刑。

02 公平並不存在 難以消弭的歧視

雖然從科學上說，階級差別只是人類想像的產物，但實際上每個大型社會都存在歧視。人類社會就是以這種方式維持運轉，絕對的公平並不存在。

荒謬的劃分方式

科學研究已經證明：階級的區別全是人類想像的產物而已，無論是婆羅門還是首陀羅，即便皮膚顏色和毛髮之類存在著客觀的生物學差異，也沒有任何證據證明這些差異會影響智力或道德觀。印度種姓階級的建立，僅僅是大約 3000 年前由中亞入侵並征服南亞次大陸的雅利安人，所建立的一整套法律和規範的結果。

對大部分人來說，他們都認爲只有自己社會的階級劃分是正常的，其他社會的階級劃分都是虛假又荒謬。現代西方教育認爲種族歧視是政治不正確，如果有法律公然禁止黑人進入白人學校，將會引發軒然大波。但如果有錢人住高檔社區，窮人住貧民窟，卻被視爲天經地義。事實證明，其實大多數有錢人之所以有錢，不過因爲他出生在有錢的家庭，而窮人則恰恰相反。

階級決定能力？

遺憾的是，人類社會似乎就是依靠這些由想像建構的某種制度而維持著。這能讓完全陌生的人不需要花費過多時間熟悉彼此，就知道該如何相處。還沒有哪個大型人類社會能夠眞正避免歧視的問題。

雖然人的能力天生存在差異，但大多數人的能力需要後天培養、開發才能顯現。而在等級社會中，開發能力的機會往往取決於個人所屬的階級，很多等級較低的人因此沒有機會培養他們的能力。即便不同等級的人培養出完全相同的能力，較高等級的人也會在有利於自己的遊戲規則或者玻璃天花板中，得到完全不同的結果，公平其實並不存在。

無法避免的歧視

人類以自己的想像構建出種種荒謬虛假的劃分方式，又因為這些方式而歧視其他人。迄今為止，還沒有哪一個大型的人類社會能夠避免歧視的存在。

印度教經典《梨俱吠陀》中，梵天用自己的嘴創造了婆羅門，用雙臂創造了剎帝利，用大腿創造了吠舍，用雙腳創造了首陀羅。成為後世種姓制度的理論來源。

小岩城事件

1957 年，阿肯色州小岩城允許 9 名黑人學生進入小岩城中央高中就讀，遭到一些白人暴徒阻撓，艾森豪總統不得不調用一〇一空降師護送 9 名學生入學。

墨西哥城中一角

貧民窟與富人區僅一牆之隔。雖然絕大多數人對各種歧視很敏感，但對貧富差距造成的這種現象卻習以為常。

歧視產生的原因：幾種研究觀點

1. 社會群體之間的利害衝突導致競爭。
2. 社會化的結果，認為歧視是後天習得的。
3. 由個人人格、心理因素決定（如欲求不滿或挫折，維護自尊，節省認知能量）。
4. 從衆心理，刻板印象。
5. 缺乏溝通、理解。
6. 社會分類：「我們—他們」效應，把人群劃分為涇渭分明的不同群體。

03 潔淨與不潔 印度的種姓歧視

雅利安人征服達羅毗荼人後，建立了種姓制度，對低種姓族群的歧視一直延續至今，其中「潔淨」和「不潔」的觀念貫穿始終，成爲社會和政治隔離的標準。

種姓制度的由來

在大多數情況下，某個特定社會實行的等級制度，源於某些偶然的歷史環境和因素。很多學者認爲，印度種姓制度是大約西元前 1000 年，中亞來的雅利安人征服當地的達羅毗荼人後，建立了一個等級森嚴的制度。將所有人劃分爲不同的種姓，每個種姓享有自己的權利和義務。不同的種姓不能通婚。除了用法律加以規定，還用神話和儀式的方式加以合理化。

印度的種姓制度以「潔淨」和「不潔」的觀念，做爲種姓制度的理論基礎。宣稱某個特定群體的人是「不潔」的，如果與他們接觸會被「汙染」。這種觀點絕非印度教徒所獨有，幾乎所有社會都會以「汙染」和「潔淨」的觀念做出社會和政治上的隔離。

種姓制度的遺毒

「潔淨」與「汙染」的觀念具有很大的迷惑性，因爲它建立在生物學的基礎上，宣稱接觸低賤者會對整個社會造成汙染，因此就借用這種遠離汙染的生理機制來歧視特定的人群。這成爲種姓分化和隔離的基礎。

種姓制度被植入印度文化之中，即便幾千年之後入侵的歷史早已被普通人遺忘，種姓制度和「汙染」的觀念依然深深影響著印度人，存在於他們的想象中。時至今日，四大種姓已經演變成約 3000 種不同的副種姓，但其整個種姓系統的基本原則依舊相同。種姓由出身所決定，不同種姓的人如果通婚就會汙染個人，進而汙染整個社會。有一部分連種姓都不配擁有，被稱爲「賤民」；就算是種姓階級最下層的成員，也會盡可能避開他們，他們只能靠撿拾垃圾爲生。儘管現在印度政府已經廢除種姓制度，試圖打破種姓制度之間的壁壘，但在婚姻、職業方面，種姓制度的影響依然揮之不去。

種姓決定了你是否「潔淨」

種姓制度這一典型的歧視有深刻的根源，其中「潔淨」、「汙染」和「不潔」的觀念發揮了重要作用，成為隔離和歧視的理論基礎。

種姓制度的四個階級

印度種姓制度簡表

等級	名稱	組成人員	權利和義務
第一等級	婆羅門	僧侶	壟斷宗教和文化
第二等級	剎帝利	國王、武士、官吏	把持國家軍事和行政大權
第三等級	吠舍	農民、牧民、手工業者	向國家納稅，向神廟饋贈財物
第四等級	首陀羅	被征服的本地居民和貧窮破產喪失土地的人	沒有任何權利，受奴隸主剝削和壓迫

種姓制度示意圖

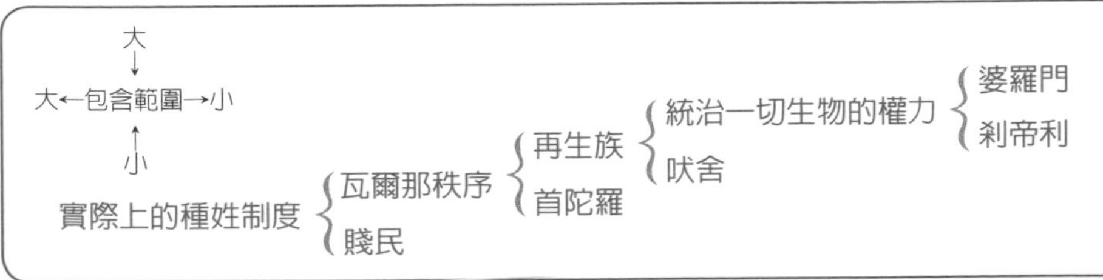

04 虛構的標籤 美洲的種族歧視

美洲的種族歧視源於開發礦產和種植園的經濟利益，這卻成了後世歐洲白人編造虛構故事的藉口。結果證明種族歧視「正確」，形成了惡性迴圈。

免疫力優勢變成了歧視的原因

美洲的階級制度和印度的種姓制度有著諸多相似之處，美洲的故事源於哥倫布發現新大陸這個偶然性事件。爲了美洲的礦產和種植園利益，從 16 世紀到 18 世紀，歐洲征服者從非洲引進了數百萬的黑奴前往美洲。爲什麼是非洲人呢？

有三大原因：首先，非洲距離美洲較近，運輸時間較短，在死亡率相當高的販奴路上這一點就很重要；其次，非洲奴隸貿易市場已經相當成熟，而歐洲蓄奴依然是很罕見的；最重要的一點，美洲的殖民地很多都處於熱帶，因此會有諸如瘧疾、黃熱病肆虐，非洲人世代居住在熱帶，對這些疾病已經有部分抵抗力，而歐洲人多生活在溫帶、寒帶，一病即倒。因此一個身體素質優秀的黑奴可以做好幾年的苦力，而不會如歐洲人、亞洲人可能幾個月就病死。十分諷刺地，非洲人在免疫力演化上的優勢，竟然成爲他們被奴役的原因。

種族歧視的惡性循環

爲此，美洲新的統治階級——歐洲白人不可能以經濟利益這種眞實原因，讓他們的等級制度合理化，於是編造出虛構的故事，如歐洲神學家宣稱非洲人是諾亞的孩子含的後代，諾亞當年詛咒含的孩子被奴役，因此奴役非洲人就有了正當理由。生物學家說黑人不如白人聰明，道德感也較差。這些虛構的故事影響著西方文化，並成爲種族歧視意識形態的基石，在黑奴制度消失後繼續發揮作用。非裔美國人被人爲貼上「懶惰」、「骯髒」的標籤，因此難以找到好工作、改善處境。又因爲處境差，反過來證明他們身上的標籤是正確的。近幾十年來，美國的種族歧視問題才有所改善。

這種惡性循環會讓由偶發事件形成的階級制度更加根深蒂固，歷史上過去的受害者很可能再次受害，而過去的特權階層，他們的特權也依舊可能存在。

美洲種族歧視的根源與發展

美洲的種族歧視源於黑人被奴役。歐洲白人為了奴役他們編造出種種虛構的故事，這些故事反過來又加劇了種族歧視，問題一直延續到了今天。

歐洲人「捕獲」黑人

歐洲販奴者先是親自掠捕黑人，後來用非洲本地黑人捕捉自己同胞。黑奴貿易使非洲損失人口約達一億。

在甘蔗園中勞動的黑奴

美國從殖民地時期到 1863 年釋放奴隸為止，在南部地區使用奴隸勞動，種植少數幾種供出口的農作物。

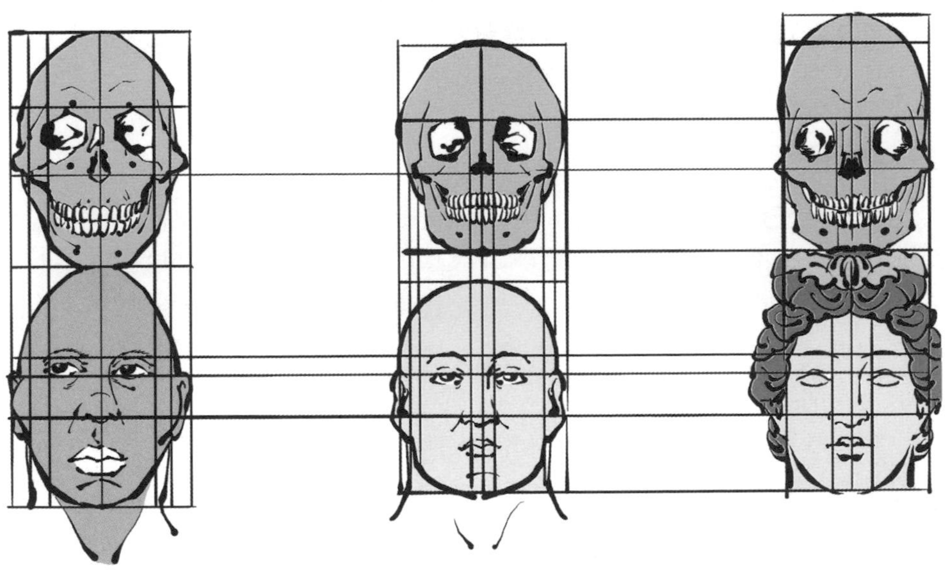

18 世紀歐洲人種學家經過「研究」，認定黑種人的大腦容量不如白種人，因此「黑種人比白種人智力低下」。這是歐洲白人為了奴役黑人編造的虛構故事之一。

05 受壓制的女性 無所不在的性別歧視

不同的人類社會有著不同的階級制度，但所有社會都有性別的等級差異，這種性別歧視已經超過了現實基礎。究竟是什麼導致性別歧視如此嚴重？

性別等級差異

各種社會之間形成的階級制度，差別是相當大的；但在所有已知的人類社會中，都有性別等級差異。在絕大多數社會裡，男人的地位高於女人，很多時候女人往往被視爲男人的財產，屬於她們父親、丈夫、兄弟或整個男性群體的財產。起碼從農業革命之後，幾乎世界各地都是男人占盡了好處。這一歧視最爲極端的體現是：在歷史上很多法律體系中，強姦女人的暴力犯罪行爲被視爲侵犯財產；也就是受害者不是女人，而是擁有她的男人，因爲他的「財產」遭受損失。

那麼，女性的地位低於男性，是不是也如同印度的種姓歧視和美國的種族歧視一樣，都是想像的產物？或是有生物學上的深刻差異呢？性別分化確實有自己的生理現實基礎，但絕大部分社會，男人和女人的性別歧視已經超過了現實基礎。

生理包容，文化禁止

那麼什麼是眞正生物學上的差別，而又有哪些只是人類自己找的藉口呢？可以用一個標準來衡量：生理包容，文化禁止。自然的生理屬性爲人類提供很多可能性，文化則規定了哪些必須實現，哪些可以不實現。比如說，女性從生理角度來說可以生兒育女，但不能強迫女性生育；而在某些文化中，不能生孩子的女性則被排除在女人之外，受到巨大的社會壓力。

文化常被認爲會禁止不自然的事情，然而從生理角度來說，任何可能性都是自然的，違背了自然規律的事情根本不存在，所以沒有必要禁止。不會有人禁止男性從事光合作用，或者禁止女人跑得比光速還快，對不存在的事情加以禁止是荒謬的。

「女不如男」的性別歧視

在所有人類社會中，都有著性別等級差異。在絕大多數社會中，男人的地位高於女人，這種性別歧視其實有悖生物學的基礎。為什麼會產生這樣的現象？

宙斯與忒提斯

這幅畫作體現了父權制的特點。男性在政治、經濟和社會關係上皆處於支配地位，而女性只能處於男權地位之下，受到男性的支配。

男性對女性的暴力

歷史上，對女人的性暴力犯罪，很多時候被認為是財產受侵犯，即對擁有她的男人的「財產」之損害。

男權思想家、理論家虛構的故事

托馬斯・阿奎那《神學大全》：女人是一個不完整的男人。
柏拉圖：一個男人可能會因為膽怯或不正經，下輩子被罰做女人。
亞里斯多德：男人天生高貴，女人天生低賤。男人統治，女人被統治。
彌爾頓《失樂園》：夏娃對亞當說，上帝是你的法則，而你是我的法則。
尼采：所有衰退的、病態的、腐敗的文化都會有一種「女性」的味道。
1776 年《美國獨立宣言》：在宣布「人人生而平等」時，使用的是「All man」。

06 主流社會的判定 性別的刻板印象

「性別」出自人類的想像，是文化對於男人和女人的定位。主流社會往往將人定義爲「夠男人」或者「夠女人」，以此來評判男女的行爲，並成爲社會的主導氣質。

性與性別的差異

文化上對男人和女人的定位與區別，更多體現的是人類的想像，而非生物學的差異。這種對男人和女人的劃分標準不同於生理性別，而是社會性別。前者學者通常稱之爲「性」，後者才稱爲「性別」。生物學的性歷史上從沒有發生過改變，而性別則在不斷地變化。

社會性別通常是一系列著裝標準和行爲準則。男性氣質被定義爲一種男性身分，或各種性別系統中的一種男性實踐模式。男性氣質並不是只有一種，對男性氣質的界定會隨時間和文化而改變，從而產生多種男性氣質。比如路易十四的傳世畫像中穿著絲襪、高跟鞋，戴著假髮，在今天會被認爲是娘娘腔，而當時卻是歐洲男性氣質的典範；相反地，西裝革履在古代會被認爲沉悶呆板。男性氣質隨著社會的發展而有巨大變化。

然而，各種男性氣質間存在等級關係，一種（或更多）男性氣質被認爲占有主導地位，其他則被邊緣化。占主導地位的男性氣質被認爲優於其他男性和女性，有助於建立和維護父權。

性別差異的想像

男性和女性每天都會花不少時間，向社會證明自己「夠男人」或者「夠女人」，因爲在父權社會，夠男人代表著許多特權。父權社會推崇男性氣質，教育男性成爲男人、女性成爲女人，跨越性別界限就要遭到懲罰。即使你得到了這樣的認可，還需要繼續努力。因爲男性必須一輩子通過各種儀式或表演，證明自己的眞漢子本色，女人也要以「女人味」說服自己和其他人。

性別的變化

性別是一個社會學的詞彙，隨著社會的變化而不斷改變。性別將男性氣質和女性氣質加以定義。「夠男人」的男性被認為優於其他男性和女性，從而有利於維護父權。

法王路易十四登基肖像

路易十四戴著假髮，穿著絲襪和高跟鞋，今天的人會覺得是娘娘腔，這卻是 17 世紀歐洲男性氣質和「夠男人」的典範。

西裝革履的美國總統川普

這種形象在歷史上會被認為沉悶無聊，卻成了今天男子漢形象的典範。

傳統社會對「男人」和「女人」形象的定義

歐洲中世紀的騎士形象

這一形象在長達上千年的歷史中，一直是歐洲對理想男性的定義。

歐洲貴婦人形象

歐洲上流社會的名媛應當是身分顯赫，有一定的財富、有教養，從小接受嚴格禮儀訓練的婦女。

07 支配與暴力 普遍存在的父權制

農業革命之後，絕大多數人類社會都屬於重男輕女的父權社會。父權制指的是男子在經濟及社會關係上占支配地位的制度。爲什麼大多數社會都採用這一制度呢？

男性暴力

由於男子所從事的畜牧業和農業，在生活中逐漸起了決定作用，造成氏族內男子地位的上升與女子地位的下降。又由於對偶制婚姻的出現，子女的血統關係由確認生母轉爲確認生父。如此就形成了以男子爲中心，組織生產活動與社會聯繫的父系氏族公社。

在父權制社會的家庭關係中，婦女的勞動被其丈夫或同居者徵用；家庭主婦是勞動者，丈夫們是剝削階級。有酬勞動中的父權制將婦女排除在較好的工作之外，她們從事的往往是缺乏技術的差等工作。國家同資本家、種族主義者一樣是父權制的，在自己的政策和行動中表現出系統的父權制偏見。雖然形式多樣，並表現出明顯的個性化特徵，但男性暴力是其深層結構。

殊途同歸的父權社會

做爲一種制度，父權制滲透到社會生活的方方面面，如政治、經濟、家庭等。爲了維護男性的利益，而採用不同的控制手段，以犧牲婦女爲代價。它使我們明白，男性對女性的統治是一個體系化、組織嚴密的過程與結果，各個組成部分之間相互支持、密切合作，並且渾然一體。

父權制普遍存在於幾乎所有農業和工業社會中，即便經歷過政治變革、社會革命、經濟轉型也是如此。1492 年哥倫布到達美洲之前，與歐亞社會相隔絕的美洲社會，絕大部分也是父權制，由此證明父權制的普遍存在絕非偶然。那麼，爲什麼絕大多數社會都會採用父權制？爲了解釋這一問題，各種理論紛紛出籠，莫衷一是。

父權制的統治地位

進入父系氏族公社之後，父權制就成為生產關係中占據統治地位的控制手段，在經濟、政治、家庭等社會生活的各個方面形成了體系。

第一次世界大戰中的女性勞動者

由於勞動力短缺，女性勞動者走出家庭，進入生產領域。但她們做著同樣的工作，薪資卻只有男性的一半，而且不能自由選擇職業。

勞動就業中的性別歧視

父權制社會中，在勞動就業方面，男性為了維護自己的利益，便以犧牲婦女為代價，女性則從一開始就輸在起跑線上。

以不同的標準衡量女性勞動者

出於偏見，以更高的標準和門檻衡量女性勞動者，人為製造晉升的玻璃天花板。

傳統社會對性別歧視的想像

家庭：在 19 世紀，家庭被視為女性的領域，公共空間被視為男性的領域。

智力：認為男性在智力上比女性優越，是高級的性別。女性長於情感和感覺，在智力方面則被認為是低等的。

廚房：女人和廚房常常被聯繫在一起。洗衣機成為女性的象徵，一種無窮無盡、無報酬、重複勞動的象徵。

形象：女性的「標準形象」是性形象、母親和兒童；不符合者就是鐵娘子、女強人。男性的「標準形象」是戰士，掙錢養家，富有攻擊性與統治力。他們總是投入令人興奮的活動中，得到「有男子氣」的評價。

08 力量、暴力或基因 為何採用父權制？

關於人類社會爲什麼採用父權制有多種多樣的解釋，影響較大的是男人具有更強大的力量，男人比女人更有攻擊性，以及基因的影響。但每一種結論都有嚴重的缺陷，對父權制的解釋還是莫衷一是。

男人靠肌肉取得統治地位

解釋父權制產生最常見的理論相信：由於男人比女人更加強壯，因此依靠體力的優勢強迫女人就範，還壟斷了那些需要更多體力的工作，從此獲得經濟大權，並將這種權力轉化爲政治力量。

這種肌肉理論的問題在於：首先，男人比女人強壯的說法，只能說是在平均水準與特定種類的力量上正確。單就強壯來說，女性有著自己的獨特優勢，比如女性耐力普遍強於男性，更能抵抗飢餓、疾病與疲勞；其次，許多不需要太多體力的高級勞動，如宗教、法律、政治等並沒有分配給女人，反而是下田、進工廠這種重體力勞動由女人承擔。如果由體力付出的多寡來決定權力分配，那麼女性該得到遠比現在還多的權力。最後，智人的身體力量和社會權力之間並不存在正比關係，地主、奴隸主、貴族的力量遠不如爲他們幹活的年輕人，身體力量並沒有轉化爲政治和社會優勢。事實上，兩者往往成反比關係，體力好的人做的事往往更低級，正如智人依靠頭腦和社會能力登上了食物鏈的頂端，權力鏈也主要由智力和社會能力決定。

男人比女人更暴力

這一理論相信，男人有著比女性更強烈的攻擊性，這種經過數百萬年演化的暴力傾向，讓他們壟斷了戰爭。比起女性，男人更傾向願意將暴力攻擊付諸實施，因此掌握了戰爭，進而控制社會，再利用這種力量發動更多戰爭，形成惡性迴圈。

但該理論說不通的地方很多。男人因爲生理基礎確實更適合當士兵，但女人也照樣能率領全是男人的軍隊，或者起碼領導階層裡應該有一部分是女性。許多軍隊高級將領都並非士兵出身，而是依靠貴族、富人或者教育良好的優勢成爲指揮者。

父權制之謎

解釋人類採用父權制的原因多種多樣，有從力量的角度解釋，有從暴力的原因闡釋，還有從基因的角度詮釋，但目前還沒有公認的結論。

劫奪薩賓婦女（達維特）父權制產生的一種解釋，是男人比女人有更強烈的攻擊性和暴力傾向，因此將這種暴力傾向付諸實施，從而壟斷了戰爭。

當今美國社會中性別不平等的表現

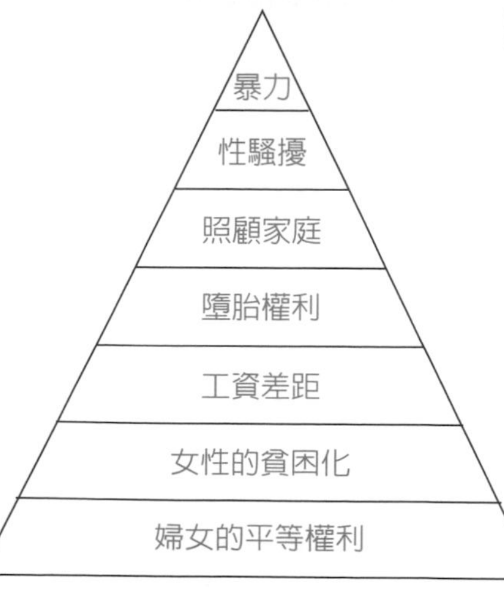

社會對男性和女性的刻板印象

男人	女人
1.胸懷寬廣	1.細心
2.意志堅定	2.善操家務
3.直爽大方	3.性情溫和
4.深思熟慮	4.心地善良
5.有勇有謀	5.嫉妒，軟弱，好哭，好嘟囔

爲何女性不能擔當呢？特別是女性通常被認爲是更好的安撫者，更善於從他人的角度看問題。但歷史上的女性政治家、軍事家和外交家少之又少，這個理論無法解釋這種現象。

存在著父權基因

第三種從生物學角度解釋父權制的理論認爲，在幾百萬年的演化過程中，男人和女人分別發展出不同的生存和繁殖策略。男性必須通過競爭戰勝其他男性，才能獲得使女性懷孕、基因傳遞的機會，因此個體必須要比其他男人強。長久下來，後世的男人就成爲有野心、攻擊性和積極性的男人。而女人爲了保證孩子得到足夠的食物和照顧，不得不屈從男人。這個差異決定了男人對女人的統治。

按照這個邏輯，最大的問題在於，當女性孕育孩子的期間，爲什麼需要的是男性而不是其他女性？人類的近親——倭黑猩猩也有類似的問題。這迫使雌性不得不發展社交與合作能力，以女性社區內部的力量來幫助所有雌性養育孩子。但牠們發展出來的則是母系社會。相互合作的雌性倭黑猩猩主導全域，而雄性猩猩則被邊緣化。

智人最大的優勢就在於大規模合作的能力。如果女人確實需要更多幫助，因此發展出比男人強的合作能力，那麼，我們爲何沒有在智人社會中看到女人統治男人，相反的卻是比較沒有合作精神的男人，控制著應該較善於合作的另一方？

當然，20 世紀以來人類的性別角色有了巨大的變化，女性在法律、政治和經濟上享有的地位，正在以驚人的速度改變。這些戲劇性的變化，讓父權制的產生並始終如此普遍、穩固的原因，更加撲朔迷離。

反抗父權

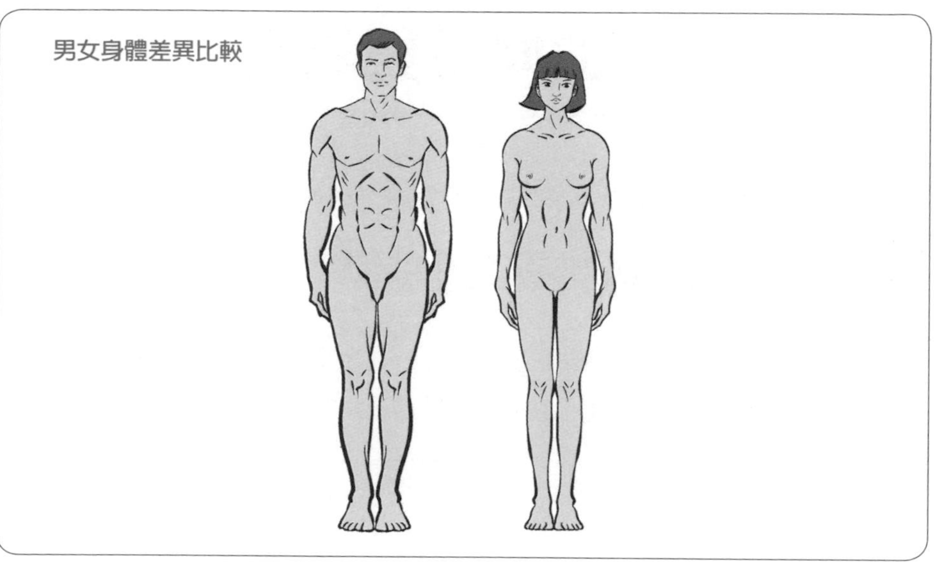

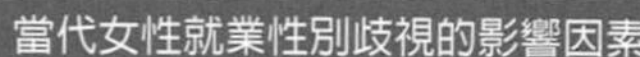

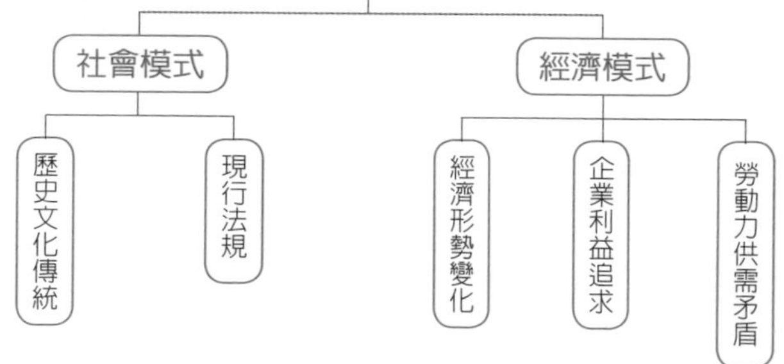

女權運動發展簡表

時間	目標	人物及代表作	代表流派
18 世紀下半葉～20 世紀初	爭取與男子平等的政治權利、選舉權利	瑪麗・沃斯通克拉夫特《女權辯護》（1792），約翰・史都華・彌爾《女性的屈服》（1869）	自由主義女性主義
20 世紀 60 年代～20 世紀 70 年代	消除兩性差別，並把這種差別視為造成女性居於從屬地位的基礎	貝蒂・傅瑞丹《女性的奧祕》（1963），凱特・米利特《性政治》（1970）	社會主義女性主義和激進主義
20 世紀 70 年代～	挖掘被傳統文化所壓制的「女性思維」，跳出性別的束縛	克利斯蒂娃《中國女性》（1975），塞克瑟斯《新誕生的青年女子》（1975）	後現代女性主義

第九章
文化的同質與異質

01 變動中的文化
認知失調推動文化進步

直到現在，學者們才開始承認文化是相互影響、不斷變化的。更重要的是，每一種文化自身就包含著內在的矛盾，這成為文化發展的動力之一。

以人造直覺行事

要給文化一個精準的定義十分困難，但在本書裡，我們不妨這樣理解：自農業革命之後，人類幾乎從生到死都被種種虛構的故事和概念圍繞，讓他們以特定的方式思考，以特定的標準行事，遵循特定的規範。讓數以百萬計的陌生人以非本能的直覺行事，這種人造直覺就可以叫做「文化」。

僅僅幾十年前，學者還相信各種文化都是獨立存在、自成一體及和諧存在，並且一成不變的。現在，絕大多數學者都承認，每種文化所代表的信仰、價值觀和規範都像江河一樣流動變化，即使文化自身十分封閉也避免不了。因為人類的秩序都是由想像虛構的，內部會產生各種矛盾。為了解決這些問題，文化就必須變化。

文化的內在矛盾

文化的內在矛盾性是普遍存在的問題，這是每種文化中都必然存在的。每種人類文化都無法避免自身的內在矛盾，甚至成為文化發展的引擎之一。

中世紀歐洲的天主教是唯一超越國家之上的信仰，天主教教導騎士內斂謙和，拒絕財富、美色和榮譽的誘惑。但中世紀的騎士精神強調榮譽至上，勇敢尚武，為了愛情奮不顧身。這兩種矛盾奇妙地結合在一起。每個人都同時擁有相互抵觸的信念和價值觀，這正是人類思考、批判和重新評價的動力。

不同的文化面貌

文化並非靜止不變的，而是如同河流一樣流動、發展的。每一種文化都有其內在的矛盾性。這也是推動文化發展的動力之一。

古代猶太人的宇宙觀

騎士精神的內在矛盾性

中西文化差異

中國：
重實踐理性
天人合一，內外無別
宗教觀念淡薄
宗族、王權崇拜意識強烈

西方：
重科學理性
神人合一，天人相分
宗教觀念濃厚
王權意識相對淡薄

02 分久必合的歷史趨勢 單一但不同質的全球文化

如果從人類發展史的角度來看待歷史，就會發現人類的文化正向著文化融合的層面過渡。幾乎所有文化都被全球文化改造了，但這些文化並不同質。

人類文化發展的大趨勢

世界潮流，浩浩蕩蕩。歷史發展的方向是人類在全球層面的統一。幾千年來，從宏觀層面來看，規模小而簡單的各種文化，逐步融入到較大、較複雜的文明之中，並導致大型文化的規模及複雜程度遠超過以往。當然，對不同的歷史階段進行觀察，也會發現大型文化的破碎、分裂，比如蒙古帝國在征服歐亞大陸的過程中分崩離析，基督教演化出眾多教派。幾十年乃至幾百年的視野還不夠寬廣，從幾千年「人造衛星」般的高度來看，分久必合的歷史大趨勢就成爲不可避免的潮流。

要觀察歷史大趨勢，首先就應該計算一下，不同時期地球上共存的文化數量。在全球化的視野下，我們已經熟悉將地球視爲一個單位，但歷史上很長一段時間，人類的各個文明就像孤立的星系，構成不同的世界。西元前 2000 年，地球上有數百種文明。在 2000 年前，美洲人、澳洲人與居住在太平洋群島和舊大陸上的居民，沒有任何經濟、政治和軍事上的聯繫。兩塊大陸上的人就像火星與地球的距離一樣。

更加密切的「地球村」

自哥倫布到達美洲之後，舊大陸上的人開始蔓延，在此後 300 年的時間裡，逐步吞噬了整個世界。19 世紀初，全世界所有的文明都併入了亞歐文明體系之中，今天我們更以「地球村」稱之。幾乎所有人類都接受了同一套地緣政治體系，生活在同一個科學體系，並且共用基本的全球文化。所有文化大致都被全球文化改造過了。

當然全球文化雖然單一，但並不同質。全球文化中包含著許多不同類型的人和生存方式，不過他們彼此密切相關，相互影響。

全球文化的衝擊

如果從幾千年的歷史維度來看，歷史文化發展的趨勢是分久必合。當今世界的所有文明都已經被全球文化所改造，單一但不同質是全球文化的趨勢。

文化的全球化影響

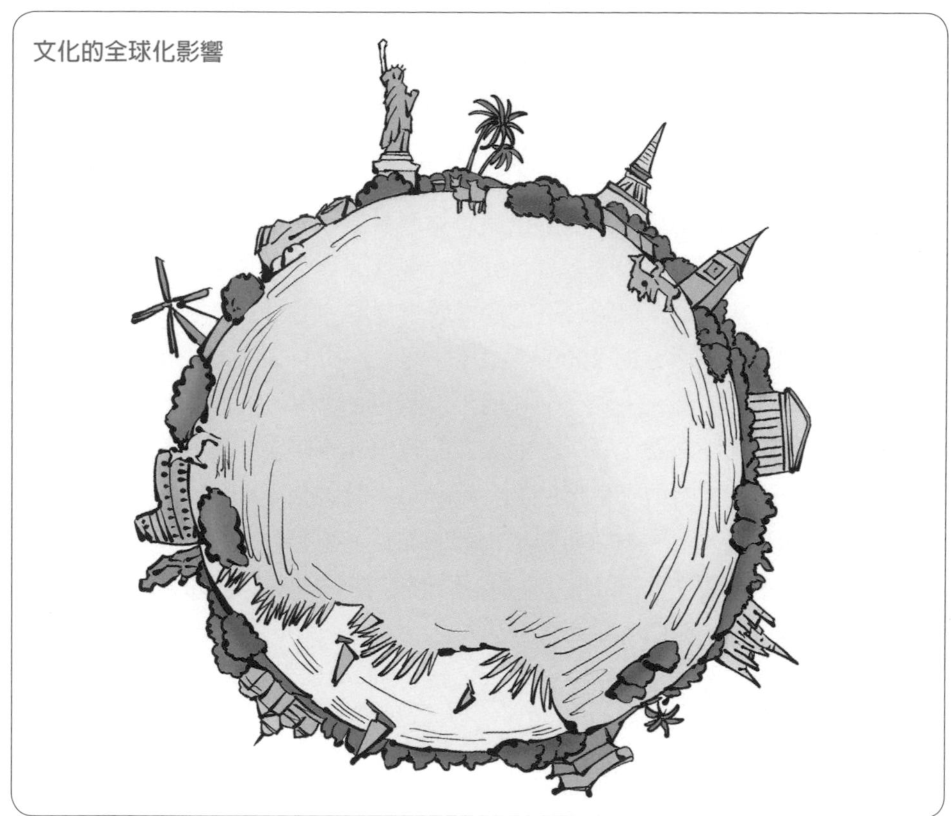

當代文化全球化的形態

1. 文化產品的生產、傳播和各種文化交流，實現了「即時性」的傳遞和接受，形成文化全球化的當代形態。

2. 實現文化全球化的媒介具備了當代的形態，文化傳播的仲介已由少數精英、知識分子，逐漸為大型媒體及個人與群體愈來愈多的互動所取代。

3. 隨著以商業和娛樂為主要形式的大眾文化之興起和流行，出現了文化的同質性，大眾文化消費的同質性。

4. 當代文化的全球化並非文化的一體化，而是伴隨著文化的多元化。

03 全球化的三種力量 「世界一家」如何可能？

全球的統一並非從近現代開始，而是早在西元前 1000 年就已經開始，並影響了全球化的三種秩序——金錢、帝國和宗教，成爲今日全球統一的基礎。

全球化自古即開始

通常人們都認爲全球化的進程，眞正始於哥倫布到達新大陸，並將其與帝國主義、資本主義的崛起聯繫起來，認爲近現代全球化只是全球統一過程中的步驟之一而已。當然，全球融合這個過程最爲關鍵的階段就在過去幾個世紀。

全球化的觀點在西元前 1000 年已經發軔。爲所有人類建立一個統一秩序的革命性願景，已經首次出現在不同地方人們的思想中。

從生物學的角度來看，實現全體人類的統一並不尋常，在所有社會性動物的物種內部，「我們」與「他們」的界定乃是十分嚴格；在某一事件中只會考慮「我們」的利益，並不會關心整個物種的利益。只有智人在認知革命之後，才產生了「世界一家」的想法。通過虛構的故事頻繁地與陌生人合作，「我們」開始想像，與「他們」是兄弟、朋友。

實現全球統一

就在西元前 1000 年左右，三個潛在的、有可能達成「世界一家」的秩序開始出現了。人們相信依靠這些秩序，整個地球的人類都有可能成爲「我們」。第一種秩序是經濟上的貨幣秩序，所有人都相信金錢；第二種秩序是帝國秩序，全球由一個帝國統治；第三種秩序是宗教秩序，全世界所有人都可能被吸納成爲信徒，如佛教、基督教和伊斯蘭教。

這樣一來，對商人來說，全世界都是一個大市場，所有人都是潛在的客戶；對征服者來說，全世界都是一個大帝國，所有人都是自己的屬民；對各大宗教的先知來說，全世界只有一個眞理，所有人都可以成爲自己的信徒。因此商人、征服者和先知，是歷史上首先試圖超越「我們」與「他們」，預見全球統一的人。

接下來的三個章節，就分別來討論金錢、帝國和宗教是如何建立全球統一基礎。

全球化的三大力量

全球化自古以來一直進行著，在最近幾個世紀速度則顯著加快。而在古代，推動這一過程的力量就已經顯現，這三種力量分別是：金錢、帝國和宗教。

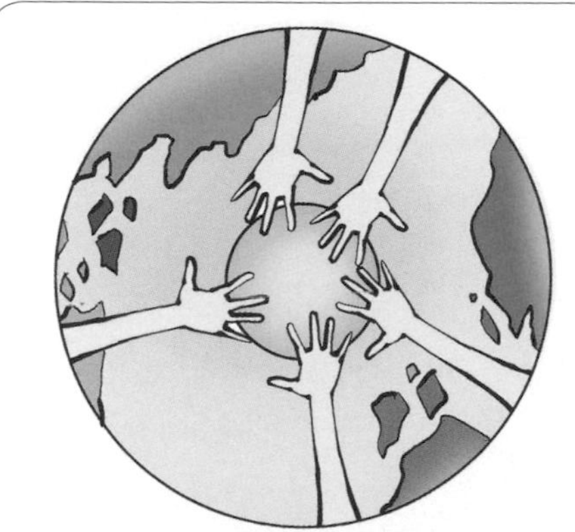
全球化的歷史進程古已有之

金錢是推動全球商業革命的重要力量

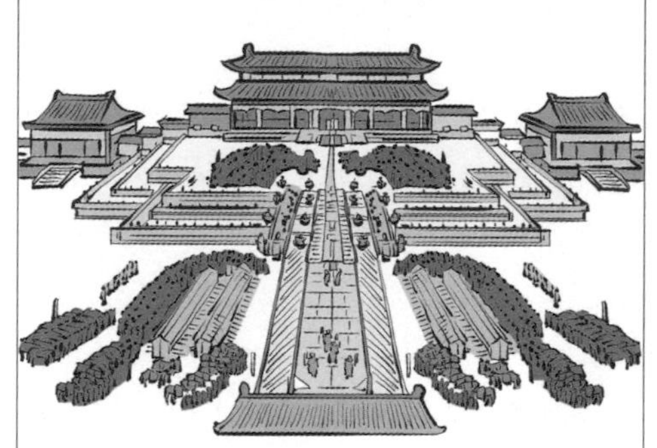
帝國是全球化過程中不可或缺的力量

宗教在全球化過程中發揮不可忽視的作用

全球化重要的歷史分期

1. 全球化是隨著青銅時代的到來，在歐亞大陸同時展開的。
2. 西元前 10 世紀，曾有過一次貿易繁榮，遍及非洲和歐亞。
3. 古代希臘—羅馬世界屬於全球化的紐帶和加速器。
4. 在東方全球化進程中，貿易首先是從中東到亞洲向東流動。
5. 在東方全球化進程中，平衡是從亞洲到中東向西發展的，再度啓用絲綢之路，並開闢了新的香料貿易通道。
6. 除了亞洲發揮愈來愈大的作用外，16 世紀之後，歐洲和美國的優勢愈來愈明顯，體現為三角貿易和大西洋貿易。
7. 19 世紀之後的新階段，以工業化、殖民主義和帝國主義為特徵。20 世紀後的全球化則開啓了 21 世紀全球化的新模式。

第十章
活在金錢世界

01 世界通用語言 暢通無阻的黃金

黃金是人類最早應用的金屬之一，也是最適合用來做爲貨幣的金屬。當人類爲了信仰、土地、文化而頻起紛爭時，黃金是唯一不需要翻譯也能通行於全世界的語言。

最適合用作貨幣的金屬

西元 1519 年，科爾特斯帶領西班牙殖民者入侵墨西哥的時候，阿茲特克人對這些西班牙人痴迷於黃金感到迷惑不解。黃金不能吃喝，也沒辦法用來鑄造工具或武器。面對這種疑問，科爾特斯回答：「我們這群人有一種心病，只有金子能治。」

科爾特斯的話從某種程度來說是對的，黃金是白人剛踏上新發現的海岸時，想要得到的第一件東西。它是人類最早發現並利用的金屬，比現在我們熟悉的銅、鐵、鋁等眾多金屬要早好幾千年。因爲儲量稀少，開採成本很高，具有極好的穩定性，因此成爲社會財富的象徵。

不受語言和文化影響的黃金

黃金對人類文明的影響在於，地球上有著不計其數的語言和文化，爲了不同的信仰等原因，人類常常大打出手，但黃金卻是能夠在所有人類中暢通無阻的語言。在中世紀，歐洲和中東的兩大宗教——基督教和伊斯蘭教爲了基督和阿拉的榮耀，發生了許多次你死我活的較量，但勝利者從來不避諱鑄有對方宗教印跡的黃金。最極端的信仰者在收稅時，也不會因爲錢幣上有異教的口號而棄之不用。在任何國家和任何人手中，黃金都暢通無阻，成爲眞正不需要翻譯也能理解的通行語言。

黃金的地位

黃金是人類最早發現和應用的金屬。因為其特有的屬性，成為最適合承擔貨幣重任的金屬。那麼，它是如何取得這樣一種地位呢？

黃金

在新石器時代就被智人發現，在古埃及文字中，以「可以觸摸的太陽」形容黃金，在拉丁文中則是「閃耀的黃昏」。但人類最早並不將黃金做為貨幣來使用。

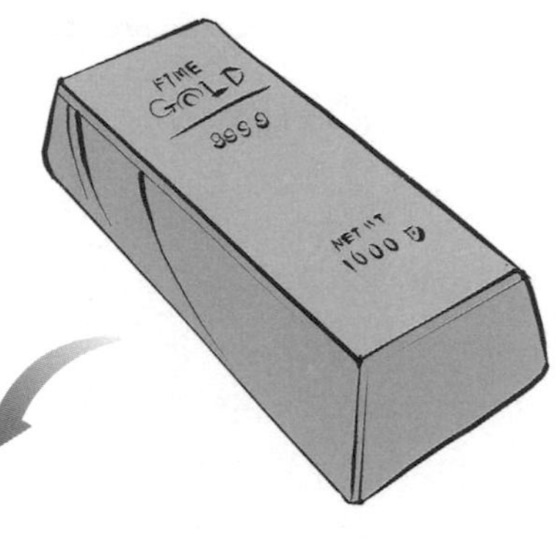

科爾特斯

西班牙征服者，以征服阿茲特克帝國聞名，他和他的部下從阿茲特克帝國首都特諾奇提特蘭城掠奪了大量黃金。

中國皇帝的龍袍

在古代中國，自宋太祖「黃袍加身」之後，「黃袍」成為皇權的象徵，黃色也從此為皇帝專用。

拜占庭金幣

雖然金幣上伊琳娜女皇手持十字架，但並不妨礙這一金幣在阿拉伯帝國區域內流通。

02 市場交易的趨勢 貨幣的誕生

人爲什麼需要錢？錢是怎麼來的？實際上只有進入文明社會之後，爲了解決物物交換的比率難題，貨幣這種一般等價物才終於登上人類歷史舞臺。

物物交換帶來的難題

進入文明社會後，開始出現經濟上的相互交流，而物物交換的缺陷使得貨幣的誕生成爲必然。

在狩獵採集社會中，貨幣是毫無作用的。每個狩獵採集群體都自給自足，即使有極少數無法獲得的稀有物品（如貝殼、黑曜石、顏料）需要依靠交換，也可以通過以物易物的方式獲得。

一直到了城市與王國興起之後，大約在西元前 3000 年，終於開始了專業化的契機。人口稠密的城市使得專業的手工業者可以在城市中生活，爲他人提供更多、更好的產品，但隨之而來的問題是：不同的貨物和服務之間該如何交換？要知道，如果某個市場中存在 100 種商品，買賣雙方就需要了解 4950 個交換比率；如果商品達到了 1000 種，這個數字將變成 500000。即使能夠解決交換比率，協調交換貨物也存在困難，因此，一個大的市場是不可能基於物物交換進行運作。

為解決難題而誕生的貨幣

爲什麼物物交換不可能成爲大規模商品交換的基礎？物物交換的最大特點是以物易物，交換可能一次完成，也可能要經過多次交換才能實現目的；交換得來的物品直接用於生產者的生產和生活消費。

物對物的直接交換，最大弊端在於很難一次實現產品所有者的交換目的，而是需要多次交換才能實現。無形中就增加了流通的時間，增大流通環節的複雜性，因而造成流通過程中的諸多不便與不合理。蘇聯曾經實行過的方法是，從各個專業的農夫和製造商手中取得產品，再統一分配到最需要的人手中，結果變成了「各盡最小的所能，各搶最大的所需」。所以爲了解決這個問題，人們發明了「錢」。

貨幣誕生的過程

在文明社會中，隨著物物交換的發展，產生貨物之間按照什麼比率交換的難題，最終使貨幣的誕生成為一種必然的趨勢。

物物交換

農業革命之後，產生了剩餘產品，人們使用以物易物的方式，交換自己所需要的物資。

一般等價物示意圖

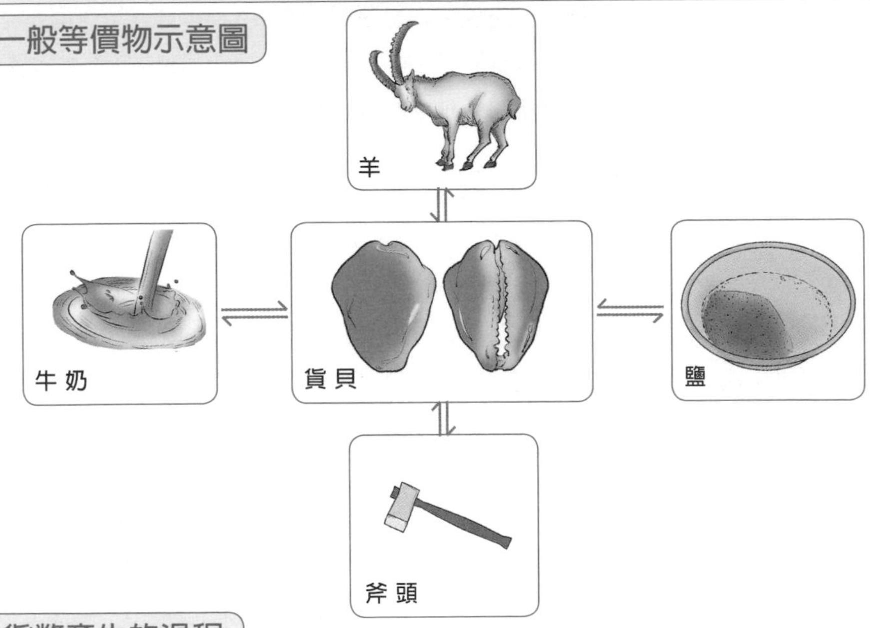

貨幣產生的過程

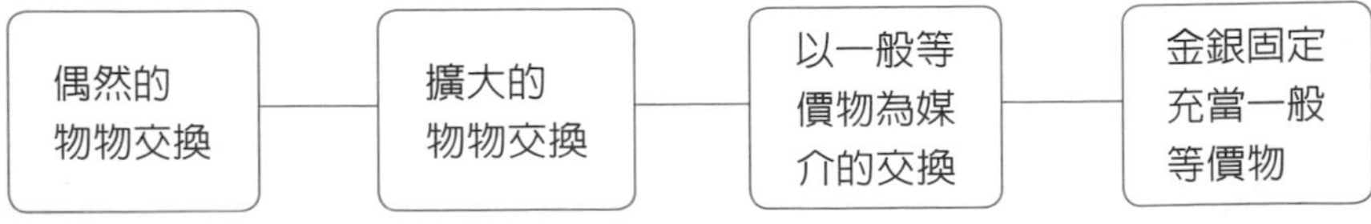

03 一般等價物的出現 金錢也是種想像的現實

金錢並不是由某個地方發明，再擴散到其他地域，而是許多地區獨立發明。貨幣的出現最重要的是突破了心理障礙，因爲它只是想像的現實。因此歷史上出現了許許多多的貨幣。

金錢只是個心理概念

貨幣的價值在於人類願意使用，能夠有系統地代表其他物品的價值，可以做爲物品或服務交換時的衡量標準。貨幣的價值只存在於想像中，而非製造材料的眞正價值。我們最爲熟悉的貨幣是鈔票和硬幣，但貨幣早在它們之前就已經存在了。許多文化以其他物品當作錢來使用，比如貝殼、獸皮、鹽、穀物、珠子，等等。4000 年前，在整個非洲、東亞、南亞和大洋洲，都曾以貨貝來交易，直到 20 世紀初，英屬烏干達還可以用貨貝交稅。

而在現代社會的監獄和戰俘營裡，經常用香菸來代替貨幣。即便不抽菸的人也會接受香菸付帳，並以此來計算各種商品和服務的價值。

貨幣必須方便轉換、儲存與運送

我們必須了解的一個事實是：即便到了今天，大部分的錢也不是以硬幣或鈔票的方式存在。今天全世界金錢總和達到了 60 兆美元，而所有硬幣和鈔票的金額加起來不足 6 兆美元，也就是說，全球所有的錢裡，90%以上是以電子數據的形式存在。大多數商業交易就是將某臺電腦的電子資料轉移到另一臺電腦上。只要人們認可這種交易，電子資料就完全是可以使用的貨幣。

金錢最基本的特性是「人人都想要」，那麼金錢也就獲得了能交換幾乎所有東西的資格。理想的貨幣不單是能夠交換物品或者服務，還能用來積累財富。如果貴重物品根本無法儲存，存在易腐朽、易發黴、易被鼠咬等問題，那就不適合當貨幣，而金銀、鈔票、貝殼等並不存在這個問題。此外，理想的貨幣還要能夠運輸和轉移，這樣才能讓盡可能多的人進入一個經濟圈內，並發展出複雜的商業網路及市場。

一般等價物的概念

貨幣僅僅是一個想像的現實；它曾經以貝殼、牲畜、穀物等物品的形式存在，即使在現代，有些也以電子貨幣的形式存在。

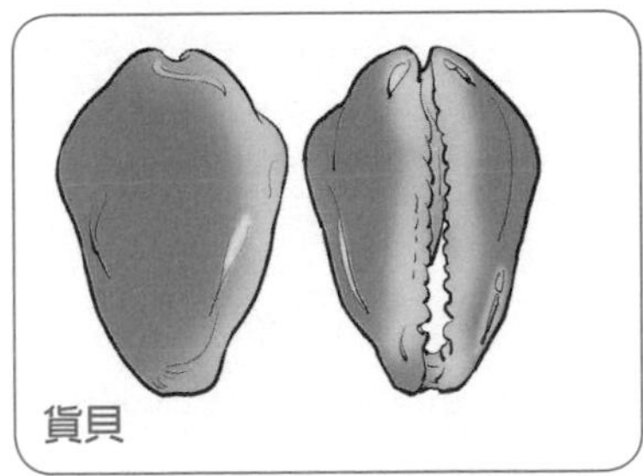
貨貝

羊

金、銀等貴金屬

穀物

香菸
一度在監獄和戰俘營裡充當一般等價物，用來代替貨幣。

一般等價物的缺點

體積大
價值小
不易於分割
易磨損
不便於保存和攜帶

貴金屬金、銀的優點

體積小
價值大
易於分割
不易磨損
便於保存和攜帶

04 互信的機制 金錢的運作原理

貨幣到底是什麼呢？實際上貨幣是一個互信系統。我們從最古老的貨幣——蘇美的大麥幣就可以知道：貨幣是人類有史以來最普遍也最有效的互信系統。

貨幣到底是什麼？

介紹了這麼多金錢的發展歷史，那麼回到貨幣的本質問題：貨幣到底是什麼？可以說，金錢只存在我們的想像中，是人們集體想像的虛構事物。所有金錢眞正的價值是「信任」，貨幣就是一個互信系統。確切地說，是人類有史以來最普遍也最有效的互信系統。

金錢的背後是非常複雜而長期的政治、社會和經濟關係。歷史上最古老的貨幣是古代蘇美人創造的「大麥幣」。大麥幣是固定數量的大麥，時間大約在西元前 3000 年。蘇美人大麥幣的通用單位是「席拉」，並因此誕生了一席拉標準容量的碗。人們用大麥的席拉爲單位交易貨物、支付工資，這是貨幣史上的一個突破。

沒有固有價值的貨幣誕生

大麥幣依然有缺陷，不宜儲存和運輸，並非理想貨幣。貨幣史上的另一個突破，在西元前 2500 年的美索不達米亞出現，那就是信任本身並沒有固有價值的銀。這種貨幣便於運輸與儲存，名叫舍客勒，這並不是某種貨幣的名稱，而是「8.33 克的銀子」。舍客勒這種貨幣單位因希伯來文化爲人們所熟知，因爲《舊約聖經》中多次提到舍客勒。不過希伯來人的舍客勒重約 11.25 克，在今天約值 2.2 美元。

舍客勒比大麥幣進步的地方在於：這是第一種沒有實用價值的貨幣，不能吃、不能穿，也不能製成工具，完全是文化賦予它的價值，以此估算日用品的相對價值。《聖經》中還提到另一貨幣單位「他連得」，希伯來語的意思爲「碟子」，是一種中間有孔的碟狀金屬，1 他連得等於 3000 舍客勒。可以說，舍客勒和他連得距離眞正的貨幣已經只有一步之遙。

貨幣是人類的一種互信系統

貨幣是集體想像的產物，也是人類有史以來最為普遍、有效的互信系統，從上古時期大麥幣的產生和《聖經》中，就能發現這種趨勢。

美索不達米亞原始農業壁畫

蘇美人種植大麥、小麥、洋蔥、鷹嘴豆、蕪菁、韭菜等作物，大麥和小麥是主要糧食，這成為大麥幣產生的基礎。

大麥幣

烏爾城內，一個佃戶送來一袋穀物交稅，書記正在計算合計多少大麥幣，大麥幣的通用單位是「席拉」。

《聖經》中的貨幣計量單位

中文	希伯來文音譯	換算	重量	備註
他連得	Kikar	60 彌那	33.5～36.6 千克	稱金塊或銀塊
彌那	Mane	50 舍客勒	550～610 克	稱銀塊
舍客勒	Shekel		11.2～12.2 克	稱金塊和銀塊
斤	Litra		0.33 千克	農耕

05 鑄幣的產生 偉大國王的價值擔保

鑄幣是人類貨幣史上的又一個突破。鑄幣誕生的要素之一是鑄造者的政治權威，他對於鑄幣的價值擔保是鑄幣能夠暢行無阻的重要保證。

鑄幣的誕生

舍客勒和他連得都是計算貴金屬的重量單位，後來終於催生出了鑄幣標準化與刻印的貴金屬。歷史上最早的一種鑄幣，大約出現在西元前 640 年，在今天土耳其西部、由呂底亞王國的國王阿呂亞泰斯二世下令鑄造。因爲這種貨幣刻印有獅子圖案，因此被稱爲「獅幣」。這種貨幣的製造是標準化的，標明了金屬含量，並以鑄造者的權威來確保鑄幣的金屬含量，提供價值擔保。一直到今天的鑄幣，都與獅幣大同小異。

鑄幣的材質主要有金、銀、銅、鐵、鉛、錫、鎳、鋁、鋅等，一般將貴重金屬或者它們的合金做爲材料，熔煉成液態之後，倒入做好的模具中；待冷卻成型，就成了「鑄幣」。

政治權威是鑄幣的擔保

鑄幣與之前的貨幣單位舍客勒和他連得相比，最大的好處是不必每次交易前稱重，更重要的是，避免了被鉛等金屬冒充，鑄幣上的標誌就是權威做出的價值保證。鑄幣的形式形形色色，不過上面的資訊則大致相同：

「偉大的皇帝／國王向你保證，這塊金屬的價值爲○○。如果有人膽敢僞造此幣，有辱本國王的名聲，此等罪孽必遭嚴懲。」即便今天，世界最通用的貨幣——美元上的資訊也是如此。人民只要相信國王的權威和人格，就會信任他所發行的鑄幣。比如羅馬最通用的貨幣「迪納厄斯」流通了數百年之久，只要信任羅馬帝國的人就會信任迪納厄斯。反過來說，統治者的權力也有賴於貨幣，如果沒有貨幣而依靠其他計價系統，帝國甚至無法維持。

鑄幣與國王的權威

鑄幣大約在 2700 年前產生，它的意義不僅是更加方便，更在於鑄幣代表著權力，是以國王的權威做出的價值保證。

世界上最早的鑄幣——呂底亞獅幣

「獅幣」大概含 54%的金、46%的銀，重量約 4.74 克，直徑約 11 毫米。

古羅馬哈德良皇帝發行的奧雷金幣

古羅馬帝國的貨幣稱為「迪納厄斯」，從共和時代一直使用到帝國時代中期。

屋大維銀幣

古羅馬貨幣最吸引人的地方，是它上面印有成系列的帝王、王后和帝位繼承人的肖像。

宋代「明道元寶」錢範

中國古代鑄幣使用的是翻砂鑄造法，而西方貨幣則主要靠手工打製，先將錢幣圖案雕刻鑄具，再將金銀片狀錢胚加熱後，放在模具上捶打。

06 人類通行準則 金錢的信仰

古羅馬的迪納厄斯演變成印度的貨幣，阿拉伯人、中國人也建立起了大同小異的貨幣制度。隨著貿易制度的發展，金錢成爲所有人類的共同信仰，最終成爲促成人類統一的力量之一。

從羅馬帝國到伊斯蘭文明

古羅馬的「迪納厄斯」隨著羅馬帝國的擴張，影響著大半個古代世界。即使是帝國之外，迪納厄斯也是其他文明充分信任的貨幣。一個生動的例子是，印度文明距離羅馬帝國有數千里之遙，但是印度人對迪納厄斯的信任和羅馬帝國的人沒有兩樣。印度的王公和領主們在鑄造自己的貨幣時，不但外形模仿迪納厄斯，甚至連羅馬帝國皇帝的肖像都被複製過來！迪納厄斯成爲當時鑄幣的統稱。

伊斯蘭文明崛起後，穆斯林的哈里發們沿用了迪納厄斯的名字，發行第納爾。這個名字是迪納厄斯的阿拉伯語轉譯，直到今天，第納爾依然是中東諸多阿拉伯國家貨幣的統稱。而在東方，中華文明建立起自己與西方大同小異的金銀元寶貨幣制度。

通用貨幣：黃金

金銀最終不但在歐洲、亞洲，也在非洲、美洲和澳洲使用，成爲全球通用貨幣。爲什麼相隔千山萬水的人類都同樣相信「黃金有價」？這是因爲隨著貿易的擴張，只要一個地區黃金價格昂貴，另一地區的黃金即使一文不值，商人也會立刻收購，拿到黃金昂貴的地區售賣。一個地區需求由此暴增，另一地區則因爲黃金大量輸入價格下跌，很快金銀就會成爲各個地區人們的共同信仰。

這一信仰是強大的，跨越了種族、宗教、性別、年齡等幾乎所有文化的鴻溝，成爲全球統一的重要推動力量。儘管千百年來，不斷有人指出金錢是萬惡之源，然而金錢比任何宗教、社會和國家更加寬容，是人類創造的唯一能跨越幾乎所有文化差異的信任系統。

黃金成為最普遍的互信系統

從「迪納厄斯」到「第納爾」，後者成了最著名的貨幣名稱。黃金突破各種文化藩籬，一躍變成各個地區人們的共同信仰。

查士丁尼一世發行的金幣

古印度貴霜王朝發行的金幣

可以看出帶有明顯的古希臘—羅馬風格的印跡。

倭馬亞王朝哈里發阿卜杜勒．馬利克發行的第納爾

這是伊斯蘭世界最早的金幣，也是第納爾的起源。

從迪納厄斯到第納爾，不論貨幣的名稱、樣式或製造技術等方面，體現了一脈相承的特色，反映金錢對文明的影響。

19 世紀的淘金潮

淘金潮體現了人類對黃金的狂熱追求，以 19 世紀中期美國的淘金熱最為典型，是美國西進運動中重要的一環。有歷史學家認為，淘金潮開啓了美國現代經濟發展之路。

07 金錢的利與弊 以錢衡量的世界

金錢制度有兩大原則，能夠換取萬物，並且可以為所有人信任。這兩個原則帶來了不同的後果：無數互不相識的人可以通過金錢合作，發展各種貿易，但許多不能以金錢衡量的事物也被拿來用金錢購買。

金錢制度的兩大原則

金錢制度能夠暢行世界而無阻，是因為它有兩大原則：一是可以換取萬物，人類絕大多數物品都可以用金錢來估算；二是被所有人信任。因此任何人都可以通過金錢進行合作，來達到自己的目的。

金錢的積極作用在於，無數不相識的人可以通過金錢進行各種貿易，交換產品，發展產業。但同時，金錢也帶來了一股黑暗的力量：人類許多無法用金錢衡量及不該用金錢來交易的美好事物，也被冷酷無情的供需法則換算了。

人類社會和家庭的根基在於固有的傳統、美好的感情和價值，如同親情、忠誠、道德和愛，這些本不應該放到市場上，給出「合適」的價格來購買。遺憾的是，金錢一直在改變著這一切，子女贍養父母是為了算計父母的遺產；基督徒殺戮、欺詐和偷盜，然後把這些贓款拿到教堂購買救贖；結婚不是為了愛而是為了家產。金錢的浪潮一直在衝擊人性的大壩。

金錢絕非唯一力量

金錢更可怕的一點是，它所帶來的陌生人之間的信任，並不是信任對方的人品或價值觀，而是金錢及其背後那套毫無人性的系統。換句話說，信任的並非陌生人，而是他們手中的錢。一旦金錢的力量沖毀了家庭、社會和國家的大壩，世界就變成了徹底冷酷無情的巨大市場，人類不得不在金錢的雙重作用下，小心翼翼地維繫平衡。

金錢的力量雖然強大，但絕非統一世界的唯一力量。有許多力量可以擊敗聰明狡猾的商人。雖然對於將各種獨立文化逐步聯繫起來，金錢所起的作用巨大， 但刀劍有時卻是更加強大的統一力量。

金錢的雙重作用

金錢同時擁有雙重作用，它既能給互不相識的人帶來信任，同時又帶來了黑暗的力量，促使人們用金錢來衡量本不該以此衡量的美好事物。

拜金主義

一種近代開始興起的價值觀，將金錢看作萬能的，人成為金錢的附屬物，變成了獲取金錢的工具。

贖罪券

由中世紀天主教會發行，是一種購買之後可以減免罪罰的文書，後來變成了教會搜刮的工具，引發新教的宗教改革運動。

帝國的根基

通過強大的軍事力量掠奪財富，在短時期內建立起強大的帝國，使帝國成為金錢之外另一種強大的統一力量。

第十一章
帝國來襲

01 帝國的定義
不討喜的「帝國」

「帝國」是一個不討人喜歡的字眼，但在過去 2000 多年間，絕大部分人類都生活在帝國之中。帝國對我們的影響無處不在，那麼，我們應該怎樣看待帝國呢？

什麼是帝國？

在我們所生活的時代，「帝國主義者」是僅次於「法西斯」之後遭人憎恨的政治學字眼，但具有諷刺意味的是：從西元前到現在的 2500 年間，帝國卻一直是全球最爲常見的政治形式，全世界絕大部分人的祖先都曾屬於某個帝國。那麼，究竟什麼樣的政治形式才叫「帝國」？

帝國做爲一種政治秩序，最重要的特徵不是帝制，而是某一區域內由一個最高政權統治著許多不同的民族，每個民族擁有不同的文化認同和獨立的領土；還有另一個重要特徵則是疆域能夠靈活調整，只要在某一地區強盛一時，而且能夠無限擴張，就可以被認爲是廣義的帝國。

帝國——消滅民族多樣性的壓路機

同時，帝國的定義只在於文化的多樣性和疆域的靈活性，而不在於是否採取軍事征服，更與帝國起源、政權形式、領土範圍或人口多少沒有多大關係。羅馬帝國、迦太基帝國和雅典帝國都非帝制，雅典帝國僅僅是一群人自發組成的聯盟，同樣地，雅典帝國的面積和人口還不如今天的希臘，卻統治了上百個獨立城邦，因此才成爲公認的帝國。帝國時代之前，民族比現在多得多，正是帝國的出現，使得民族大幅減少，整合出大一統的帝國文化。

帝國時代

帝國是一個令人反感的名詞，但無法否認的是，2000 多年來，絕大部分人都生活在帝國內。帝國成了歷史的核心，它就像壓路機，碾平多樣化的文化，使整個帝國的文化逐步融為一體。

西元 117 年羅馬帝國疆域示意圖

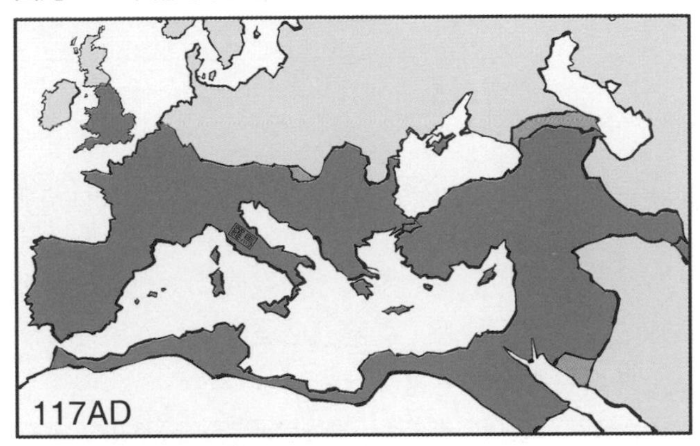

此時羅馬帝國接近於全盛，整個地中海都成為帝國的內海。

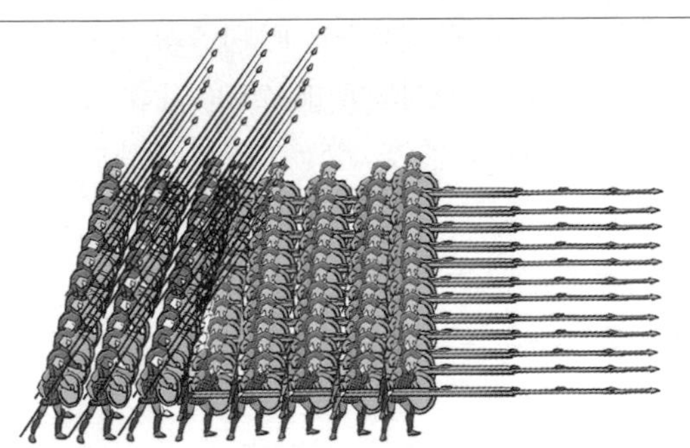

馬其頓方陣　帝國都依靠強大的武力進行軍事擴張，馬其頓方陣具有強大的攻擊力，亞歷山大運用它擊敗波斯帝國，建立了亞歷山大帝國。

侍衛官（左，手持法西斯束棒）、羅馬皇帝（中）、羅馬貴族（右）

伯利克里在雅典衛城演講

西元前 5 世紀後期，在伯利克里領導下，雅典帝國達到頂峰。雅典帝國的形成，是雅典人征服、奴役異邦人的結果，也是雅典奴隸制發展的具體表現，以及伯利克里時代經濟繁榮、政局穩定、文化昌盛的體現。

02 帝國無處不在 人類世界的帝國史

帝國這一形式可以追溯到 4000 年前的阿卡德帝國，從那時起，爲了不同的目的，人們建立了各式各樣的帝國。人類史就是一部部崛起、興盛、衰落、滅亡的帝國史之間傳承的歷史畫卷。

帝國思想的興起

帝國是過去 2500 年間全球最爲常見的政治形式。歷史上，強大的社會總凌駕於較弱的鄰國之上，並將其變爲帝國統治下的臣民。建立帝國出於多種目的：控制更多的自然或人口資源，征服潛在的敵人，積聚或掠奪更多的財富，爲土地而擴張，爲榮譽而戰……不誇張地說，從兩河流域文明、古埃及文明直到今天，帝國是人類歷史上最重要的一個主題。

一般認爲，西元前 2334 年到前 2193 年的阿卡德帝國是人類歷史上第一個帝國，統治了兩河流域，即美索不達米亞。而到了波斯帝國的居魯士大帝時期（前 590～前 529 年），居魯士提出：「統治全世界是爲了所有人的福祉。」他尊重被統治地區人民的價值觀念和文化傳統，最著名的是允許被流放到巴比倫的猶太人返回聖城耶路撒冷重建聖殿，並提供經濟援助。這種包容的新帝國思想，後來從居魯士大帝到亞歷山大大帝、古羅馬皇帝、穆斯林哈里發、大英帝國，一直到蘇聯和美國，對後世影響深遠。

與衆不同的中華帝國思想

中國與中美洲、南美洲等其他地區，也各自獨立發展出類似的帝國思想。中國傳統的政治理論強調「溥天之下，莫非王土；率土之濱，莫非王臣」，因此不會有許多獨立國家的存在。自秦始皇首次完成中國歷史上的統一事業之後，中國政治思想與歷史記憶中，大一統的帝國時代彷彿就成了秩序與正義的黃金時代，政治的分裂將導致動盪不安，並且公義不行。這種傳統政治理論對中國人有著極其深遠的影響，因此，中國歷史上每一個帝國朝代崩潰，各方角逐的政治勢力都會因爲這種政治理念而一心追求統一；中國最後總能統一，只是時間早晚問題。

世界史最常見的政治形式：帝國

從兩河流域文明、古埃及文明直到今天，帝國是人類歷史上最重要的一個主題。帝國包容被統治人民的思想影響深遠，而中華帝國的大一統思想更是獨特而典型。

阿卡德勝利石碑殘片

表現了得勝後的阿卡德人押送俘虜班師的情景。

薩爾貢大帝的浮雕

薩爾貢一生征戰三十四次，建立了世界史上最早的帝國——阿卡德帝國。

秦始皇

第一個統一中國的皇帝，他建立的秦帝國，以及由此確立的大一統思想，對後世產生了極為深遠的影響。

居魯士大帝

古代波斯帝國的締造者，阿契美尼德王朝的第一位國王，他首先提出「統治全世界是為了所有人的福祉」，對後世影響深遠。

秦始皇鞏固統一的措施

1. 政治：建立專制主義中央集權制度。（1）最高統治者稱皇帝，總攬一切大權。（2）在中央設立三公九卿制。（3）在地方推行郡縣制，分全國為三十六郡，郡下設縣。
2. 經濟：（1）統一貨幣，使用圓形方孔銅錢。（2）統一度量衡。
3. 文化：統一文字，將小篆做為全國規範文字，推廣隸書。
4. 思想：焚書坑儒，加強思想控制。
5. 軍事：（1）北擊匈奴，修長城。（2）修建靈渠，溝通長江水系與珠江水系。

03 帝國的負面作用 邪惡的代名詞

帝國在現代政治學中常被當作貶義，甚至是邪惡的代名詞。帝國被認為是造成各種侵略、毀滅和剝削的邪惡引擎，每個民族都有自決的權力，不應該被其他民族所控制。

擴張伴隨著殘酷歷程

史實已經表明，歷史少有正義。在一個帝國建立和擴張的過程中，往往伴隨著殘酷的侵略、屠殺、驅逐和奴役。羅馬帝國在擴張的過程中，征服了數以百計的民族和文化，蘇格蘭喀里多尼亞人的領袖卡加庫斯就曾經怒斥羅馬人：「燒殺擄掠成了帝國的代名詞；他們讓一切成了沙漠，還說這就是和平。」西班牙和英國等「日不落帝國」在美洲殖民擴張的過程中，進行了大規模的非洲奴隸販賣貿易，使非洲損失了數以千萬計的人口。

遊牧民族對農耕世界發起的大規模入侵，從西元前 3000 年開始到西元後 1500 年，在長達 4000 多年的歷史中，一度成為歷史的主旋律。這一過程是大入侵和大融合的過程，比較為人熟知的三次侵略，包括導致羅馬文明毀滅的蠻族入侵，導致秦漢帝國崩潰的所謂「五胡亂華」，以及蒙古帝國的建立。

近代殖民帝國的新特點

近代西方殖民帝國的建立，則展現了不同於以往帝國的特點，這不僅僅是殖民者占領新土地並在其上定居，更是一個能夠使帝國主義列強控制殖民地政治、經濟和文化的結構，將殖民地的經濟融入資本主義全球體系，變為原料產地和商品傾銷地，按照歐洲體制改造教育體系，推廣歐洲文化的過程。這一過程絕非和平、善意的，帝國經常使用戰爭、奴役、疾病導致當地人滅絕，強行推進帝國統一的進程，是「用血與火的文字載入人類編年史」。

帝國的罪惡

帝國的建立和擴張，往往就是一個殺戮、驅逐和奴役的過程，伴隨著累累的罪行。而在近代殖民帝國興起之後，更是以血與火的文字載入了人類編年史。

羅馬軍團與蠻族的戰爭

羅馬人在擴張的過程中，征服了數以百計的民族，使大量異族喪失生命，流離失所。

蒙古騎兵

蒙古人以曼古歹、鑿穿和漫射法三大戰術橫掃歐亞，成為 13 世紀威震世界的赫赫勁旅。

奴隸三角貿易

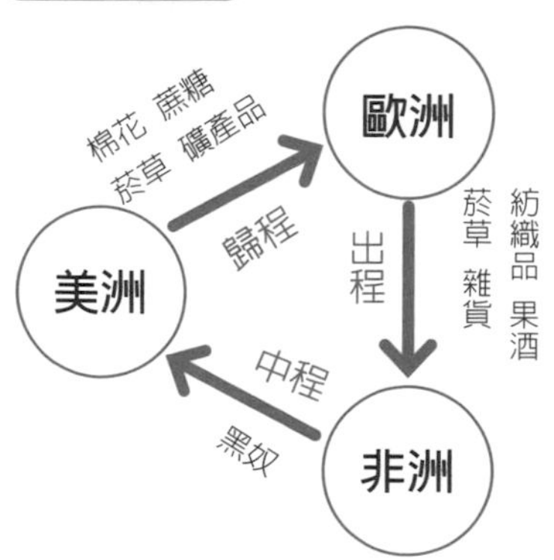

1879 年的祖魯戰爭

英國殖民者在非洲發動的侵略戰爭，如同 19 世紀歐洲殖民者發動的其他殖民戰爭一樣，給非洲民族造成了深重的災難。

04 帝國對歷史的推動 不朽的榮耀

帝國對歷史的推動作用也不容忽視，帝國整合、統一了眾多邊緣文明，使思想、貨物和技術能夠迅速傳播，推動先進文化的擴散，不談帝國的正面作用是不客觀的。

帝國的正面影響

帝國除了征服擴張、掠奪財富之外，對歷史也有非常深遠的正面影響。古羅馬帝國征服與剝削戰敗者，與此同時，西塞羅、馬可·奧里略和聖奧古斯丁才擁有財富和時間寫下不朽的著作，而古羅馬更對西方世界在政治、法律、戰爭、藝術、文學、建築、科技、宗教和語言等諸多方面，產生了極其深遠的影響。原本處於世界文明邊緣、組織鬆散的阿拉伯人，在先知穆罕默德創立伊斯蘭教之後突然崛起，繼承者哈里發們以堅定的意識形態，彌補了技術和組織上的不足，擊敗拜占庭帝國和波斯薩珊帝國，形成橫跨亞、歐、非三洲的大帝國。

推動文化的融合和進步

漢語是世界上使用人數最多的語言，漢文化更深深地影響了東亞各民族的思維和習慣；而在整個西半球，幾乎所有人都講著以下四種語言：西班牙語、葡萄牙語、英語和法語，這都與西班牙、葡萄牙、英國與法國的殖民帝國密切相關。如果消除了這幾個帝國的影響，回歸「傳統」的文明，那麼他們之間能留下的，只有無法交流的印第安語了。

在帝國的版圖內，眾多的邊緣文化被融入少數主流文化之中，帝國境內思想、文化、貨物和技術能夠迅速傳播，顯然要比不同政治領地更為方便迅速。秦帝國實行的「車同軌，書同文」，統一度量衡制度，對後世形成大一統國家有著不可估量的作用。與此同時，帝國也積極推動共同文化，以此強化自身的合法性。亞歷山大帝國如彗星般的崛起，從埃及、波斯、美索不達米亞直到印度河流域，引發了一場「希臘化」的狂潮，將希臘文明的火種播撒在廣袤的土地上。

帝國的文明

雖然帝國征戰給人民帶來極大的痛苦，但帝國創造的文明同樣對歷史有巨大的影響，並將衆多的邊緣文化統一於主流文化之中，使文明的火種在廣袤的土地上播種生根。

羅馬皇帝查士丁尼制定《國法大全》

《國法大全》的完成，標誌著羅馬法發展至最發達、最完備的階段，對後世歐洲大陸的法律體系產生深遠影響，在繼承羅馬法的基礎上形成了大陸法系。

羅馬萬神殿

萬神殿是至今完整保存的唯一一座羅馬帝國時期的建築，用於供奉奧林匹亞山上諸神，被譽為「羅馬奇觀」，其穹頂結構對後世西方建築的影響極其深遠。

亞歷山大頭像

亞歷山大大帝用 13 年的時間，建立了當時面積最大的帝國，並推動希臘文化向東方傳播，史稱「希臘化時期」。

銅車馬

秦始皇統一中國後，將馬車兩個輪子的距離一律改為 6 尺，有利於帝國物資的流通，「車同軌」是秦國大一統政策的一項重要舉措。

05 艱辛的旅程 帝國內部融合

經過征服擴張後，帝國的疆域在某一時期達到了極限，如何處理與被征服文明的關係，就成了重要的課題。

帝國精英的執念

除了維繫時間不長的某些帝國外，大多數帝國的統治精英都會接納不同的文明，並隨之改變。古羅馬帝國的文化中，希臘文明的成分幾乎與羅馬文化不相上下，阿拔斯王朝的帝國文化融合了波斯、希臘和阿拉伯文化，入侵中國、印度的北方遊牧民族，最後幾乎都被兩大文明同化，被稱爲「我們這個時代的羅馬」的美國，更是種族、文化的巨大熔爐。帝國的理念在於包容和普遍，大部分帝國精英都認同自己是爲了所有帝國子民的整體福祉而努力。

艱難的文化融合

中國統治理論認爲：四夷賓服、萬國來朝是衡量一個帝王是否賢明，帝國是否強大的標準，各個鄰國和四方諸侯都是生活在水深火熱之中的蠻夷之邦，中華天朝應當廣爲傳播華夏文化，澤被四方。無獨有偶，羅馬人也宣稱自己的統治理所當然，說日爾曼人生性野蠻，高盧人生活骯髒、無知無畏，是羅馬人用法律馴化了他們，用公共浴室讓他們身體潔淨，爲他們的頭腦灌輸了哲學，讓野蠻人懂得正義、和平，生命變得高雅。

印度孔雀王朝、阿拉伯哈里發則堅信自己負有使命，將佛法或先知的啓示傳播到世界其他地方；西班牙帝國則宣稱尋找去印度和美洲的道路是爲了拯救當地人，讓他們接受上帝的信仰；大英帝國則是以將自由主義、法治和自由貿易的福音傳到全世界爲宗旨，來開拓殖民地；蘇聯的口號是「解放全世界」；美國則要讓第三世界國家同樣享有自由和人權……

然而，此過程絕非一帆風順，絕大多數屬民需要放棄自己熟悉、深愛的當地文化，以求加入帝國文化，而在千辛萬苦學習帝國文化之後，帝國統治精英依然將他們視爲「外人」，必須經過數十年至幾百年，才會將他們視爲「我們」。這一過程註定是漫長、痛苦的。

帝國的理想

帝國獲得偌大的疆域之後，處理不同文明之間的關係就成為重要課題。帝國精英階層發展出種種理念，為帝國中所有子民的福祉努力，過程註定漫長而艱難。

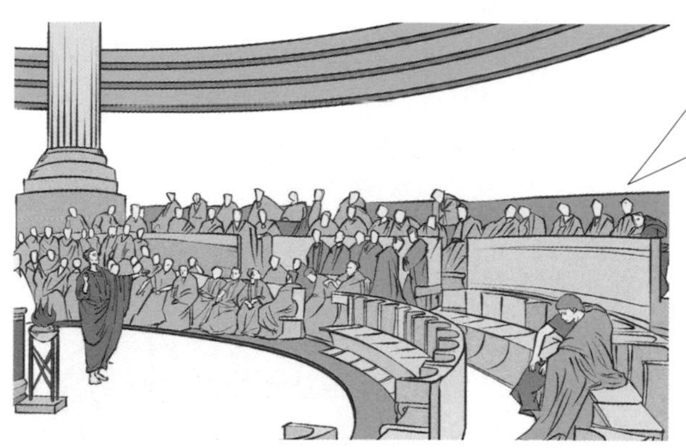

羅馬元老院

羅馬元老由德高望重的人組成，被認為是羅馬的化身，以及精英政治的體現。元老院是羅馬政治體制中極為重要的一環。

早期日爾曼人形象

在羅馬史學家的著作中，日耳曼人被認為野蠻、好戰、酗酒。後來日爾曼人逐漸學習羅馬帝國的生活方式，擔任羅馬的雇傭兵，後期蠻族將領逐步掌握了羅馬軍隊的統率權，為日後日爾曼人征服羅馬帝國埋下了禍根。

明成祖朱棣時期的萬國來朝

「四夷賓服」、「萬國來朝」是中國古代傳統政治理論中，帝國是否強大、君主是否賢明的重要標準。

06 緩慢卻難以重生 帝國的潰散過程

雖然歷史上曾有過許多的帝國，但它們崩潰的原因和過程大同小異。而在通常情況下，帝國一旦毀滅，原本的民族和文化便無法再次重生，帝國也就從此走入歷史的記憶之中。

帝國崩潰的理由

帝國的崩潰往往並非如同玻璃杯一樣突然碎裂，而是像方糖在水中慢慢溶解。帝國最終崩潰的原因，一般是內部統治精英的內鬥，或者強大外部敵人的入侵。與許多人的認知不同，被征服者追求自由、對抗帝國統治的成功記錄並不高，在帝國統治穩定時期，消滅反叛軍通常輕而易舉。

帝國崩潰通常從財政危機開始。在帝國末期，財政常入不敷出，集權帝國需要供養過度膨脹的官僚機構、軍隊和皇室的消費，愈來愈龐大的支出，令財政危機越發嚴重。地方稅收壓力增大，反過來造成被統治者反抗或逃難，導致中央財政進一步惡化。國內加劇的動盪形勢，使中央政府不得不調兵鎮壓，加之外族入侵加劇，導致中央政權控制力進一步下降，地方勢力崛起。各地割據加上內憂外患，導致帝國最終走向解體，直到最強大的一股地方力量重新建立帝國。另一種情況是：外族入侵成功瓦解帝國，由新的帝國取而代之、繼續統治，開始了新一輪迴圈。

消失的民族與文化

對於原初的屬民來說，在強勢帝國文化的整合下，原本的民族與文化已經煙消雲散，再也不能從帝國的餘燼中重新崛起。曾經被羅馬帝國征服的迦太基人、盧西塔尼亞人、伊特魯里亞人、阿爾維尼人等數百個民族再也沒有重生，就此在歷史上消亡，他們的後代在語言、信仰和思維上完全成爲羅馬人。兩河流域自西元前 8 世紀亞述帝國建立之後，一直處於帝國傳承狀態接近 3000 年，當 20 世紀中葉，英法殖民體系終於崩潰之後，當年的腓尼基人、非利士人、以東人、摩押人等都消失不見了，僅存阿拉伯人和猶太人的鬥爭。然而，即使實現了復國奇蹟的猶太人，也早已不是 2000 多年前猶太王國時期的猶太人了。

帝國崩潰的模式

歷史上帝國的崩潰情況不盡相同，但模式大同小異：先是統治集團的腐化墮落導致中央財政危機，地方稅收壓力增大，國內動盪，外敵入侵；反覆迴圈導致帝國崩潰，新的地方勢力崛起或外族建立新的帝國。

被蠻族攻陷的羅馬

410 年，亞拉里克一世帶領西哥特人攻陷了 800 年未曾淪落的「永恆之城」羅馬，並大肆劫掠。羅馬帝國在內部腐化和外部蠻族入侵的雙重打擊下，於 476 年滅亡。

英法聯軍火燒圓明園

由於清政府政治的腐敗，對內鎮壓太平天國，對外軍事抵抗失敗，導致英法聯軍在 1860 年 10 月 18 日火燒圓明園。

帝國崩潰的一般模式

統治集團人數膨脹，並且奢侈腐化 → 軍事腐朽，吏治敗壞 → 出現財政危機，加大盤剝導致反抗，危機惡性迴圈 →

- 國內動盪，中央派兵鎮壓，地方勢力崛起，最終導致帝國瓦解 → 最強的勢力建立起新的帝國
- 外部入侵加劇，內憂外患導致帝國崩潰 → 外族入主，建立起新的帝國

07 多重而複雜的影響 「帝國主義」是把雙面刃

帝國對人類的影響多重而複雜。自世界進入帝國主義階段，世界一體化的進程大大加快，帝國主義帶來的制度和思想已經深刻地改變了世界。

帝國主義時代的到來

「帝國主義」這個詞語出現得很晚，19 世紀中葉人們開始談論帝國主義，到了 19 世紀 80 年代，這個新概念進入西歐各國的流行語言。建立帝國在人類歷史上已經不是新鮮事，但帝國主義是一個全新的概念。歐洲「帝國主義」列強在全世界範圍內掀起瓜分勢力的狂潮，通過控制殖民地的內政外交，將殖民地經濟納入資本主義全球體系，使世界一體化的進程大大加快，同時又以「傳播西方先進文化」的幌子征服全球，讓數十億人都開始接受西方文化的重要組成部分：法語、英語和西班牙語，自由、人權及民族自決原則等，這些手段不但與過去的帝國有本質差別，更深刻影響和改變了當今世界。

難分難解的帝國

今天，所有現存的人類文化都包含了一部分帝國和帝國文明的遺產，已經沒有任何現存的「純淨文化」了。以印度為例，英語是印度官方語言之一，使印度這個有 18 種聯邦官方語言、1652 種語言和方言的「博物館」，通過英語來溝通。印度的民主制度、司法系統、鐵路等都是英國留下的，如果全部拋棄，維護「帝國主義」到來之前的純正文化，隨之而來的問題是：要恢復穆斯林征服者的蒙兀兒帝國和德里蘇丹國文化，還是笈多帝國、貴霜帝國或孔雀帝國的文化呢？做為印度象徵之一的泰姬瑪哈陵是伊斯蘭征服者留下的，是不是也必須摧毀呢？

帝國主義帶來了累累的罪惡和暴行，但又為世界帶來嶄新的制度和生產方式，人類大大小小的文明在無奈的選擇及無情的淘汰中，接受了西方帝國主義的遺產。隨著帝國主義殖民體系在過去幾十年間的崩潰，反殖民鬥爭以民族自決、人權、自由主義和社會主義的大旗為號召，而這些概念恰恰來自西方，如同金錢和宗教，帝國也與人類息息相關，無法擺脫。

帝國主義的案例

帝國主義是 19 世紀出現的一個全新概念，雖然帝國主義在全世界犯下了累累的罪行，但又為世界帶來嶄新的制度和生產方式，即使是今天的反帝運動，也和帝國的思想息息相關。

將非洲殖民地納入大英帝國的夢想

塞西爾．羅德斯是大英帝國最出名的帝國主義者，在帝國主義瓜分非洲的狂潮中，夢想將好望角到開羅之間的廣大非洲領土都變成英國轄區。

英國殖民者在印度

自 1858 年至 1947 年，英國在印度次大陸建立了直接統治的殖民地，印度深受英國殖民統治的影響，被譽為「大英帝國皇冠上的明珠」，其民主制度、司法、鐵路等諸多制度都是繼承自英國。

泰姬瑪哈陵

做為印度象徵的泰姬瑪哈陵並非典型的印度建築，而是由突厥化的蒙古人所建立，是蒙兀兒王朝帝王沙賈汗為了愛妃而興建的巨大陵墓。

第十二章 神聖的力量

01 統合人類的秩序 在歷史中扮演要角的宗教

當金錢在東西方貿易中無往而不利，貿易利潤讓商人賺得盆滿缽滿之際，當人類的征服者異軍突起，率領自己的大軍縱橫捭闔，征服眾多民族的時候，還有一種力量藉由征服人心，成了最後一種統合人類的力量。

宗教的作用

今天，宗教經常被認爲是造成爭端和分裂的力量，實際上，宗教在統一人類方面的作用絕不亞於金錢或帝國。因爲所有的社會秩序和等級都是人類想像的產物，因此它們非常脆弱；宗教就爲這些脆弱的結構提供了合法性。

宗教是如何做到這一點的？它是一種人類規範和價值觀的系統，建立在超越人類的秩序之上。這其中包含兩大要素：第一，認爲世界上存在一種超人類的秩序，這並非出於人類的想像或協議，也不是人與人之間的協定，不能隨便被修改；第二，在這個秩序之上，建立起具有約束力的規範和價值觀。

超人類的最高法則

有了這種超人類的秩序，就能給予法律神聖的力量，可以宣稱法律並非只是人類的設計與想像，而是來自一種絕對的、神聖的最高法則，因此，某些基本法則就不容動搖。比如印度的《摩奴法典》、巴比倫的《漢摩拉比法典》都宣稱是神靈的啓示，近代美國的《獨立宣言》、法國的《人權宣言》則稱是按照上帝的意志或天賦的不可讓渡之權利。

但並非所有宗教都能讓社會和政治秩序合法化，下一節將說明想要讓不同民族和族群的人群，在同一種宗教的旗幟下統一，還必須具備兩個特質。

宗教之威

宗教為人類那些脆弱的社會秩序和等級提供合法性，它是人類規範和價值觀的系統，賦予法律神聖的力量，宗教所擁有的威力絕不亞於金錢和帝國。

三大一神教的形象符號

世界三大一神教：基督教（上）、猶太教（中）、伊斯蘭教（下）都發源於中東的閃米人，同樣反對偶像崇拜、多神崇拜，只信仰一位至高無上的造物主，三者的關係非常密切。

猶太教的祭司（左）和宗教官員（右）

猶太教是世界三大一神信仰中最古老的宗教，也是猶太民族的生活方式和信仰。

《摩奴法典》

相傳是人類的始祖摩奴所編，誕生了梵天用口、雙臂、大腿和腳創立四大種姓的傳說，並確立此後延續幾千年的種姓制度。

《漢摩拉比法典》上的圖像

《漢摩拉比法典》上的浮雕，代表太陽神沙瑪什授予國王漢摩拉比權力，象徵君權神授和法典的神聖性。

人權宣言

《獨立宣言》和《人權宣言》都宣稱天賦人權，這一概念是荷蘭資產階級思想家首先提出，認為人具有天生的生存、自由、追求幸福和財產的權利，這種權利不能轉讓也不能剝奪。

02 人與萬物通靈 多神教的產生

多神教是最古老的宗教，其特質與一神教恰恰相反，它具有當地語系化和特殊化的特徵。在多神教中，人類和萬物的關係也和我們熟悉的一神教不同。

宗教的普世與推廣

宗教需要具備什麼特質，才能讓各種各樣的人統一在某個宗教之下呢？這就要說到它的「普世特質」和「推廣特質」。首先，信奉這一宗教的是無論何時何地，對任何人都平等，所有人都必須遵守的永恆價值；其次，它還必須堅持不斷地將這種信念傳播推廣給普通大眾。

對於基督教、佛教、伊斯蘭教這些傳播最廣泛的宗教來說，普世特質和推廣特質已經為人所熟知。但實際上，絕大多數古代宗教的特徵恰恰相反，它們具有當地語系化和特殊化的特質，大多數人信仰的是泛神論和多神教。

在狩獵採集社會，智人相信的是泛神論，也就是世間萬物皆有靈魂，相互之間能夠溝通。自農業革命開始之後，宗教革命也隨之到來。泛神論中讓動植物和人類平等，而在農業社會裡，則是農民擁有、控制農作物，並且繁衍牲畜，讓動植物從平等的生物變成了人類的所有物。農業革命使宗教儀式變成用犧牲、酒和點心獻祭給神靈，祈求祂保佑五穀豐登、六畜興旺，多神信仰也應運而生。

神靈與人類的關係消長

多神教是信仰並同時崇拜許多神靈的宗教，通常有一位至高無上的諸神居於神祇體系的頂端，做為眾神之首。眾多的神靈有著不同的地位、作用和威力，有的掌管生育，有的掌管雨水，有的掌管戰爭。

對於泛神論者來說，人類只是地球上生物的一種；而對於多神教來說，整個世界反映的是神和人類的關係，幾個人的行為比如禱告、獻祭、罪孽，就會引發整個世界的命運改變；例如愚蠢的罪人做了讓神靈發怒的事，引發改變世界的大災難。多神教提高了人的地位，而泛神論裡許多的神靈因此喪失地位，變成了臨時演員，甚至只是沉默的羔羊。

與神靈共處於蒼穹下

多神教信奉的是一種規則、一種秩序，人和神靈共同生活在蒼穹之下，人可以向一部分神明祈求幫助，相較於泛神論的萬物平等，多神教提升了人的地位。

希臘神話諸神
希臘神話傳說中居於奧林帕斯聖山上的十二主神，祂們都是神王宙斯的親人，有著鮮明的性格和超人的力量。

羅馬萬神殿
萬神殿是羅馬帝國供奉宇宙中主要神靈的神殿，因其完美的比例被譽為「宇宙奇觀」，是唯一完整保存至今的羅馬帝國時期建築物。

宗教引發信徒的宗教情感

1. 敬畏感：對神聖者感到既畏懼又嚮往的一種情感。
2. 依賴感：把神聖者做為自己的精神支柱和生存基礎的一種情感。
3. 神祕感：通過禱告或修練達到神人合一、心醉神迷的精神境界。
4. 安寧感：伴隨著神祕感出現的一種找到歸宿、極度放鬆的感覺。

03 海納百川，開放自由 寬容的多神教

現代人大部分對多神教有所偏見，而實際上多神教對信仰非常開放，也不會強迫其他人更改信仰。因爲這種思維，所以很少發生宗教迫害。

西方世界對多神教的偏見

在強勢的一神教 2000 年來的影響下，大多數的西方人都相信多神教是無知幼稚的偶像崇拜。這其實並不公平，多神論的邏輯遠比一神論更強。多神教信仰的神靈雖多，但並不否定統治宇宙的單一終極力量或原則的存在，他們的信仰體系裡同樣爲終極力量留下了一席之地。

多神論與一神論最大的區別在於：多神論的最高主宰平等地對待宇宙中的一切，對人類不帶有任何私心與偏見，因此對人類各種世俗的欲望、憂慮、痛苦漠不關心，所以向這位最高神祇祈求世俗的事務是毫無意義的，人類無法同他進行任何交易或協定。想要解決自己的問題，還是需要向分管某一事物的神靈祈禱，這些神靈能夠幫助人們實現願望。

多神教下的宗教寬容

多神教的思想因爲有無限個分管不同事物的神靈，因此非常開放，多神教的信徒們相信世界上存在著一個至高無上、完全無私的神靈，另外，他們也相信有許多各自領域內、心中有偏見的神靈存在，在這種模式下，某一個神靈的信徒很容易就相信其他神靈同樣神通廣大。這種開放的思維使得多神論者極少有迫害異端的事件。

信奉多神教的帝國即使征服了其他民族，也不會要求新的屬民更改其信仰。無論是埃及人、古羅馬人、孔雀王朝子民還是阿茲特克人，都沒有派遣傳教士到新屬地傳教，更沒有強迫被征服者皈依帝國的信仰。他們只是要求被征服的民族尊重帝國的神靈和各種宗教儀式，並且無須放棄自己當地的神靈和儀式。更有趣的是，他們還會將地方上的神靈納入神殿，接受祂們成爲自己的新神靈。

多神教的信仰體系

多神教的信仰體系是開放而寬容的，在多神教體制下很少有迫害異端的事件發生，信奉多神教的帝國並不強迫新屬地改變信仰，還經常接納新屬地的神靈。

描繪古埃及諸神的壁畫

古埃及人相信身邊萬物皆附有神靈，將來自大自然的力量視為神，並向其祈禱，因此古埃及神靈眾多，多達 2000 個。

密特拉殺死公牛塑像

密特拉教是羅馬帝國在西元前 1 世紀到 5 世紀流行的宗教，主要崇拜太陽神密特拉，人們相信公牛的鮮血為世界帶來生命。

世界主要宗教流變示意圖

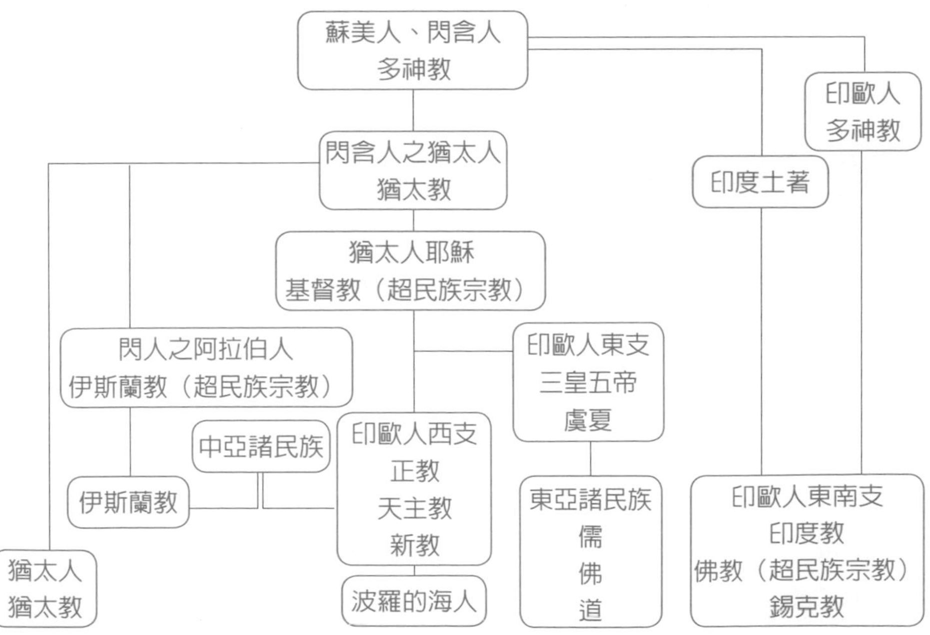

04 堅定而殘酷 一神教的崛起

一神論是從多神論信仰中發展出來的，但並不如多神教那麼寬容，一神教對信仰的偏執，決定了它們對其他信仰的不寬容，特別是對異端的迫害達到駭人聽聞的地步。

一神論的起源

隨著時間的流逝，有多神論信仰的某些人逐漸開始異化，認爲他們信仰的神能夠主宰整個宇宙，而且是唯一的神，一神論隨之誕生。一神論者認爲神有偏見和私心，人們能夠和偏愛他們的終極神靈做交易。目前所知最早的一神論宗教，出現在西元前 1350 年的古埃及，埃及法老阿肯那頓宣布阿呑神是宇宙最高神，將對阿呑神的祭祀制度化，並奉爲國教。不過他死後阿呑神的崇拜被禁止了，埃及人回歸信奉多神教。

一直被基督教指摘的古羅馬人迫害基督教徒之史實，實際上是被誇大了。羅馬帝國並未對堅持一神信仰並傳播福音的基督教進行宗教迫害，只是要求基督徒尊重帝國的守護神和皇帝的神聖權力，以做爲一種政治效忠的宣誓，但基督徒拒絕任何妥協，此後羅馬帝國才開始進行鎮壓，只是這種鎮壓大部分流於形式，在長達 300 年的時間裡，以多神教爲信仰的古羅馬，其處死的基督徒不過幾千人。

自相殘殺的一神教

基督教號稱愛與憐憫，但只是因爲教義有著些許的差異，由此引發基督徒自相殘殺的事件，遠比多神教的宗教迫害更爲嚴重。

與多神教不同的是，一神教最爲嚴酷的敵人往往不是異教徒，而是「異端」。最惡名昭彰的一神教自相殘殺，是在 16、17 世紀之間席捲歐洲的天主教與新教徒之戰。他們都相信基督的神性，也相信關於愛與憐憫的福音，只是對於「愛」的本質意見不合。僅僅在 1572 年 8 月 23 日，強調個人善行的法國天主教徒襲擊了強調上帝之愛的法國新教徒，就有 5000～10000 名新教徒遭到屠殺，史稱聖巴多羅買大屠殺，死亡人數超過整個古羅馬帝國時代曾經殺害的基督徒人數。

一神教的宗教迫害

最早的一神教可以追溯到古埃及時代的阿吞神崇拜，一神教確立唯一真神的絕對權威，對其他異教徒或「異端」的宗教迫害遠超過多神教。

法老阿肯那頓頭像

阿肯那頓祭拜阿吞神

阿肯那頓推行阿吞神崇拜，宣稱阿吞神是唯一應該崇拜的神，取締對阿蒙神和其他地方神靈的信仰，在他死後改革隨即失敗。

聖塞巴斯蒂安的殉難

聖塞巴斯蒂安是西元 3 世紀的天主教聖徒，羅馬禁衛軍隊長，被羅馬皇帝戴克里先下令射死，這一故事成為很多繪畫的題材。

聖巴多羅買大屠殺

1572 年 8 月 23 日夜至次日淩晨，巴黎數萬名天主教徒對國內新教徒——胡格諾派教徒進行屠殺，後蔓延至法國其他城市，史學家認為死亡人數達到 7 萬，引發了法國宗教戰爭。

05 與政權合流 一神教橫掃世界

首先是基督教在羅馬帝國成爲國教，之後伊斯蘭教也在中東取得了成功，通過與國家政權的結合，一神教橫掃世界，成爲宗教信仰的主流。

基督教的成功

基督誕生之前，多神教在世界各地一直占據統治地位，雖然各處的多神論宗教一直往一神論宗教演化，但一神論者始終處於邊緣化的位置，因爲他們也沒能創造出自己的普世理論。典型的一神教如猶太教，認爲全宇宙至高的神只偏愛猶太人和以色列人，顯然對非猶太人來說有弊無利，只能在當地流行，可以稱爲「本地一神教」。

基督教的誕生是一神教的一大突破。基督教原本只是猶太教的一個小教派，全靠人們信奉拿撒勒的耶穌，他們期待已久的彌賽亞（即救世主）。這一教派的早期領導人之一「保羅」認爲，宇宙至高的神靈上帝偏愛人類，爲了人類的救贖還化爲肉身，被釘死在十字架上，因而他值得被衆人信奉爲神。隨著基督徒們組織起來，對所有人進行傳教活動，這個教派在一系列巧合和歷史發展之中，終於接掌了強大的羅馬帝國，在 380 年成爲羅馬帝國的國教，並以此爲根基，傳播到更廣闊的世界。

伊斯蘭教的強勢崛起

基督教的成功成爲另一個一神教的範本，中世紀人類文明史上最重大的歷史事件也誕生了，那就是 7 世紀阿拉伯半島上伊斯蘭教文明的強勢崛起。伊斯蘭教的成功在於它採用群衆性運動的方式，更廣泛地取得了民心的支持，又依靠國家的強權爲工具來推廣伊斯蘭教。

伊斯蘭教在麥加剛發軔之時，還只是一種宗教，到了麥地那已經不僅僅是宗教，而是一種政權。在阿拔斯時代的巴格達和伊斯蘭帝國的其他地方，伊斯蘭教已經成了宗教、政權和文明的統一體。它以更快、更令人意想不到的腳步，收服了從大西洋一直延伸到印度的龐大帝國。一神論從此成爲世界歷史的主流。

一神教成為主流

從猶太教中發展而來的基督教成為羅馬國教，後來成為西方主流信仰，而伊斯蘭教也從中東崛起。兩大一神教的成功，讓一神論成為世界歷史的主流。

基督殉難

耶穌被釘死在十字架上，以他的死為人類贖罪。

君士坦丁一世

君士坦丁王朝的開國帝王，在西元 313 年頒布《米蘭敕令》，承認了基督教的合法地位，為基督教成為羅馬國教奠定基礎。

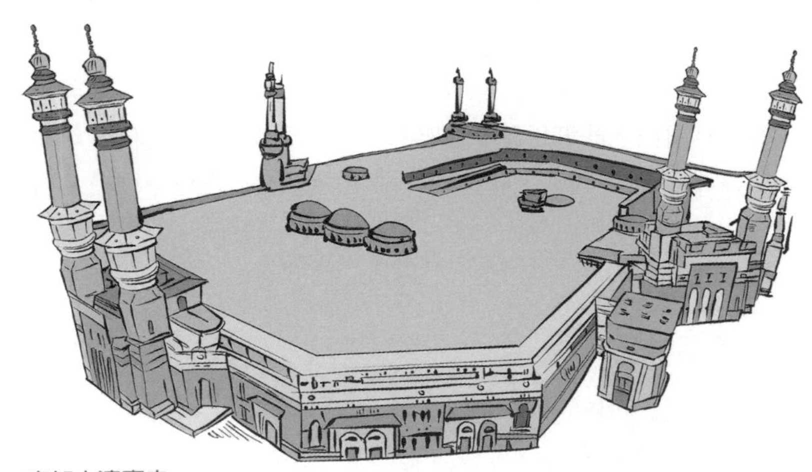

麥加大清真寺

位於沙烏地阿拉伯的麥加城中心，是伊斯蘭教第一大聖寺，全世界穆斯林前往朝覲的聖地。

猶太教、基督教、伊斯蘭教簡明關係圖

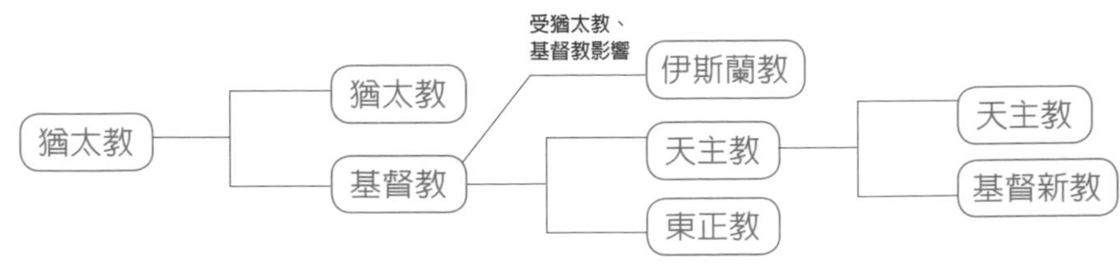

06 吸納與融合 一神教的變通方式

一神論雖然確定了唯一眞神的信仰，但並沒有眞正趕走其他神靈，又藉由變通的方式堅持了多神論，創造出自己的聖徒和先知系統。

一神論如何一統天下？

從宗教邏輯上說，一神教教徒必然比多神教教徒更加虔誠狂熱，也更加熱衷於傳教。因爲某個宗教如果承認其他的信仰，只有兩種可能：第一種認爲世界上沒有唯一的神，而是同時有很多神靈存在；第二種認爲雖然有一位最高的神，但底下還有很多小神，信奉每一位神靈，能帶來部分的眞相。而一神教則認爲自己信奉的神靈就是唯一眞神，只有自己看到了全部的眞相，其他宗教都是不可信的。由此在過去 2000 年的時間裡，一神論者不斷發動以暴力消滅其他宗教的戰爭，來證明自己信仰的正確性，以暴力、聖戰和迫害來鞏固自己的地位。

一神教在西元前後的世界舞臺上幾乎無足輕重，到了西元 500 年左右，基督教成爲古羅馬帝國的國教，開始向歐洲、亞洲和非洲地區傳播，到了西元 1500 年，一神教已經掌控了亞、非、歐的絕大部分地區，並向著美洲、大洋洲擴展。今天，除了東亞之外，絕大多數人的信仰都是一神論宗教。

從窗口迎回多神論

雖然一神教已經占據絕對統治的地位，將多神論斥爲僞教，認爲這種信仰將會下地獄，但多神論並沒有徹底消失。大多數人覺得至高的神太過遙遠陌生，無法顧及自己的世俗需求，所以表面上一神論宗教把其他神靈從大門趕出去，卻又從窗口迎回了祂們。如基督教就吸收了多神論中合理的部分，創造出自己的聖徒系統，每個基督教國家都有自己的守護聖徒，他們爲國家排憂解難，甚至幫助被守護國家贏得對其他基督教國家的戰爭。甚或各個城鎮、行業乃至各種疾病都有守護聖徒，你要治好疾病，就需要向不同疾病的守護聖徒祈禱。所以說，一神教雖然視多神教爲異端，但後者依然頑強地存在於各種一神教之中。

一神教的傳播與變通

一神教的信徒往往更加虔誠狂熱，一神論者以聖戰、暴力傳播自己的宗教，但多神論並沒有完全消失，往往依靠聖徒等繼續存在於一神教之中。

①

聖殿騎士團騎士

聖殿騎士團是中世紀天主教的軍事組織，身穿繪有紅色十字的白色長袍，是十字軍裡最具戰鬥力的部隊。

②

穆斯林戰士

阿拉伯人驍勇善戰，擁有堅定的信仰，他們的騎兵擁有最優質的戰馬，迅速崛起成為橫跨歐、亞、非三洲的帝國。

③

蘇格蘭守護聖徒——聖安德魯

聖安德魯是蘇格蘭的守護神，也是希臘、俄羅斯和羅馬尼亞的守護神，蘇格蘭的國旗聖安德魯十字旗，就是源於聖安德魯被釘死在 X 形十字架上。

④

聖喬治屠龍

聖喬治是英格蘭守護神，白底紅十字的聖喬治旗曾一度是英格蘭國旗。

07 善與惡的對立 二元論宗教的完美解釋

多神教中不但演化出一神教，也演化出二元論宗教。二元論以「善」和「惡」的鬥爭為主題，雖然今天二元論宗教基本上已經消亡，其思想卻被一神教所吸收。

神學的難題：為何邪惡存在？

多神教中除了演化出一神教外，也演化出二元論宗教。二元論宗教認為，世界上存在「善」與「惡」兩種獨立的力量，正義與邪惡為了控制世界而不斷鬥爭，整個世界都是這場鬥爭的一部分。

二元論能夠簡單明瞭地解決一個神學的基本問題：神如果真的無所不知、無所不能、事事完美，為何會允許邪惡持續存在？為什麼壞事會發生在好人身上？這個問題讓一神論者傷透了腦筋，一神教對此的解釋是：神允許人類擁有自由意志，如果世界上沒有邪惡，人類的自由意志也就失去了用武之地。這個令一神論者頭疼不已的問題，二元論者就有一個合乎邏輯的完美解釋，那就是掌控世界的，並非某個無所不知、無所不能、事事完美的神，因此世界上有不受控制的惡。

二元論宗教的失敗

二元論宗教曾經在西元前 1500 年到西元前 500 年之間興盛了千餘年。在中亞，一位名叫瑣羅亞斯德（也被稱為查拉圖斯特拉）的先知，創立了二元論宗教的代表：拜火教。拜火教教徒認為，整個世界就是善神阿胡拉・馬茲達和惡神安哥拉・曼紐之間的戰爭，人類應當站在善神一方。拜火教在瑣羅亞斯德死後 200 年，逐步為波斯帝國所接受，並在波斯第二帝國期間成為國教，催生了許多二元論宗教，如摩尼教和諾斯底教等。

在二元論宗教與一神論宗教的鬥爭中，前者幾乎徹底失敗，今天僅在印度和中東某些地方殘存。但二元論宗教的主要理論和思想被一神論吸收，以撒旦的形式在基督教和伊斯蘭教之間存在。

二元論宗教的發展

二元論宗教以善惡之戰的理論，解釋了神為什麼會允許邪惡存在的問題。二元論宗教曾經興盛了千餘年，即使到今天，其思想在一神論宗教中依舊存在。

瑣羅亞斯德

也被譯為查拉圖斯特拉，拜火教創始人，拜火教又稱祆教、火祆教、瑣羅亞斯德教。瑣羅亞斯德認為世界是善神和惡神不斷鬥爭的結果，善神最終會取得勝利。

善神阿胡拉・馬茲達標誌

祆教是古波斯帝國的國教，基督教出現之前中東勢力最強大的宗教。

摩尼教慶祝最重大的宗教節日「庇麻節」壁畫

摩尼教創始人摩尼

他聲稱自己是最後一位先知，最後被釘死在十字架上。摩尼教信仰延續了1000多年，在中國稱為明教。

上帝與撒旦

上帝與撒旦的戰鬥明顯受到二元論宗教的善惡之戰的影響，部分解決了無所不能的神為什麼容忍惡存在的問題。

08 擺脫神的意志 自然法則宗教

自然法則宗教認爲掌控世界的並非神靈，而是自然法則，主要以佛教爲代表。自然法則宗教今天還廣泛存在於亞非大陸，證明了這種信仰的生命力。

尊崇自然法則

目前我們所講述的宗教史都是神的歷史。事實上，西元前 1000 年，某些全新的宗教信仰在亞非大陸上出現，其中包括印度的佛教、耆那教，中國的道教和儒教，以及地中海地區的禁欲主義、犬儒主義和享樂主義。它們的共同特點是：雖然也相信神祇的存在，但並不認爲是神的意志管理世界，而是自然法則，神靈也像人類、動植物一樣，受到自然法則的支配。

佛教的創始

佛教是最重要的自然法則宗教，在今天也是世界三大信仰之一。釋迦牟尼是佛教文明的創始人，俗名喬達摩．悉達多。他是約西元前 500 年喜馬拉雅山麓一個小國的王子，在成長過程中被人類的苦難所打動，他看到人類有著無盡的煩惱和憂慮，無法從生老病死中解脫，因此拋家別妻，在古印度北部流浪，尋找脫離人類苦難的方法。

通過冥思苦想，喬達摩最終發現人類的苦難來自欲望，欲望總是會造成不滿，要擺脫欲望，接受現實，才能跳出這種惡性循環。爲了達到這種境界，喬達摩制定了一整套冥想的技巧，能夠錘鍊心靈，從而感受到事物的本質，排除種種欲求。他將思維訓練集中在一個問題上：我正在經歷的到底是什麼？

他將這些冥想技巧變成一系列的道德準則，要求自己的信徒不殺生、姦淫、盜竊等，並非神祇不允許這麼做，而是因爲這些行爲會讓欲望如同野火般生長，讓人一心追逐財富、權力和感官的享受。而將這些火焰徹底熄滅，就能進入完全滿足和寂靜的狀態之中，也就是所謂的涅槃，梵文的原意是熄滅。當達到涅槃之境，就能徹底從所有痛苦中得到解放。

解脫痛苦與實現欲望

自然法則宗教相信掌握世界的並不是神，而是自然法則，佛教就是最典型的自然法則宗教，在幫助信徒解脫痛苦的同時，自然法則宗教也需要神靈滿足他們的世俗欲望。

菩提樹下悟道成佛的釋迦牟尼

相傳釋迦牟尼在菩提樹下苦思七天七夜，在黎明時分目睹明星，終於悟出了解救蒼生的佛法。

佛陀涅槃

西元前 485 年，佛陀在拘尸那竭城娑羅雙樹間涅槃解脫，這幅圖中表現佛陀圓寂後，眾弟子悲傷痛悼的情景。

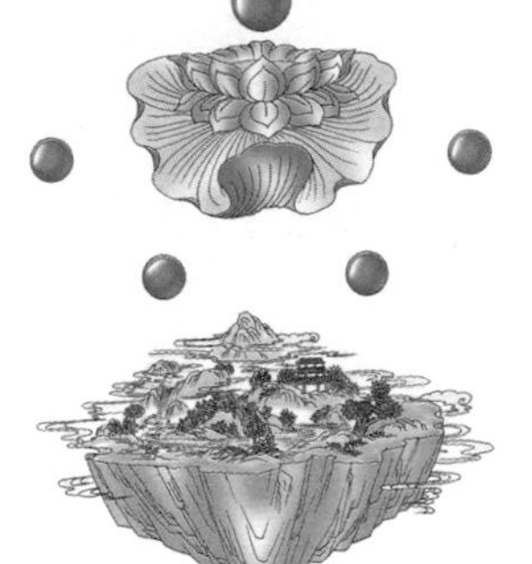

無餘涅槃

煩惱所依的肉體、苦果全部消失無餘的狀態，此稱無餘涅槃。

有餘涅槃

雖斷盡心的煩惱，但仍殘餘前世煩惱業之結果的肉體，此稱有餘涅槃。

解脫境界示意

涅槃，梵語為 Nirvana，它是由兩個單詞 NI 和 VANA 組成。NI 是否定分詞，VANA 則是波浪或貪欲之意，這裡的貪是連接今生和後世的紐帶，涅槃的最原始解釋即遠離（NI）貪欲和欲望。

神依舊強大

喬達摩・悉達多本人就達到了涅槃的境界，從痛苦中徹底解脫，因此他被稱為「佛陀」，意思是「覺悟者」。佛陀此後一生在古印度各地傳播佛法，希望能夠幫助所有人脫離苦海。佛陀將所有的教導總結成一條法則：痛苦來源於欲望，擺脫痛苦的唯一方法是擺脫欲望，而擺脫欲望就需要錘鍊心智，從中體驗到事物的本質。

一神論宗教的根本問題是「神祇存在，神要求我做什麼」，而佛教的最高原則是「苦難存在，我怎樣擺脫它」。在佛教和其他自然法則宗教中，教徒從沒有眞正擺脫對神的崇拜。隨著時間的流逝，能夠達到涅槃境界的諸佛菩薩愈來愈多，祂們雖然對自然法則並沒有影響，人生的痛苦與解脫也不由他們決定，但絕大多數佛教徒依舊崇拜祂們，除了希望祂們幫助自己達到涅槃之境，更希望祂們能夠解決一些世俗的請求。

其他的宗教也是如此，印度的佛教徒崇拜著印度教的神靈，西藏的佛教徒則崇拜著本教的神，日本的佛教徒崇拜著神道教的神，道教徒一邊希冀自己能夠長生不老，一邊也請求道教神靈處理自己的世俗欲望。神靈成為絕大多數無法達到涅槃彼岸的教徒，在追求世俗利益時討價還價的對象。所有古代自然法則宗教都具備這一特點。

六道輪迴

六道的眾生都屬於迷的境界，不能脫離生死，今生在這一道，來世可能托生在另一道，總之，在六道裡轉來轉去，永遠不能出去，所以叫六道輪迴。

09 對人的發現與崇拜 人文主義之流派

文藝復興之後，西方興起了形形色色的現代宗教。其中最重要的是對「人」的發現，換言之，新興宗教中最爲重要的就是人文主義宗教。

自由人文主義

人文主義宗教與一神教的差異在於，神學將人看作是秩序的一部分，而人文主義宗教則是對人的崇拜，準確地說，是崇拜智人的宗教。人文主義者堅信智人具有獨特而神聖的本性，並決定了宇宙所有事情的意義。

有鑒於對「人性」的定義不同，人文主義大致可分爲三個相對獨立的派系。今天最爲重要的人文主義學派就是自由人文主義，或稱自由主義。它意識到人的尊嚴，以及在道德和智慧上不受神的意志約束的自由，強調世界的最高價值是個體的自由。每當我們遇到道德困境，應注意傾聽內心的聲音，並遵循這些聲音的指示行事。

社會人文主義

人文主義第二大派系是社會人文主義，它認爲「人性」是集體而非個人的概念，所以神聖的並非每個人心中的聲音，而是整個智人群體和人與人之間的平等。自由人文主義和社會人文主義，究其本質都建立在一神論的基礎之上。自由人文主義相信人的本質自由而神聖，源自基督教靈魂「自由而永恆」；而社會人文主義人人平等的概念，也來自一神論的「在神的面前衆生平等」。

演化人文主義

唯一打破傳統一神教框架的人文主義學派是演化人文主義，如社會達爾文主義，發展到極致就是納粹主義。今天人們通常不認爲納粹思想是人文主義，但納粹其實也信仰人類的神聖性，認爲人類並非永恆不變，有可能進化成超人，也可能退化成非人，而納粹的目標是防止人類的滅絕，並極力讓人類進化爲超人。這也是他們從事的反人類罪行之理論來源。

人文主義宗教的興起

文藝復興之後，對人的發現，讓神靈退居次要位置，人文主義堅信人具有獨特而神聖的屬性，決定了宇宙間所有事情的意義，人文主義宗教開始興起。

佩脫拉克

文藝復興時期第一位人文主義者，被譽為「人文主義之父」，首先提出以「人的學問」代替「神的學問」。早期人文主義注重人性中的本能，宣導個性解放。

笛卡兒

歐洲近代哲學的奠基人之一，被譽為「近代哲學之父」，他開拓的歐洲理性主義傳統，留下了「我思故我在」的名言，闡發出人文主義的內涵。

人文主義宗教

	自由人文主義	社會人文主義	演化人文主義
共同點	智人擁有獨特而神聖的本質，與其他生物有根本的不同，所謂「至善」，乃是對整體人性有好處。		
不同點	「人性」是個人的概念，存在於每個智人當中。	人性是整體概念，存在於所有智人當中。	「人性」可變，有可能退化成非人，也可能進化成超人。
	最重要的使命，是保護每個智人內心的自由。	最重要的使命，是保護智人這個物種的平等。	最重要的使命，是保護人類，避免退化成非人，並且鼓勵進化成超人。

10 打造「完美人類」科學與倫理的兩難

納粹主義提出促使人類進化爲超人，這種思想隨著第三帝國的滅亡而成爲禁忌，然而，到了今天，人類開始用製造完美人類的計畫，再度對倫理學提出挑戰。

納粹主義的謬論

以納粹思想爲根基的演化人文主義並不是反人性，恰恰相反，納粹的反人類之根源是推崇人性，相信人有著巨大的潛力，而目的是爲了防止人類被毀滅，因此促使人類進化爲超人。他們以保護優秀的雅利安人、防止退化的名義，進行反人類的勾當，認爲只有通過自然選擇淘汰不合適的個人，才能讓人類繼續生存繁衍。

生物學家已經證明了納粹理論的荒謬，通過基因研究證實不同人類譜系之間的差異遠遠小於納粹的假設。但就 20 世紀 30 年代的科學認知水準來說，納粹這麼想並不奇怪。在當時，白人優越主義甚囂塵上，許多西方學者用最新的科學方法，號稱白人比非洲人或印第安人更聰明。

第二次世界大戰的失敗，讓種族主義和納粹一起走上了絕路，演化種族主義成爲禁忌，沒有人敢再提出要將人文主義和演化論結合。但在 21 世紀的今天，某些改變正在發生，愈來愈多人開始嘗試利用生物工程來創造「超人」。

「完美人類」與倫理危機

生物學、生命科學、基因工程在幾十年內取得突飛猛進的發展，雖然沒有人再說要淘汰劣等種族或民族，但許多人正嘗試用生命科學和基因工程來創造「完美人類」。

通過「人類基因組計畫」，全球科學家已經聯手繪製出人類基因組圖譜。更有甚者，某些科學家開始研究如何合成一個完整的人類基因組，通過「基因剪刀」，將健康、聰明、美麗等品質集合到某個人身上，但從倫理學、法律學上來說爭議巨大。坦白地說，生命科學的全新進展，也許目前的政治系統再也不能對基因學的最新發展視而不見了。

從「超人」到「完美人類」

納粹曾經從種族主義謬論出發，想製造超人，雖然這種思想隨著納粹滅亡而成為禁忌，但今日通過基因技術創造「完美人類」，是又一次對倫理學發起衝擊。

納粹對猶太人的迫害

納粹主義從演化種族主義謬論出發，將猶太人、吉普賽人等視為「劣等人種」，進行迫害甚至種族滅絕。

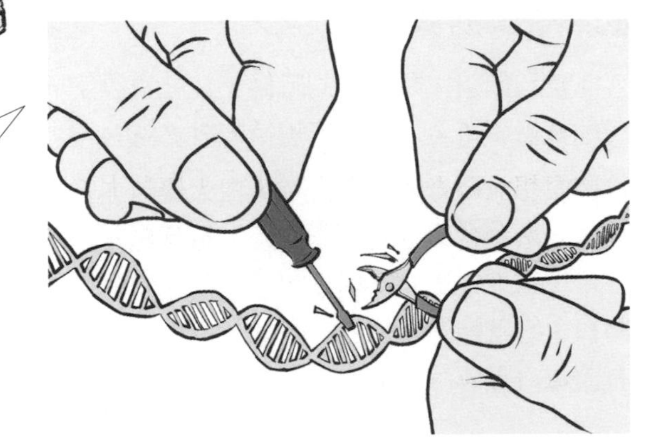

基因剪刀

人類已經通過基因組計畫完成測序工作，而基因剪刀能將問題基因準確切除，並代之以好的基因。基因剪刀即限制性核酸內切酶，能夠修剪植物、動物或人類的問題基因，但在改造人類基因方面引起巨大的倫理爭議。

超人

製造出完美人類對現代科技來說，已經不再是異想天開，但其中蘊含著巨大的法律和道德風險。

第十三章
歷史的選擇

01 歷史的趨向
究竟歷史是必然或偶然

歷史的大勢呈現出一種螺旋上升的形態，但具體的歷史事件則如同一齣沒有事先排練的戲劇，沒有人能安排好情節，在結束之前更不會有人知道結局。

必然性中的偶然

當我們讀人類歷史的時候，往往會設定一個條件：歷史是有規律可循的，長期來看，符合歷史發展規律者就必然會發生，因此也就有了歷史的必然性。縱觀歷史長河，從無數小文化、少數的大文化，最後到全球單一文化，這個過程成為人類歷史必然的經歷。但當我們說到全球單一文化時，卻未必能確定它會是現在世界上的任何一種文化。歷史在每一個關鍵的時間點都如同處於十字路口；它就像是在特定的時間、地點，由不同的人參與上演的一齣齣戲劇，只有演員沒有導演，也無法事先安排好情節，在演出結束前沒有人能知道結局。

歷史事件無法找出必然結果

西元 600 年，一群還居住在沙漠裡的阿拉伯部落毫不起眼，沒有人會預料到他們能在未來幾十年內，建立起從大西洋到印度的龐大帝國，甚至當時拜占庭帝國如果能夠抵擋住第一波進攻，阿拉伯帝國也許就再也無法崛起；英國金雀花王朝的國王理查三世因為一顆釘子，馬失前蹄，導致戰役失敗，從此英格蘭進入了都鐸王朝的時代；1917 年二月革命前夕，布爾什維克黨只有 2.4 萬人，幾乎沒有人會認為它能在一年多以後接掌整個俄國的政權。歷史在某些關頭，往往會選擇一些完全出人意料的道路。

歷史的發展出人意料

雖然歷史的發展有必然的趨勢，但具體的歷史事件並無法找到必然性，歷史在某些關頭，往往會走上完全出人意料的道路。

伊斯蘭軍隊戰士

阿拉伯人在伊斯蘭教的感召下，突然在中東崛起，建立起橫跨歐、亞、非三洲的阿拉伯帝國，極盛時期人口達到 4400 萬，改變了周邊許多民族的發展進程。

列寧在十月革命勝利之後發表演說

在 1917 年二月革命前夕，布爾什維克黨只有 2.4 萬人，僅僅一年多之後，它在有著 1.6 億人口的俄國，建立了世界上第一個無產階級政權。

必然性和偶然性的辯證關係

1. 必然性通過大量的偶然性表現出來，由此為自己開闢道路，沒有脫離偶然性的純粹必然性。
2. 偶然性乃是必然性的表現形式和補充，偶然性背後總是隱藏著必然性，沒有脫離必然性的純粹偶然性。
3. 必然性和偶然性在一定條件下可以相互轉化。

02 人類頑固的思維 事後諸葛的錯誤

事後諸葛亮是最頑固的思維錯誤之一，可以恰如其分地稱之爲「我早知道現象」，也就是事後回顧時，一切都顯得是可以理解、無法避免的，但實際上我們都是從結果倒推原因的結果論者。

後見之明偏誤

實際上眞正最了解當時情況的人，也就是活在當時的歷史人物，正是最無法看清歷史走向的人。直到今天依然如此，我們可以記下自己對未來的預測，或者近期的日記、剪報、備忘錄，關注媒體、精英們對於政治、經濟、股市的預測，你會發現事實與預測之間的差距有多麼離譜。

今天，任何人重讀 2007 年的經濟預測，都會驚訝於當時的專家們對 2008 年到 2010 年經濟前景的展望是多麼樂觀，而僅僅一年，金融危機爆發了。如果今天回顧經濟危機：同樣的專家或歷史學家會言之鑿鑿地給出一堆原因，諸如氾濫的貨幣流動性、信貸的過度膨脹、腐敗的信貸評級機構、隨意的自由資本規定等，回顧經濟危機，其發生似乎是不可避免的，然而全世界的經濟學家，數以十萬計，卻幾乎沒有人預測到危機的發生。

人們並未從歷史中學到教訓

事後的解釋總比事前的預測容易太多了。現在看來，1914 年塞拉耶佛的一聲槍響將會徹底改變世界，並奪取上千萬人的生命。我們依據塞拉耶佛事件推論出當初發動戰爭的原因，然而在 1914 年，沒有人擔心這樣的事情會發生，它聽起來簡直是荒誕不經。

事後諸葛亮的核心問題在於我們都是結果論者，所以一件我們直接參與的事情如果產生糟糕（或者好的）結果，肯定是哪個地方做錯了（或者做對了）。人們總會陷入這樣的思維誤區：事情發生之後，以我們覺得有道理的邏輯來敘述整個事件。當事實的發展不如我們想像般進行時，人們總是傾向於修改自己的記憶，以使自己看起來不是那麼愚蠢。因此，黑格爾曾經評論道，人類從歷史中學到的唯一教訓，就是沒有從歷史中學到任何教訓。

從結果倒推原因的誤區

當我們回顧歷史事件時，可以為歷史找到一大堆原因，但事實上，幾乎沒有人能事前預測到歷史事件，往往陷入了事後諸葛亮的誤區。

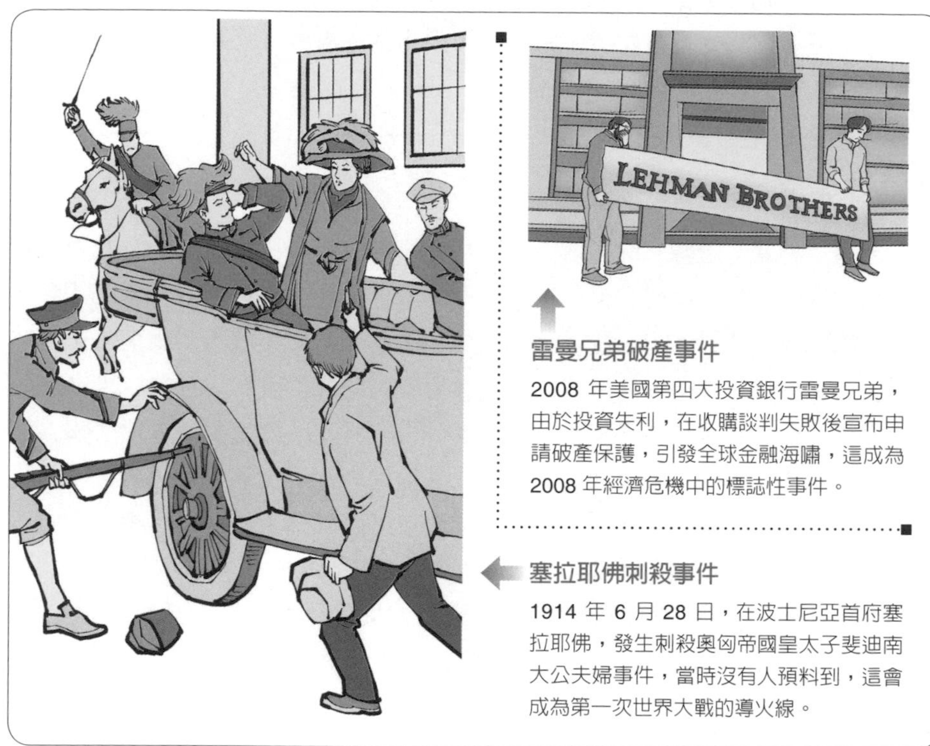

雷曼兄弟破產事件

2008 年美國第四大投資銀行雷曼兄弟，由於投資失利，在收購談判失敗後宣布申請破產保護，引發全球金融海嘯，這成為 2008 年經濟危機中的標誌性事件。

塞拉耶佛刺殺事件

1914 年 6 月 28 日，在波士尼亞首府塞拉耶佛，發生刺殺奧匈帝國皇太子斐迪南大公夫婦事件，當時沒有人預料到，這會成為第一次世界大戰的導火線。

次貸危機示意圖

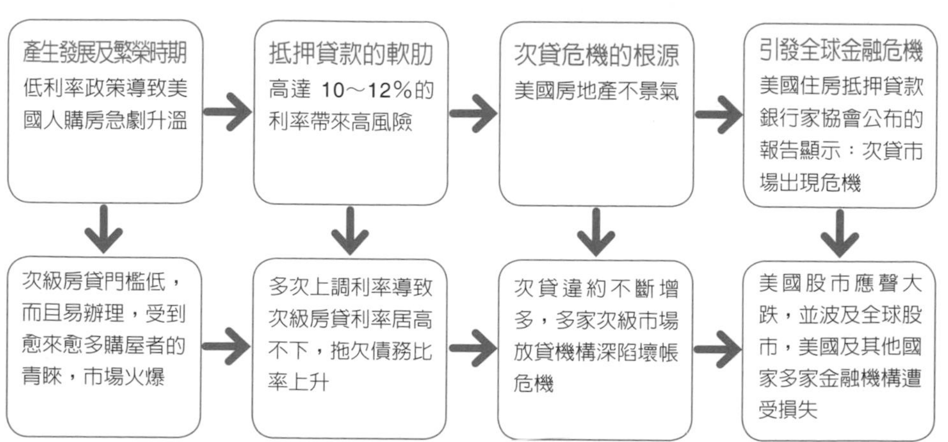

03 歷史無法預測 向歷史學習

歷史不是物理學或者化學，無法做出準確的預測，也不能解釋得斬釘截鐵，更不可能預測得十拿九穩。如果我們預測某件事會發生而採取措施，那麼這件事就可能永遠不會發生。

永遠不會發生的歷史

在同一時間，影響歷史的多方力量相互牽制、影響，往往某一方的力量有了極小的改變，就會使得結果有巨大的不同。更微妙的是，歷史還是個「會受到預測的影響而改變」的系統，因此就更無法預測，假如我們預測某一天肯定會發生某件事情，那麼提前做出改變就會導致力量發生巨大變化，結果事情便不會發生。假如路易十六預測到 1789 年召開的「三級會議」會導致法國大革命爆發，最後走上由自己改造的斷頭臺，那麼他肯定不會通過三級會議來解決財政危機，也許還對會議代表進行武力鎮壓，最終的結果可能是法國大革命不會爆發，起碼不會在 1789 年爆發。

從定義上說，革命就是無法預測，研究蘇聯的學者沒有人能預測到 1990 年蘇聯解體，中東問題專家也沒有預測到 2011 年的阿拉伯之春，而如果當權者眞能預測到，革命很有可能就永遠不會成眞。

我們為什麼研究歷史？

歷史學家自嘲人類不能從歷史中汲取任何教訓，而研究歷史也不是爲了預知未來，而是要開闊視野，當下的人類社會無論哪種形態，都可以在過去找到來源，了解這個發軔到現在的演變過程，對於當下社會形態可能給出很好的解釋。從而解釋我們爲什麼存在，爲何以現在這種形態存在及是否合理。這種解釋能夠使人類更主動地把握自身的生存狀態與未來走向，而不是渾渾噩噩地處於不自覺的演進潮流之中。

通過對歷史的研究，我們也知道現在的種種現象絕非「自然而然」，更不是無法避免，未來的可能性遠遠超乎我們的想像。

未來遠超乎想像

歷史不但無法預測，更不可能事先預測，如果我們事先知道歷史事件而進行改變，那麼事件將不會發生。我們研究歷史，目的是為了更主動地把握自己的生存狀態，未來的可能性遠超乎我們的想像。

理查三世

英格蘭約克王朝的末代國王，相傳因為一個釘子導致馬失前蹄被殺。留下了混沌理論，常常用來說明初始條件的敏感依賴性之著名歌謠：

丟失了一個釘子，壞了一隻蹄鐵；
壞了一隻蹄鐵，折了一匹戰馬；
折了一匹戰馬，傷了一位騎士；
傷了一位騎士，輸了一場戰鬥；
輸了一場戰鬥，亡了一個帝國。

路易十六被送上斷頭臺

路易十六本人並不殘暴專制，而是性格溫和、優柔寡斷。在法國大革命的狂瀾中，路易十六步步退讓，如果他不惜代價從開始就堅決抵抗，甚至可以在有生之年保住王位。

3

蘇聯解體漫畫

蘇聯解體是 20 世紀後半期「一次突發的雪崩」，西方沒有人預料到整個蘇聯會一夜之間分崩離析，這被稱為最出人意料的事件。

04 歷史的選擇 迷因學與博弈論

人類雖然無法解釋歷史做出的選擇，但能夠確定的是：歷史的選擇從來不是把人類的利益放在第一位。

主流文化只是勝利者所定義

隨著歷史的發展，沒有任何證據顯示人類的福祉必然會隨之提升，也沒有任何證據表明對人類有益的文化就能成功擴張，而對人類有害的文化就會消失。我們現在的主流文化，不過是勝利者定義的「正確」文化。基督徒相信，基督教擊敗拜火教對全人類是有益的，但如果我們並不同意基督教的世界觀，那麼就沒有理由同意他們的想法。

迷因學認為，文化就像是寄生蟲，人類則是不知情的宿主，迷因是文化的遺傳因數，如同遺傳因數中的基因，也經由複製（模仿）、變異與選擇的過程而演化。它們從一個宿主傳播到另一個宿主，有時讓宿主變得衰弱，甚至有時會導致宿主喪命。迷因塑造了我們的心靈與文化，但並不關心宿主的利益。

無情的歷史女神

博弈論相對來說更為大眾所熟知，博弈論認為在有許多位參與者的時候，某些概念和行為模式也許對「所有」參與者都有害，而這種方法就會延續下去，軍備競賽就是一個典型的例子。一戰之前著名的「無畏艦競賽」，英國和德國為了取得海軍優勢，進行瘋狂的無畏艦建造競賽，在世界其他範圍也引發了不同規模的造艦狂潮。當這一過程結束的時候，雙方的軍事均衡很可能和過去沒什麼差別，但可以用於教育或醫療的幾十億美元經費，就這樣浪費在武器上了。

不管歷史發展的動力如何，其軌跡證明，演化從來不在意生物個體是否幸福，更沒有證據證明歷史為了人類的利益而推進，歷史上最成功的文化對智人來說，不一定是最好的文化。歷史女神克利俄就如同希臘神話中那樣，沒有對人類的愛心，卻有著很強的報復心。

歷史從不以人類利益為優先

歷史的發展證明，歷史從不以人類的利益為發展對象，歷史女神對人類是冷酷無情的，沒有任何證據證明最成功的文化就是對智人而言最好的文化。

理查・道金斯　英國著名演化生物學家、動物行為學家，牛津大學教授，出版《自私的基因》，提出迷因學說，認為演化的動力不是個人、全人類或各個物種，而是複製者。這裡的複製者包括基因，也包括文化傳承的「迷因」。

歷史女神克利俄　希臘神話中的繆斯九女神之一，掌管歷史和英雄史詩。她被描繪成拿著一卷羊皮紙或書寫紙的形象。

什麼是策略博弈？

1. 博弈論是關於相互作用情況下的理性行為的科學。
2. 策略思考本質上涉及與他人的相互影響。其他人在同一時間，對同一情形進行類似的思考。
3. 理性的行為是指：明白自己的目的和偏好，同時了解自己行動的限制和約束，然後以精心策劃的方式選擇行為，按照自己的標準做到最好。
4. 博弈論對理性的行為又從新的角度，賦予新的含義——與其他同樣具有理性的決策者，進行相互作用。

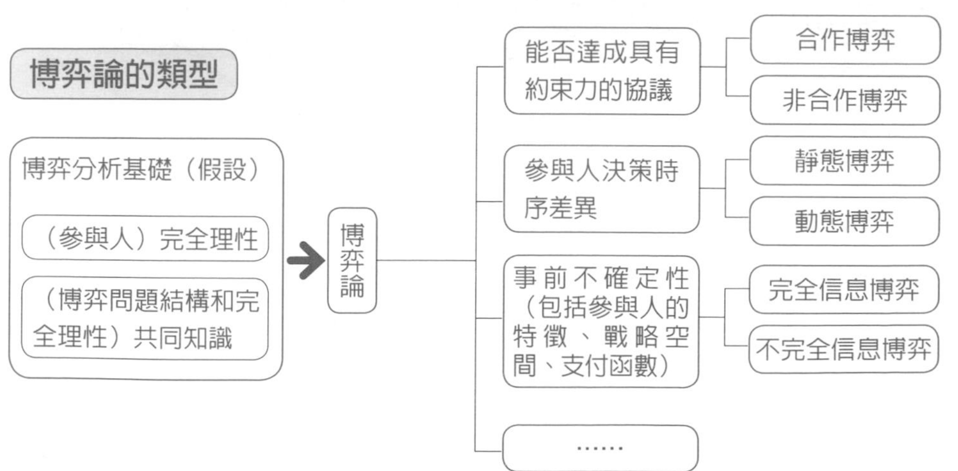

第四部

突破性的進展

第十四章
知識的狂潮

01 開啓科學革命 科技讓人類飛速進步

大約在西元 1500 年，歷史做出了最爲重大的選擇，改變的不只是人類的命運，而是地球上所有生命的命運，我們將它稱爲「科學革命」。

空前的發展

人類的力量在過去 500 年間有了前所未有的增長，西元 1500 年，也就是在科技革命的前夕，全球智人的數量大約是 5 億，而到了 21 世紀的今天，全世界有 70 億人口，能量消耗增長了 115 倍，生產力則驚人地增長了 240 倍。

西元 1500 年，超過 10 萬人口的大城市還寥寥無幾，大多數的建築材料還是泥土、木材和稻草，三層樓已經是很高的建築，而在今天，人口過千萬的大城市在地球上並不罕見，高聳入雲的摩天大樓代表著水泥森林的極致，從人造衛星上可以看到大陸上徹夜不熄的城市燈光帶。

科技進步有其背景

西元 1783 年，法國人孟格菲兄弟發明了熱氣球，在巴黎實現第一次以熱氣球載人的空中飛行。1903 年，美國人萊特兄弟發明了第一架比空氣重的飛機，而到了 1969 年 7 月 20 日，人類第一次登上月球。在過去 500 年間，人類歷史最大的突破是在 1945 年 7 月 16 日上午 5 時 29 分 45 秒，美國科學家在新墨西哥的沙漠讓第一顆原子彈爆炸，從這一刻起，人類首次有了終結人類歷史的能力。

是什麼使得人類在過去 500 年間獲得如此飛速的進步？答案就是科學革命。科學革命與這些傳統相比，有三個極爲重要的特點：首先承認自己的無知，其次運用了數學工具，最後從技術上實現。

科學革命帶來巨變

科學革命讓人類在過去 500 年間發生的變化，比從猿進化到人的變化都多。人類社會超越常規的快速發展，引發了人類甚至整個生物圈命運的巨大改變。

茅草屋

農業革命之後，大部分人就住在用泥土、木材和稻草建成的茅草屋裡，直到現代，茅草屋一直是人類主要的住宅樣式。

帝國大廈

美國紐約的標誌性建築物之一，保持世界最高建築地位最久的摩天大樓。19 世紀起摩天大樓開始出現，現已成為人類城市文明的象徵。

麥哲倫探險隊中的「維多利亞」號

「維多利亞」號是麥哲倫探險船隊中，唯一完成環球航行回到西班牙的海船。這一航行歷時 1082 天。

噴氣式客機

目前最快的飛機環球紀錄，是由法國航空公司的協和式飛機於 1995 年 8 月 15 日到 16 日創下的，費時 31 小時 27 分 49 秒。

人類登月

西元 1969 年 7 月 21 日，美國太空人阿姆斯壯登上月球，實現了幾千年來飛天登月的夢想。

廣島原子彈爆炸

1945 年 8 月 6 日，美國在日本廣島投下第一顆原子彈，造成巨大的人員傷亡和財產損失，標誌著人類進入核武器時代。人類第一次掌握了摧毀自己的能力。

02 科學的回饋循環 通過科技提升人類的力量

前現代社會的人認爲現有社會就是完美的，沒什麼需要改變之處。科技革命通過提升人類的能力獲得巨大能量，並從科學—政治—經濟迴圈中取得了超越常規的驚人發展。

維持統治合法化

從前現代社會到科學革命，人類認知上最大的突破就是不再認爲現有的社會是完美的。在科技革命之前，典型的前現代統治者和富有的贊助者，不會將金錢和資源投入科學研究，而是用來資助詩人、學者和神父，希冀從他們那裡得到維持統治合法化、維護社會秩序的力量，而不是獲得新的能力。

在西方，中世紀的神權籠罩在世俗權力之上，國王登基必須由教會行加冕禮，國王是上帝在塵世的代表，上帝的恩典使之爲王，教會是封建制度不可或缺的一部分；在中國，皇帝的權力來自上天，是天命所歸，但需要遵循儒家禮法規定，因此崇敬孔子、受儒家思想系統教育的學者也會闡發種種理論，成爲王朝思想統治的根基。

科學、政治和經濟的迴圈

在前現代社會中，人類普遍認爲目前的社會就是理想的，並不相信能夠在醫療、軍事和經濟方面再有什麼新的突破。

而在過去五百年之中，隨著愈來愈多的證據顯示，人類更加相信可以通過科學研究提升人類的能力，並且從中獲得巨大的新力量，各國政府每年也投入鉅資從事科技創新。而藉由實踐愈是證明了這個想法，投入到科學研究中的資源就愈多，科學革命也就更加蓬勃發展。

科學革命並不是實驗室裡不食人間煙火的純學術活動，科學研究的方向和進展，很大程度上是由政治、經濟、軍事所決定，反之，科學研究也爲贊助者帶來新的能力，獲得新的資源，其中部分資源會再被用來研發新的能力，形成了科學、政治和經濟的基本正向回饋迴圈。

科技帶來了新的力量

在前現代社會，人們普遍認為現有社會是完美的，統治者和贊助者以維持統治合法化為己任；而科技革命爆發之後，人們相信可以通過科學研究提升人類的能力，實現科學、政治和經濟的正向迴圈。

前現代社會統治者和富有的贊助者，將金錢和資源資助學者、神父和詩人，用來維護統治合法化。

查理曼加冕

西元 800 年，教皇李奧三世為查理大帝加冕，開創中世紀君權神授的局面。

中國的祭天

皇帝的權力來自上天，但要遵循儒家禮法規定，儒家學者也闡發種種理論，以此鞏固王朝的統治。

《摩奴法典》

印度教經典《摩奴法典》規定印度人分為四大種姓，分別由梵天神的不同部位所創造，形成了一個穩定的權力關係。

三次科技革命對照表

項目＼工業革命	第一次工業革命	第二次科技革命	第三次新科技革命
起止時間	18 世紀 60 年代～ 19 世紀上半葉	19 世紀 70 年代～ 20 世紀初	20 世紀 4、50 年代～ 現在
主要標誌	蒸汽機的改良	電力的廣泛應用	電腦
理論基礎	牛頓力學	法拉第的電磁學	愛因斯坦的相對論
領先國家	英國	美國、德國	美國
進入時代	蒸汽時代	電氣時代	資訊時代
交通工具	火車、汽船（輪船）	汽車、電車、飛艇、飛機	太空船
新興工業部門	交通運輸業、冶金業、鋼鐵工業	石油化工、汽車製造、電力工業	資訊科技產業、核工業、航太工業、電子工業
動力	蒸汽機	發電機、馬達和內燃機	發電機、馬達和內燃機
能源	煤炭	電力、石油	核能

03 科學的第一個大發現 承認自己的無知

前現代社會都會發明一套自洽的理論來解釋世界，當人們開始承認自己的無知，承認「對最重要的問題毫無所知」時，科學的大門也就向人類打開了。

無知的革命

爲什麼現代人愈來愈相信自己能夠依靠科學研究獲得新的能力？什麼促成了科學、政治和經濟的結合？下面將闡述這一問題。

認眞來說，科學革命的首要條件不是「知識的革命」，而是「無知的革命」。眞正點燃科學革命星星之火的，就在於人類終於發現並承認「人類對於最重要的問題實際上毫無所知」。

對於前現代社會的各種知識體系而言，它們的一個假設就是世界上所有重要的事情都已經爲人或神靈所知，對於信徒而言，只需要研習經典和傳統，加以正確地理解，就能獲得知識。那麼，經典中沒有涉及的知識呢？這種情況，要不就是某個人對某些事情無知，只需要詢問智者或翻閱經典便能找到答案；要不就是經典沒有涉及的事情對人類來說不重要。

現代科學的態度

雖然前現代社會已經盡量創造一整套自洽的理論來解釋世界，但事情要複雜得多。每個時代都會有些離經叛道者，試圖論證某些事情是非常重要的，這樣的人在科學革命之前往往被邊緣化，甚至被迫害，而科學革命就是一場「無知的革命」。

現代科學是一套獨特的體系，首先發現並願意承認人類對世界的無知，是科學革命的第一個大發現。更爲重要的是，科學家即使在已經掌握相當多的知識、對世界有了深入了解之後，也不會宣稱自己完全擺脫無知、徹底了解世界，而是以更積極的態度去探索新知識，這使得科學成爲一個沒有封頂的工程。時至今日，現代文化已經比過去的任何文化都更願意承認自己的無知，幾乎形成類似宗教的信仰，在一定程度上也取代了對絕對眞理的信念。

承認無知打開科學大門

當人類擺脫神靈的束縛，開始承認自己無知的時候，就是人類科學革命的第一個大發現。

古希臘天文學家托勒密與其地心說示意圖

義大利天文學家哥白尼與其日心說體系圖

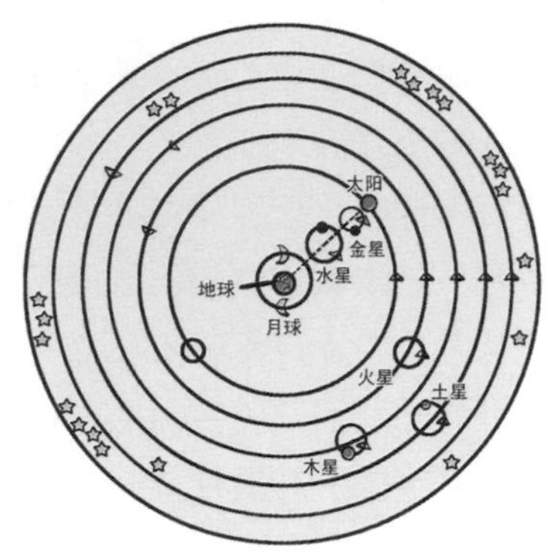

美國天文學家哈伯與其膨脹宇宙學說

英國天文學家霍金與大爆炸理論下的宇宙全景圖

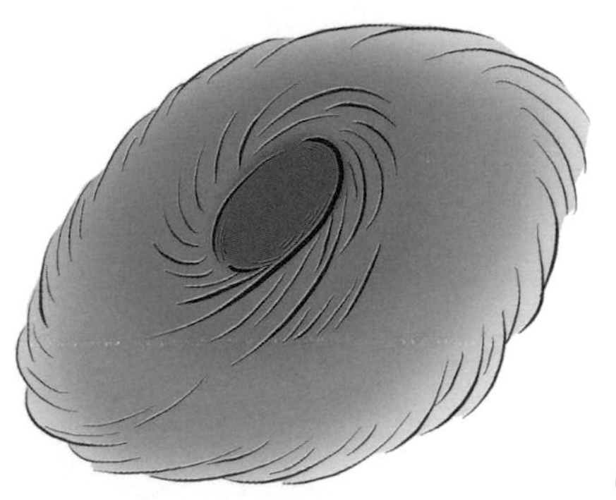

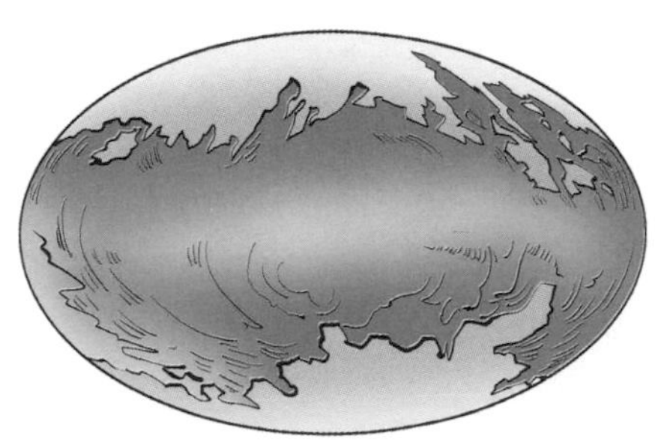

04 新的科學研究體系 數學成為研究利器

為了研究新知識，科學家開始藉由觀察和實踐來驗證新知識，在艾薩克·牛頓創造了數學工具之後，人類終於擁有工具來進行科學研究。

運用數學工具進行實證

在承認自己無知之後，科學家開始通過新的研究方法來發現新知識。傳統的舊方式已不再適用於新的研究，各種神學經典中一直都是以文字描述這個世界，而不是以數學公式和圖表的方式。新的科學研究體系也形成了新教條，即開始收集實證觀察的結果，並依靠數學工具進行整合分析。

雖然人類從進化完成之後，就一直在進行實證觀察，但科學革命之前它的重要性很有限，科學家從新的觀察和實踐中學習，如果觀察到的結果與書本的傳統發生抵牾，科學優先承認觀察結果，而不是書本的著作者有多麼偉大。

觀察結果本身還不能稱為知識，為了理解世界，還需要將大量觀察的結果以某種方式聯繫起來，創造出完整的理論。這一工作是由牛頓所完成。

建立在數學基礎上的科學革命

傳統的知識一般以敘事方式表述理論，而科學則以數學來建立理論。1687年，英國科學家牛頓發表了《自然哲學的數學原理》，這是現代史上最重要的書籍之一，牛頓提出三大運動定律，只運用三個簡單的數學方程式，就解釋了宏觀物體機械運動的基本理論，從此，無論是蘋果為何落地，還是彗星如何圍繞太陽運轉，只要將資料填入方程式中就能得到正確的答案。即使有的領域無法用方程式來解釋，但科學家也能夠使用數學工具、科學統計與概率分析來整合數據，從而愈來愈接近精密科學。

隨著科學革命席捲整個世界，數學已經成了科學研究不可或缺的工具。歷史上的學者都認為數學是一門神祕的學科，在中世紀歐洲主要傳授的是邏輯學、語法和修辭，學術的中心是神學，而在今天，所有科學專業的學生都必須學習和掌握相應的數學知識，修辭學、邏輯學等已經乏人問津。

以數學為工具

在探索未知世界的過程中，舊的研究方式已不再適用，當牛頓發表《自然哲學的數學原理》之後，數學成為科學研究不可或缺的工具，打開了科學體系的大門。

艾薩克・牛頓

英國偉大的物理學家、數學家和天文學家，近代科學的鼻祖，他發現了萬有引力定律、三大運動定律和微積分，奠定了現代工程學基礎，提出現代理性價值觀和方法論。

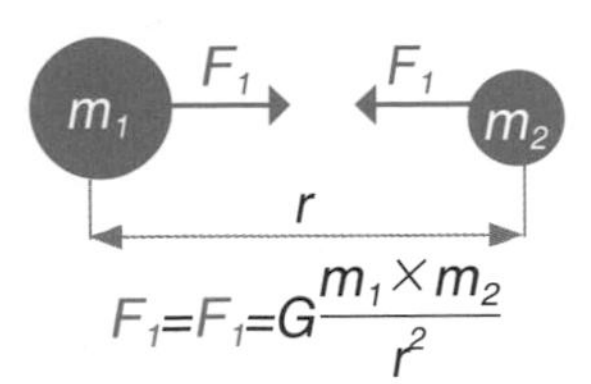

萬有引力定律公式

任意兩個質點有通過連心線方向上的力相互吸引。該引力大小與它們品質的乘積成正比，與它們距離的平方成反比。

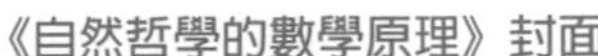

《自然哲學的數學原理》封面

這是第一次科學革命的集大成之作，書中介紹力學三大定律和萬有引力定律，也是人類掌握的第一個完整科學的宇宙論和科學理論體系，影響了經典自然科學的所有領域。

牛頓發現萬有引力定律的過程

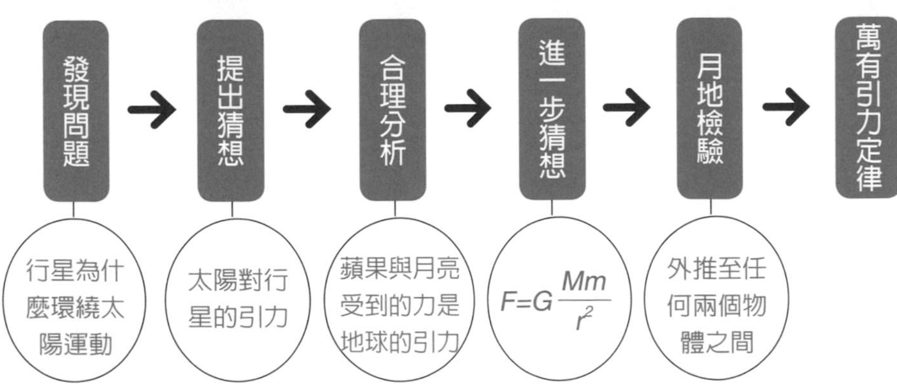

05 統計學的威力 統計時代的來臨

數學有著無與倫比的精確性，但在生物學、經濟學、心理學等更加複雜的領域裡，公式是無濟於事的。於是從數學中發展出新的分支：統計學。

精算學的誕生

統計學源自義大利文「Stato」，兼有「國家」和「情況」的意義，統計學的最初含義是「國務活動人員感興趣的事實的彙集」，它一開始就是國情學。英國數學家約翰·葛蘭特以 1604 年倫敦教會每週發表的《死亡公報》為研究材料，在 1662 年發表了《關於死亡公報的自然和政治觀察》，分析了 60 年來倫敦居民死亡的原因與人口變動的關係，對死亡率和人口壽命作出分析，並第一次編制「生命表」，引起普遍的關注。

1744 年，兩位蘇格蘭長老會教士打算成立一個壽險基金，為神職人員的遺孀和孤兒提供補助，他們分析了幾千份死亡紀錄，計算不同年齡段的人過世的概率，他們計算到 1765 年會有 58348 英鎊的基金，而該年實際有 58347 英鎊，可說精確到不可思議，這些概率計算後來成為精算學的基礎，也成了人口統計學的重要概念。

統計學成為科學的基礎

很快地，達爾文運用人口統計學建立進化論的基礎，雖然沒有公式可以預測，某種條件下什麼樣的生物可能演化，但遺傳學家以概率計算，來了解某個特定族群產生特定突變的可能性。概率模型成為經濟學、社會學、心理學、政治學及其他自然科學和社會科學的基礎。

統計學之於科學革命的意義在於，它不但給出結論，而且還有結論的不確定性的準確度量。時至今日，日常生活和一切社會生活都離不開統計學，以至於有人將我們的時代稱為「統計時代」。就連心理學、語言學這種傳統上屬於人文領域的學科，也愈來愈依賴數學，試圖讓自己看起來有「精確科學」的樣子，也就是使用了數學工具的學科。

統計為王

統計學自 17 世紀中葉被發明之後，成為各個學術學科的基礎，以至於時至今日，我們所有的一切生活都離不開統計學，「統計時代」就是對統計學重要性做出的生動概括。

威廉・配第

英國古典政治經濟學的創始人，17 世紀中葉，威廉・配第出版《政治算術》，標誌著統計學的誕生，將統計學領入了收集和分析資料的時代。

約翰・葛蘭特

英國統計學家，人口統計學的創始人。他在 1662 年出版《關於死亡公報的自然和政治觀察》，書中提出「數據簡約」和「數據可信性」的問題，在統計學史上具有開拓性的意義。他與威廉・配第一起被尊為統計學體系的創立者。

30
25
20
15
10
5
0
頻數
組距

統計學圖表

利用點、線、面、體等繪製成幾何圖形，以表示各種數量增減的關係及變動情況的工具，其特點是形象具體、簡明生動、一目了然。

06 對知識的考驗 依靠科學獲得力量

在現代科學體系之中，一般檢驗知識的方法是驗證其「有用性」，只有能夠帶來新技術、新力量的知識，才能被認定爲眞正的知識，而考驗關鍵則在於能否讓人類獲得力量。

培根的貢獻

「知識就是力量」這句名言，是 1620 年英國哲學家法蘭西斯・培根在《新工具》一書中所提出。要注意對「知識」的考驗，並不在於究竟是否眞實，而是能否讓人類獲得力量或權力。

科學與技術的關聯十分密切，今天的人們常常混淆科學與技術的關聯，認爲沒有科學研究就不可能開發出新技術，實際上，科學與技術曾經是兩個幾乎完全不同的領域。培根最早將這兩者聯繫起來，到了最近 200 年才眞正產生緊密的聯繫。過去大多數的統治者希望有一支強大的軍隊，大商賈希望有賺大錢的企業，但他們不會爲了開發新技術而提供研究資金，統治者資助教育機構，目的只是爲了傳播傳統知識，強化現行的秩序。

誠然，在前現代社會也經常有人發展出新科技，但這些新技術通常是由沒有接受過正式教育的工匠不斷試錯的結果，並非學者經過系統化的科學研究所得，因此技術革新極爲緩慢。

數學的語言帶來科技革命

對絕大多數人來說，要理解運用現代科學並不容易。因爲一切科學技術的基礎和手段是數學，缺少了它就無法準確刻畫客觀事物的變化，更不能由已知數據推斷出其他資料，它已經構成了當代人類文明的基石。

思考數學並不是智人大腦所擅長的事情，全球 70 億人之中，只有少數人能夠眞正理解量子力學、分子遺傳學或微觀經濟學。但這並不妨礙科學備受人們推崇，因爲科學加強人們的能力乃是有目共睹，就像政治家和將軍雖然可能不懂核子物理，但他們都很清楚核武器能夠發揮什麼樣的作用。

科學體系的作用

科學技術讓人類掌握了愈來愈巨大的力量，現代科學與政治、經濟的結合，為社會帶來翻天覆地的變化，幾百年來，科技革命帶來的力量比人類其他時期力量的總和還大。

法蘭西斯．培根

英國哲學家，散文家。他提出了「知識就是力量」的名言，也是科學研究程序進行邏輯化的先驅，被馬克思譽為「近代實驗科學的鼻祖」，是現代科學之父。

拿破崙檢閱部隊

直到 1800 年，絕大多數統治者依然希望擁有一支強大的軍隊，而完全不會想到要為物理學、生物學、經濟學等研究提供資金。

現實世界與數學模型的關係

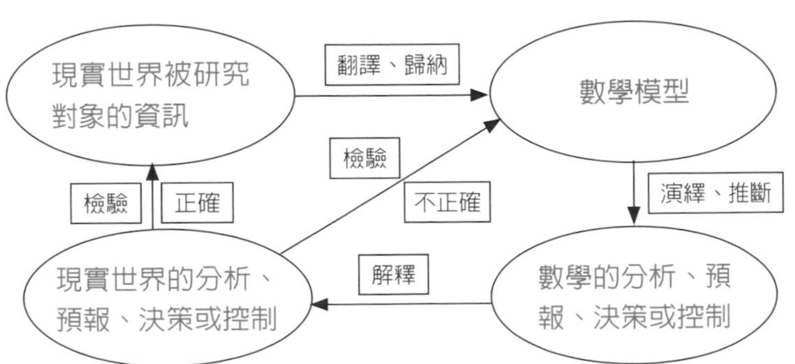

07 戰爭與進步的矛盾 軍事科技改變生活

最能體現古今差異的就是戰爭，科技往往先被運用於戰爭，在帶來災難的同時，又改變了我們的生活，成爲社會進步不可或缺的一大推動力。

今天的戰爭是科學的產物

沒有什麼比戰爭更能體現古今的差別了，因爲 19 世紀以來，絕大部分科技的進步都會先被應用於戰爭。在 19 世紀以前，絕大部分具有革命意義的軍事成果來源於組織方式的革新，而非技術變革，統治者通常也不會要求通過提升技術含量來擊敗對手。事實上，某些戰爭之中，被征服的失敗者往往比征服者擁有更先進的軍事和民用科技，直到拿破崙戰爭年代，後勤對戰爭的影響依然遠大於科技。

到了南北戰爭時期，科技對軍事的影響日益顯現。第一次世界大戰時，科學家被各國政治家寄予厚望，希望他們研發的新武器能夠打破僵局，挽救國家。源源不斷的先進武器被設計出來：戰鬥機、毒氣、坦克、潛艇，以及殺人效率更高的大炮、機槍和炸彈等。而到了第二次世界大戰，軍事科技獲得了空前的發展，今天許多高科技產品都源自於二戰：火箭、噴氣式飛機、雷達，還有能夠終結人類歷史的武器——核武器。

軍事技術改變生活

今日的戰爭最明顯不過地體現出科學產物的特徵，一些科學研究和技術發展都是由軍事發起、資助和引導。二戰和冷戰中的許多先進科技首先在軍事領域中得到運用，之後才慢慢轉向民用。

例如，我們今天不可或缺的電腦是用來計算彈道資料，數碼攝影是用於間諜衛星傳輸圖像資料，GPS 用於精確定位敵我雙方目標，噴氣式飛機首先用於戰鬥機作戰……因爲戰爭中特殊又高標準的技術要求，它對於科學技術的促進作用是巨大的。沒有戰爭，這些技術不可能得到迅猛的發展。雖然戰爭非常殘酷，但軍事是科學革命不可或缺的一大推動力。

科技首先應用於軍事

近代以來，做為對國家生死攸關的軍事領域，科技的力量往往決定戰爭的成敗，最先進的科技成果也總是先應用於軍事，為戰爭服務，之後才開始向民用擴散。

1

蒙古騎兵

13 世紀的蒙古騎兵雖然是威震世界的勁旅，但在征服歐亞大陸的過程中，與被征服民族並沒有武器上的代溝。

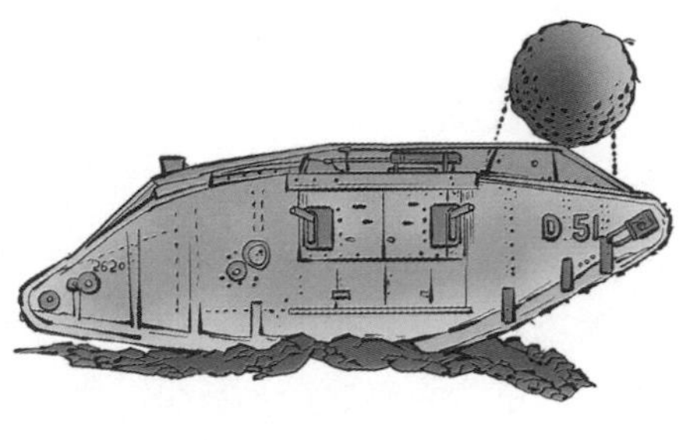

一戰時期英軍「大遊民」坦克

為了在一戰慘烈的塹壕戰中獲得突破，英國研製了世界上第一輛坦克「大遊民」，並在二戰中大放異彩。

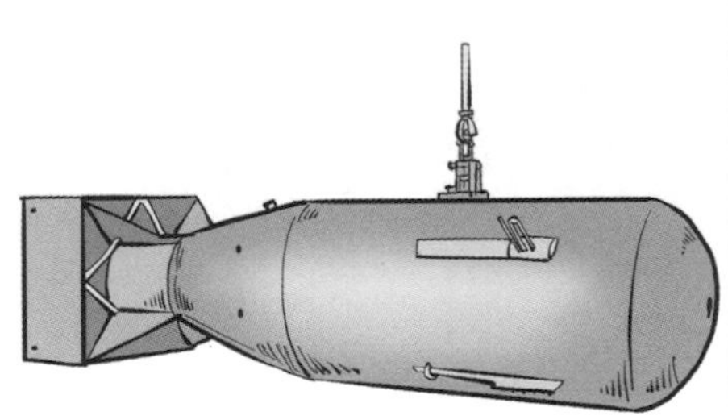

美國在廣島投擲的原子彈「小男孩」

原子彈的誕生不但標誌著人類進入了能毀滅自己的核時代，也為和平利用核能打開了大門。

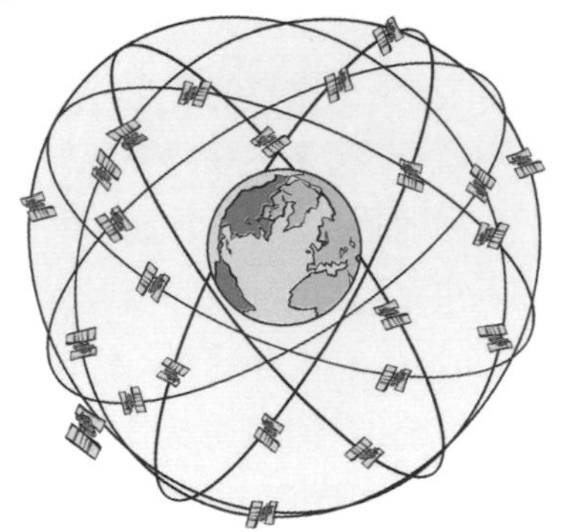

GPS 全球定位系統示意圖

GPS 起源於 1958 年美國軍方項目，為美國海陸空三軍提供即時、全天候和全球性導航服務，後來在民用領域投入使用，極大地提高了地球社會的資訊水準。

08 歷史進步論 通過科學進展達到完善

在科技革命之前，人們認爲黃金時代是在過去的某一階段，而在今天，曾經被認爲只有神才能解決的問題——貧窮、饑荒、疾病、衰老，都是人類的無知所造成，並非必然的命運。

科技萬能論

科技革命爆發之前，很多人都認爲過去的某一階段才是黃金時代，人類不會再進步，整個世界只會停滯、甚至惡化。如果人類能夠繼承祖宗的智慧和道德，那麼也許會重回過去的黃金時代。

當科學革命到來之後，科學爲我們的力量帶來增長，生產力獲得空前的提高，人類解決一個又一個過去被認爲只有神才能解決的問題，也有很多人開始相信藉由新知識能夠解決所有問題。歷史進步論者認爲，人類在未來能夠通過科學進步達到完善的地步，目前人類所面臨的許多問題——貧窮、疾病、戰爭、饑荒、衰老、死亡等，都是人類目前的無知所造成，絕非必然的命運。

自信的人類

在許多文化中，貧窮被認爲是不可避免的不完美之一，而在今天，貧窮已經被認爲是能夠解決的技術問題，只要根據各種社會和經濟數據制定正確的政策，就能消除整個世界的貧窮，而且多數社會已經解決了貧窮問題。

這個說法聽起來有點匪夷所思，但如果我們仔細觀察，就會發現歷史上有兩種貧窮：一種是社會性貧窮，即由於某些人掌握了機會、不願意給予他人，貧富之間的機會差異造成的相對貧窮；另一種是生物性貧窮，是由於缺乏基本生存資料，使人的生存受到威脅。

也許社會性貧窮永遠無法根除，但全球絕大多數國家中，生物性貧窮已成爲過去式。像大饑荒這種曾經造成數百萬人死亡的威脅，在各國都已經被消除，即便某一地區遭遇突發性重大災難，在全球動員的救災體制中，也不會發生飢餓至死的慘劇。實際上，國際社會中目前更嚴重的問題是營養過剩，因爲肥胖帶來疾病致死的可能性比餓死要高得多。

用科技進步解決一切

科學革命的到來，為我們以前覺得只有神才能解決的問題帶來了曙光，人類開始相信，目前所遇到的問題，大部分都可以通過科學加以解決。

伯利克里的「黃金時代」

古希臘文明在西元前 443～前 429 年，伯利克里當選雅典首席將軍的時期攀上巔峰，在政治、經濟、文化各方面達到古希臘的全盛時期，史稱伯利克里時代，在近代以前一直被認為是「黃金時代」的典範。

飢餓與肥胖的人口統計

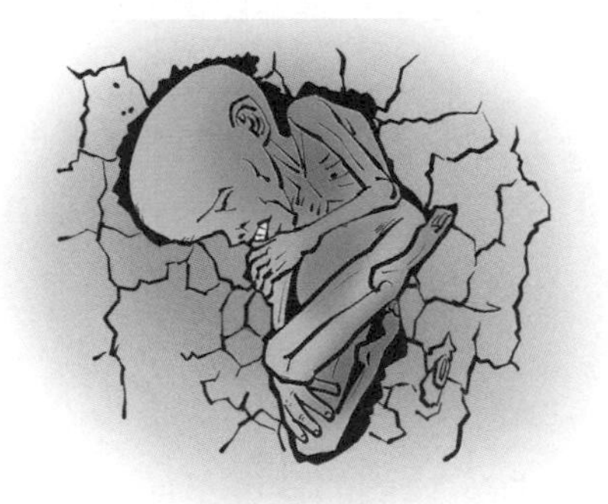

非洲饑荒中的孩子

時至今日，全世界還有接近 8 億人處於飢餓狀態，其中非洲撒哈拉以南的國家超過 25% 的人口長期食物不足。

西班牙　墨西哥　阿根廷　南非　沙烏地阿拉伯

肥胖率最高的幾個主要國家

美國人肥胖率達到 33%，歐洲國家大部分在 25% 左右。

聯合國認為能夠在一代人的時間裡，徹底解決飢餓問題。據統計顯示，目前全世界肥胖人口數量超過飢餓人口數量，全球肥胖的趨勢已經不可避免。

09 關注技術的時代 戰勝死亡的自信

過去，宗教認為死亡是無法避免的必然命運，而現在變得空前自信的人類開始相信，死亡也是能夠用技術加以解決的問題。

用科技進步對抗死亡

在前現代社會，宗教通常認為死亡是不可避免的，大多數信仰也將死亡做為生命意義的來源之一，它們會告訴信徒，重要的是如何和死亡達成一種協定，以及來世應當怎麼辦，而不是逃避死亡、尋求永生。人類最古老的史詩之一《吉爾伽美什》中，偉大的烏魯克國王吉爾伽美什，為其好友恩奇杜的死亡感到恐懼，於是走遍全世界，還進入了陰間，想戰勝死亡，但最後發現最偉大、最有智慧的人也不能擺脫死亡的命運。

而因為科技的進步，人類變得空前自信。開始相信死亡只是人類無知導致的結果，把所有會導致死亡的技術問題加以解決之後，就能解決這個問題，所以，最優秀的人才已經不再為死亡的意義浪費時間，而是致力於解決各種技術問題。

在 12 世紀，只是由於被箭射中肩膀導致的感染，就讓英國的獅心王理查痛苦地死去。而到了今天，過去必然造成死亡的疾病和傷口都已變成了小事，科技進步讓人類壽命從 25～40 歲延長到 67～80 歲。

讓人走向永生

21 世紀初，科學家和醫生開始明確地宣稱，他們的目標是使人永保青春。某些學者認為，到了 2050 年，就能讓付得起費用的某些人達到長生狀態，也就是除了致命性的傷害之外，能將生命一直延續下去。

從 18 世紀開始，新興的宗教意識形態就不再將來世做為關注的重點，開始將死亡看成單純的技術問題。唯一讓死亡占據中心地位的現代宗教是民族主義，它信仰著：為國捐軀的人就算犧牲了生命，也會永遠活在國家的整體記憶當中。只不過這項承諾過於虛無縹緲，絕大多數的民族主義者也很難說清這到底是什麼意思。

戰勝死亡、永保青春

隨著科技的進步，一度被認為無法避免的死亡問題，也可以通過技術加以解決，科學家更宣布能夠使人永保青春，死亡問題的解決標誌著宗教的意識形態將注意力從來世轉變為今生。

吉爾伽美什哀悼恩奇杜的死亡

《吉爾伽美什》是目前世界上已知最古老的敘事史詩。吉爾伽美什與好友恩奇杜一起為人民造福，恩奇杜死去之後，吉爾伽美什十分悲痛，前去尋找永生的方法。

獅心王理查

英國金雀花王朝的第二代君主，被譽為「最完美的騎士」。因為被弓箭射中肩膀，感染引發壞疽而去世。這在 12 世紀是無法醫治的重傷，但在今天則是輕易就能治好的皮肉傷。

吉爾伽美什壁畫

《吉爾伽美什》反映了先民力圖掌握自然法則和生死奧祕，渴望掌握自己命運的理想。

利用基因技術開發的新藥

比較樂觀的科學家認為，到了 2050 年，就能夠讓付得起費用的少部分人達到長生的狀態。

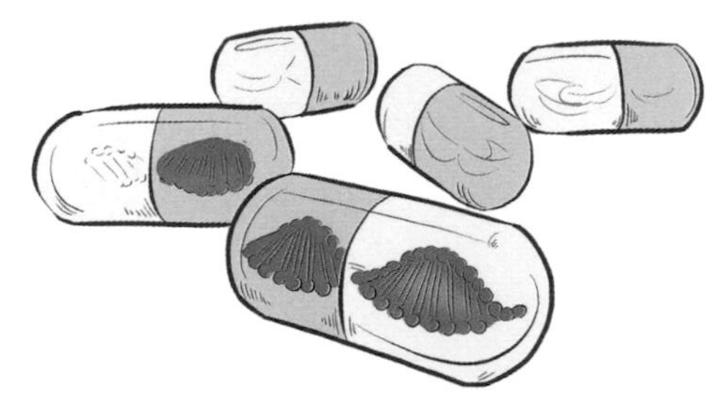

10 政治、經濟與科學的結合 科學研究的幕後推手

科學研究之所以如此活躍，與大量的資金進入科研領域密切相關。而這些研究是爲了某些政治、經濟或宗教目的，並從中獲得利益；塑造現代科學最重要的兩個因素是歐洲的帝國主義和資本主義。

對科學的投資

現代科學之所以能夠在過去 500 年間獲得奇蹟般的成果，並不只是因爲科學家和技術人員的好奇心與興趣。絕大多數的科學研究都需要耗費巨大的人力和物力，如果沒有來自政府、企業、各種基金和私人捐助的資金投入，就無法進行。

學術界中仍有許多人並未意識到，這龐大的資金爲什麼會從政府和企業流入大學、研究所和實驗室。投資者之所以把這些錢送給別人，不是爲了純粹的學術，而是因爲相信科學研究的成果能夠幫他們達到某些政治、經濟或宗教的目的，從中獲得利益，就如同 16 世紀歐洲國王和商人資助地理大發現，冷戰時期美、蘇兩國政府在航太領域和核子物理研究中，投入了大量的資源一樣。

推動歷史演進的引擎

按照經濟學的理論，其研究的核心是資源配置問題，使有限的資源達到最佳的使用效率。每個社會和機構的資源總量是有限的，而有限的資源應該被運用到什麼地方？回答這個問題之前，需要決定「什麼是更重要的」。這不是個科學問題，科學只能解釋這個世界上存在的事物和運作方式，但沒有辦法回答這樣的道德問題。

在人類社會之中，「什麼是更重要的」關鍵往往在於政治和經濟原因，科學不可能爲自己決定，也不能決定它的發現會如何被人利用，就像研究殺蟲劑，結果意外製成沙林毒氣，後來在第一次世界大戰中被廣泛使用一樣。過去 500 年間，推動歷史演進的諸多因素中，科學與帝國主義、資本主義的回饋循環無疑是主要引擎之一，塑造現代科學最重要的兩個因素，就是歐洲的帝國主義和資本主義。

政治、經濟與宗教推動科學發展

科學研究最大的成功在於，它形成了政治、經濟、科技的正向回饋系統，讓政府和企業資助科學研究，而塑造現代科學最重要的因素，是歐洲的帝國主義和資本主義。

伊莎貝拉一世

哥倫布發現美洲永遠地改變了歷史，而促成這一壯舉的是西班牙女王伊莎貝拉一世，她資助哥倫布遠航，使兩個隔絕的世界從此連為一體。

奧托·安布羅斯

沙林毒氣的四個發明人之一，由四人的名字組成了沙林（Sarin）的拼寫。事實上，最早是為了製作殺蟲劑而發明沙林，這算是科學家無法控制自己成果的應用方向之典型。

資本與帝國是推動歷史演進的引擎

「冷戰」時期美蘇的核軍備競賽

山姆大叔的帝國主義

第十五章 被合理化的野心

01 進步與毀滅 科學和帝國密切相關

庫克遠征發現澳洲是科學與帝國結合的典型，這次遠征收穫了很多資料，對許多學科的發展有重要意義，但同時也導致澳洲當地的塔斯馬尼亞人滅絕。科學與帝國結合的雙重作用表現得十分明顯。

地理大發現

地理大發現翻開世界近代史的篇章，它的直接誘因是 15 世紀歐洲黃金的短缺，亞當・斯密將新大陸探險家的動機稱爲「神聖化的黃金渴望」。地理大發現使得歐洲一躍超越了亞洲，成爲舊大陸的中心。

在 1767 年到 1771 年詹姆斯・庫克的第一次遠征中，科學與帝國的結合表現得尤爲明顯。這次遠征獲得了數量驚人的天文學、地理學、動物學、植物學、氣象學和人類學資料，成爲諸多學科發展的重要基礎。其深遠意義在於歐洲人第一次發現澳洲，而通過攝取新鮮水果和蔬菜，庫克的遠征船隊完全避免了壞血病；稱得上是科學與帝國擴張的一次合作典範。

塔斯馬尼亞人的滅絕

科學與帝國的結合是歐洲大陸發展的契機，也是新發現大陸原住民的災難。印第安人因爲疾病和屠殺大量減少，非洲黑人則被大規模販賣至美洲成爲奴隸。更爲淒慘的是庫克遠征之後一個世紀之內，在塔斯馬尼亞島上生存繁衍上萬年的塔斯馬尼亞人滅絕。

庫克的船隊究竟是武力保護下的科學船隊，還是科學家隨行的武裝遠征軍？可以說兩者皆是，科學革命與帝國主義的關係已經渾然一體，密不可分。

科學考察與帝國征服

科學考察與帝國擴張的結合是近代史發展的一大特點，兩者的結合帶來了地理大發現，也帶來殖民主義災難。對於人類歷史發展的雙重作用表現得十分明顯。

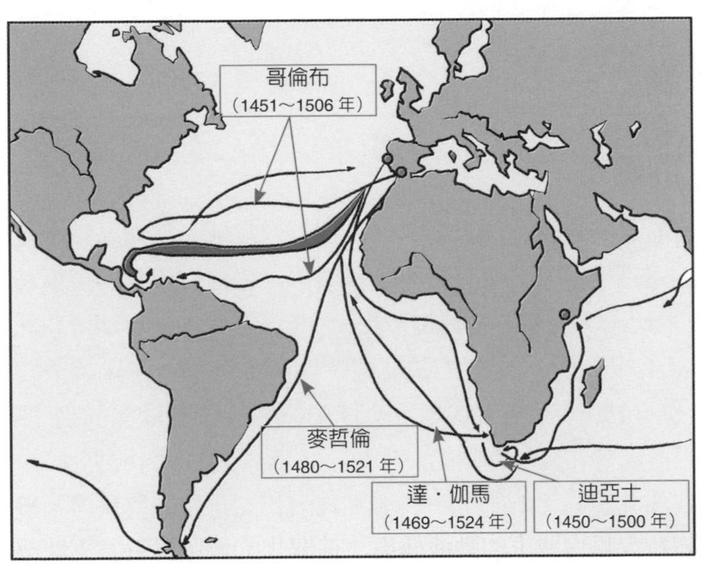

地理大發現

地理大發現對全世界，特別是歐洲，產生了前所未有的巨大影響，使歐洲成為世界最發達的地區，也是對殖民地人民的一部侵略史，拉開了世界近代史的開端。

庫克船長

傑出的英國航海家、探險家，首先發現了澳洲和紐西蘭，並繪製大量太平洋島嶼的精確地圖，1779 年在第三次遠征時，死於與夏威夷島民的衝突。

庫克用水果蔬菜預防壞血病

壞血病是對早期歐洲水手威脅最大的疾病，庫克遠征期間成功用檸檬、酸菜預防壞血病，為此成為倫敦皇家學會會員。

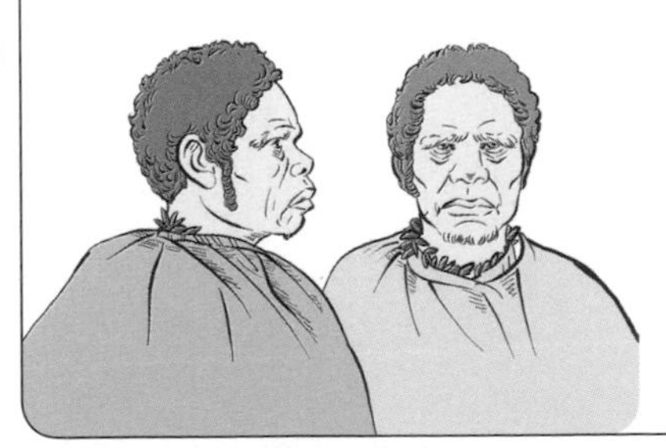

塔斯馬尼亞人

澳洲東南部塔斯馬尼亞島原住民，在 1803 年英國殖民者入侵之後遭到殺戮，至 1876 年，純正血統的塔斯馬尼亞人滅絕。

02 從無足輕重到世界中心 歐洲的輝煌時代

在近代以前，歐洲看起來像是世界島邊緣的無足輕重之地，爲什麼在不到 300 年的時間裡成了世界的中心？答案是：以科學和資本主義的方式思考與行動，這成爲歐洲崛起的關鍵。

歐洲帝國在近代的崛起

歐洲帝國的崛起看上去像是一個意外事件。在近代以前，歐洲（特別是西歐）還是一個貧窮的邊緣地區，並沒有重要宗教產生，也沒有偉大的技術和經濟體系，一直到 15 世紀末，西歐開始崛起。至 1755 年進入現代早期，亞洲經濟依然占世界經濟總量的 80%，印度的蒙兀兒帝國和中國的清帝國經濟總量約占全球的 67%。從 1750 年到 1850 年，全球中心才轉移到歐洲。到 1950 年，西歐和美國的經濟總量占全球總量的一半以上，而中國只剩下 5%。

最主要的是，歐洲人建立了新的全球經濟、政治和文化規則與秩序，幾乎所有現代人在世界觀和行爲方式上都是歐洲人，以歐洲人的思維方式來觀察世界。究竟歐洲人是如何做到的？

以科學與資本主義的方式思考和行動

有人認爲歐洲崛起的最大功臣是科學技術發展，但事實上，在 1850 年之前，歐洲和亞洲的科技差距並不大，看來是站在同一個起點。但之後 30 年，亞、非國家被遠遠甩開，大半個世界都淪爲歐洲的殖民地。

沒有跟上第一波工業化浪潮的中國和波斯人缺乏的不是技術，而是缺少西方的司法系統與社會政治結構。歐洲在西元 1500～1850 年間，政治、社會、科技、軍事制度不斷發展、成型並成熟，絕非短時間所能複製並內化的。歐洲在現代早期培養了現代科學和資本主義的潛力，這個潛力在 19 世紀開始顯示它的力量，歐洲人一直用科學和資本主義的方式思考和行動，所以在工業革命到來之際，擁有了獨一無二的領先優勢，即便 21 世紀的今天進入後歐洲時代，科學與資本主義也依舊是歐洲留給世界最重要的遺產。

科學與資本主義的勝利

前現代時期，歐洲只是世界島的一塊外圍區域，但近代之後，歐洲人在短短幾百年間發展出成熟的司法系統和社會政治結構，相對於世界其他地區，以科學和資本主義武裝的歐洲獲得了無可比擬的優勢。

近代以前落後的歐洲

中世紀歐洲城堡

由於歐洲中世紀政治碎片化，經濟基礎落後，導致當時歐洲城市普遍人口較少，大多數城市都在 10 萬以下，城市建設骯髒、落後，傳染病肆虐。

宗教裁判所的火刑

中世紀歐洲天主教殘酷鎮壓異端，限制西歐思想文化的發展，最嚴酷的處罰包括公開以火刑處死等。

近代科學的迅速發展

孟德斯鳩（1689～1755 年）

法國哲學家、思想家，代表作《論法的精神》中提出的三權分立學說，成為近代以來，歐洲資本主義國家政治體制的基石。

克勞塞維茲（1781～1831 年）

德國軍事理論家，近代軍事戰略學的奠基人，被譽為「西方兵聖」。

詹姆斯．瓦特（1736～1819 年）

英國發明家，製造並改進了蒸汽機，開闢了利用能源的新時代，使人類進入「蒸汽時代」。

03 精英的創舉 歐洲帝國遠征

雖然許多文明都有科學的閃光，但只有歐洲帝國的精英們才將這些科學成就收集、整理出來，他們承認自己的無知，帶著求知心態征服一個又一個國家，造就了全球歐洲殖民帝國。

科學發現的彙整

科學並不爲歐洲所獨有，這項學科起初繼承自古希臘、中國、印度和伊斯蘭等文化的科學傳統，它們提供許多重要貢獻。中國人發明的指南針、水密艙等技術，爲歐洲遠洋航行提供重要的技術支援，穆斯林經濟學者的觀點影響亞當·斯密和卡爾·馬克思，美國印第安人的醫療方式也進入了英國的醫學研究，但在 20 世紀中葉以前，唯一能收集、整理這無數的科學發現並打造此學科的人，就是歐洲帝國的統治精英和知識精英。現代科學體系的建立與歐洲帝國的擴張發生在同一時間、地點內，這絕非偶然。

爲什麼只有在現代早期的歐洲，才能將科學傳統與擴張的帝國結合起來，形成獨一無二的現代科學體系，並誕生全球歐洲殖民帝國呢？

對新知識的渴望

現代科學和歐洲帝國的歷史聯繫究竟是怎麼產生的？在這一點上，歐洲帝國主義與之前所有的帝國主義都不同。之前的征服者們相信自己已經完全認識整個世界，他們征服一個又一個國家，只是爲了獲得力量與財富，還有傳播自己的世界觀，而歐洲探險者與征服者的心態截然不同。

現代早期的歐洲科學家與帝國征服者承認自己的無知，渴望了解「那裡到底有什麼」。於是他們都懷有對世界的好奇，對新知識的渴望成爲科學與帝國主義之間聯繫的紐帶。這在現代早期歐洲的地理大發現中最爲明顯，這些遠航既是科學探索，也是帝國遠征，這是歐洲帝國主義最重要的特點之一。他們都希望藉此獲得新知識，讓他們成爲世界的主人。

科學探索與帝國遠征

科學並不是歐洲所發明，歷史上也有很多帝國進行擴張，但將科學發現和帝國遠征結合起來，是歐洲探險者所獨有的，他們渴望通過擴張獲得新知，成為世界的主人。

麥哲倫　葡萄牙探險家、航海家。完成世界上首次環球航行，證明地球是圓的，在菲律賓征服當地人的過程中被砍死。

「維多利亞號」帆船　麥哲倫探險船隊中唯一完成環球航行回到西班牙的海船，「維多利亞號」因此而聞名。

拿破崙遠征埃及　1798 年到 1801 年，為了和英國爭奪殖民霸主地位，拿破崙率軍遠征埃及，這次遠征以失敗告終，卻意外打開了埃及文明的大門。

羅塞塔石碑　拿破崙遠征埃及時發現，古埃及托勒密五世登基的詔書，使用古埃及象形文字、埃及草書和希臘文三種文字，成為解讀埃及象形文字的重要里程碑。

達爾文　英國生物學家，進化論奠基人。他乘坐「貝格爾號」進行了 5 年環球旅行，大量觀察採集動植物。

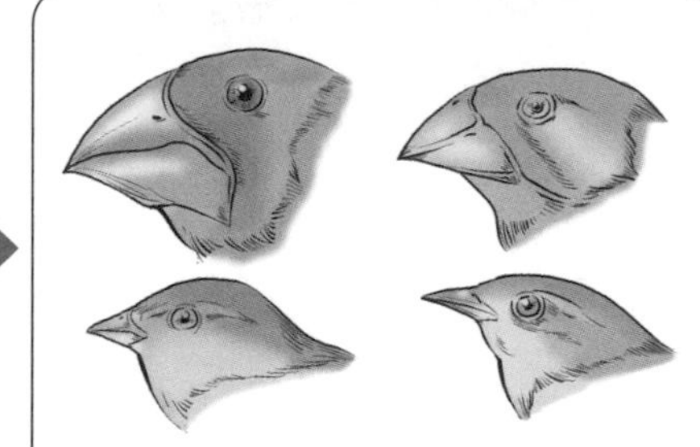

達爾文地雀　因達爾文環球航行時首先發現而得名，是促成達爾文從神創論者轉變為進化論者的重要論據之一。

04 探索與征服 帝國擴張的欲望

歐洲人開始承認自己的無知，繪製了大量留白的地圖，從這時起，他們擁有探索未知世界的欲望與勇氣，在這種探索與征服的心態支配下，他們在世界上建立了無可置疑的統治地位。

承認無知，探索世界

歐洲人這種「探索與征服」的獨特心理，在他們繪製的世界地圖上有著突出的體現。在前現代社會，很多文明包括歐洲文明都曾繪製過世界地圖，當然，那時沒有人能眞正了解整個地球的狀況，在這些世界地圖上，未知的部分畫上了人們想像出的奇景和怪物，讓人產生一種「我們無所不知」的感覺。而在 15～16 世紀，歐洲人開始繪製大量留白的世界地圖，這是心理和思想的一大突破，既表明了歐洲人承認對很大一部分世界的無知，也激發他們探索未知世界的欲望和勇氣。

航向未知的旅程

1492 年，哥倫布就是這樣進行探索未知的遠航。他根據中世紀的世界地圖計算出日本位於西班牙以西 7000 公里，在 1492 年 10 月 12 日，哥倫布探險船隊發現一個未知大陸，整個世界從這時起開始潛移默化地改變了。哥倫布至死都認爲他到達的是印度，而不承認這是《聖經》中「遺漏」的另一半世界。從本質上說，哥倫布依然是個中世紀的人。1502～1504 年，義大利水手亞美利哥・維斯普奇發表文章認爲，這塊大陸是地理學上未知的大陸，1507 年德國地圖製作者繪製了新地圖，以亞美利哥（Amerigo）之名，將這塊大陸命名爲 America；以一個不知名的義大利人來命名，只因爲他是第一個敢於說出「我們其實一無所知」的人。

地圖上的空白勾起歐洲征服者探索未知的欲望，他們迫切需要收集有關新大陸的氣候、地理、動植物、人民、文化、語言等海量的資料，並激發歐洲人探索整個世界的熱情。

地理大發現的時代

當全世界的地圖都是用想像填滿的時候，歐洲人繪製了大量留白的世界地圖，用探索未知的精神航向整個世界，最終在世界各地建立了難以動搖的統治地位，將對手遠遠拋在身後。

地理大發現時代的地圖

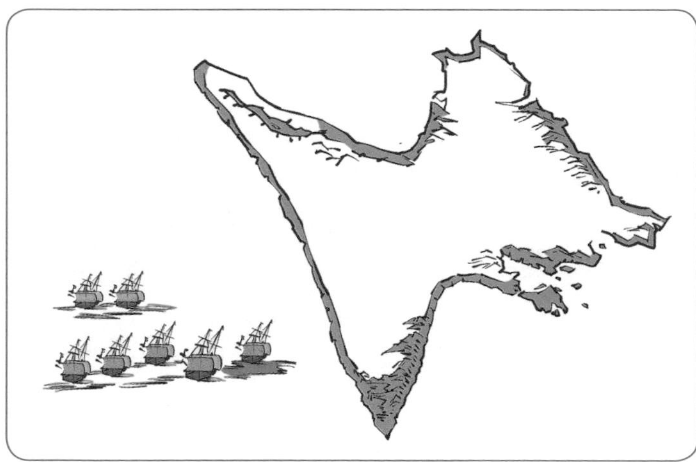

《麥哲倫之地》

這幅地圖是麥哲倫海峽南部的大陸，這種大面積留白的地圖，在近代十分常見，激勵著探險家前往未知的世界探索。

哥倫布登上新大陸

哥倫布並非第一個發現新大陸的人，但他的發現打開了新舊兩個世界交流的大門，成為世界近代史的開端。

亞美利哥

哥倫布拘囿於自己的視野，至死都認為自己到達的是印度，而亞美利哥發現美洲是一片全新的大陸，因此，美洲以他的名字命名。

前所未有的全球帝國

自地理大發現開始之後，歐洲人前赴後繼，不停進行遠征，15、16 世紀，歐洲人繞過非洲、深入美洲，越過太平洋和印度洋，在全世界建立了基地和殖民地網絡。人類歷史上第一次出現「日不落」帝國，也就是太陽永遠能照耀到它的領土，首先是西班牙，後來是大英帝國。

必須強調的是，在過去，對於最強大的帝國來說，遠征通常也不是正常的事，大部分帝國和王國只忙於處理與鄰國的邊境衝突，所謂的帝國擴張，則是對周圍熟悉的土地的控制。

與地理大發現差不多同時，中國明朝的鄭和下西洋，其在規模、技術上遠遠超過哥倫布船隊，但鄭和艦隊並不企圖征服或殖民造訪的國家。所以雖然歐洲的船隊相比鄭和艦隊並沒有技術優勢，但歐洲人有著非凡的探索和征服的野心，他們對領土、資源抱著貪得無厭的心理。這讓他們在之後 300 年不斷起航，前往遙遠而陌生、充滿異國風情的地方，踏上他人的海岸之後，架起大炮迫不及待地宣稱：「此處已經歸我們的國王陛下所有！」

歐洲人依靠在新土地上掠奪的資源和財富，推動著科技的進步，頻頻與那些非歐洲帝國進行戰爭並擊敗對方，因此，在太平洋、大西洋和印度洋都有無可爭議的統治地位，當鄂圖曼人、中國人、波斯人和印度人終於了解到美洲和海洋的重要性時，已經爲時太晚，他們已經被歐洲人遠遠拋在身後。

辯證地看待殖民擴張活動

殖民擴張活動使得世界各地區間經濟聯繫日益密切，出現了全球性經濟關系，是資本主義市場建立的主要途徑；對殖民國家而言，獲得了大量財富，促進歐洲資本主義的發展；對殖民地而言，造成亞、非、拉地區的落後。

鄭和與他的「寶船」

鄭和下西洋是中國古代規模最大、船隻和海員最多、時間也最久的海上航行，促進了中西文化交流，但並沒有開闢新的市場。

哥倫布在新大陸宣布這片土地為西班牙領土

新航線開闢之後，歐洲航海家每行駛到一處，往往將新土地做為歐洲殖民帝國的殖民地，對當地人進行掠奪和屠殺，體現了殖民擴張野蠻的一面。

05 殖民與反殖民 西方列強的霸權

進入近代之後，擁有全球視野的西方殖民者挾全方位的優勢，征服了美洲、大洋洲、亞洲，深刻影響整個世界的文明。直到 20 世紀亞非拉民族也同樣擁有了全球視野，這是歐洲殖民霸權崩潰的主要原因之一。

全方位的優勢

在 1500 年前後，人類文明版圖是歐亞大陸四大文明同時並立：歐洲的基督教文明、中東伊斯蘭文明、南亞的印度文明和東亞的中華文明，此外，還有孤立發展的撒哈拉以南的非洲文明、美洲印第安文明、澳洲土著文化等。

當歐洲進入近代社會之後，世界上其他大陸的文明依然以原先的節奏緩慢前行，西方對世界的征服，首先從美洲、澳洲開始，摧毀了美洲印第安人的阿茲特克帝國、印加帝國，這個過程被認爲是軍事史上最驚人的成就之一。因爲毀滅印加帝國的西班牙人皮薩羅，僅僅率領 180 人就征服人口數量約 600 萬的帝國，而滅掉阿茲特克帝國的科爾特斯則以 600 人，征服了人口數量爲 1500 萬的印第安帝國。他們的成功乃是因爲軍事、科技和謀略的優勢，以及印第安兩大帝國視野太過狹隘。此後，歐洲的宗教、語言和文化就一直主宰著南美洲。

擁有全球觀點的視野

當時歐洲之外的文明，目光都只局限於自己的國家。於是，歐洲殖民者挾全方位的優勢，征服了印度，深刻影響南亞次大陸的文明結構，強勢壓制伊斯蘭文明，並打敗清帝國。整整 300 年間，美洲、大洋洲、大西洋、太平洋，最終由歐洲人徹底主導，任何值得一提的衝突都是歐洲列強之間的內鬥，然後彼此之間再進行分贓。

一直到 20 世紀，歐洲以外的各種文化終於有了全球視野，這也是歐洲霸權崩潰的關鍵因素之一。亞非拉國家在進行民族解放運動的過程中，能夠獲得全球反殖民主義網絡的支援，學會引導全球媒體的傾向，讓自己的運動變爲全球性事件，最終以弱勝強，擊敗了西方列強。

殖民擴張

進入近代的歐洲社會倚仗其全方位的優勢，摧毀了美洲、澳洲和亞洲的其他文明，再進行內部分贓，直到 20 世紀，亞非拉文明同樣擁有了全球視野，最終取得民族解放運動的勝利。

皮薩羅征服印加帝國

1532 年 11 月 16 日，西班牙征服者皮薩羅率領 169 人的小部隊，一舉擒獲了印加皇帝阿塔瓦爾帕，並殺死 6000 名以上印第安人，在隨後幾年內征服了印加帝國。

科爾特斯擊敗阿茲特克

從 1519 年到 1521 年，科爾特斯率領一支幾百人的西班牙遠征隊，擊敗了阿茲特克帝國，摧毀首都特諾奇提特蘭，最終征服整個墨西哥。

簽訂中英《南京條約》

英國將第一次鴉片戰爭稱為「通商戰爭」，最終在 1842 年簽訂了中英《南京條約》，這成為中國近代史的開端。

06 成就與罪行 歐洲的「先進性」

隨著歐洲殖民者的擴張，許多看起來沒有用處的研究也獲得了支持，整個世界大為改觀，歐洲殖民帝國同時為殖民地帶來文明和災難，讓人們很難用簡單的好或壞來概括其作用。

無用之用

科學革命始自地理學，因此探索地理獲得了最多的投資，地理學回報給歐洲人的，是讓他們成為新的土地和海洋的主人。隨著歐洲遠征隊的腳步，資助迅速向其他學科蔓延，如醫藥、物理、語言學、經濟、人類學和歷史學等。現代歐洲人覺得遠方一定還有什麼重要的事物是自己不知道的，一些看來完全無用的研究也常能得到歐洲帝國的支援，誰知道這些發現能帶來什麼。

尋找文明曙光

英國在征服印度時，不僅探索有明顯用途的事，比如印度的道路或者礦藏，還收集罕見的印度蜘蛛的資訊，為各種色彩斑斕的蝴蝶進行目錄學編目，追查已經失傳的印度語言，挖掘一處又一處被遺忘的歷史遺址，如摩亨佐・達羅遺址，在此之前的印度統治者從來沒有發掘的意識。

隨著歐洲學者的研究不斷深入，古代文明一一被發現並解讀，威廉・瓊斯研究並發表了關於印度梵文的著作，是首位發現「印歐語系」這個體系的人；1799 年，法國人在埃及發現羅塞塔石碑，後來法國學者商博良從中釋讀出古埃及象形文字，成為解讀古埃及文明的關鍵；1835 年，英國學者羅林森在波斯發現貝希斯敦銘文，之後經過不懈努力，掌握和解讀了古巴比倫語……。歐洲帝國統治者相信，為了讓統治更有效，就必須了解這些屬民的語言和文化。帝國統治者獲得新知可不僅是為了實用，還因為科學能夠從思想上使帝國合理化。

因為帝國不斷產生新知識，所以讓他們認為自己的管理代表進步、先進，其發展出的歷史和生物理論，為歐洲人統治世界提供了所謂的正當性和合法性。在 19 世紀末、20 世紀初，歐洲歷史學家提出人類大多數的偉大成就都來自歐洲白種人的理論。

殖民擴張的雙重性

歐洲殖民擴張過程中的科學探索，可以讓帝國統治者從思想上更加合理化，由此產生「白人至上」主義，殖民擴張為原住民帶來文明，也帶來了災難。

貝希斯敦銘文

為英國學者羅林森所發現，記載了波斯國王大流士一世的功績，使用古波斯文、新埃蘭文（古波斯阿契美尼德王朝的官方語言）和巴比倫文所銘刻，成為解讀巴比倫文明的鑰匙。

英國鎮壓印度民族起義

1857 年～1859 年印度發生反對英國統治的民族起義，遭到英國殖民者的殘酷鎮壓，並將印度置於英國直接統治之下。

19 世紀後期列強掀起全球性殖民擴張的原因

經　　濟：在工業化浪潮下，特別是第二次工業革命的推動下，歐美列強急於為其工業生產尋找商品市場、原料產地、投資場所，資本輸出因而成為重要動力。

政　　治：當時西方學者認為，擁有殖民地乃是強國地位的象徵，一個大國必須擁有殖民地。

宗教文化：向亞洲、非洲傳播基督教，教化「蠻夷」，輸出西方文明，無論亞非人民是否願意，在西方文化優越論的驅使下，完成所謂的「文化使命」。

前提條件：地理學的大發展，兩次工業革命帶來交通通信的發達，世界貿易的興盛，商業銀行等金融系統的健全。

「歐洲先進性」的真相

因為帝國與科學密切合作，讓他們有了如此強大的力量，使得整個世界大為改觀，並發展出「白種人在生理上優於其他種族」的觀點。根據這些 19 世紀和 20 世紀初廣泛傳播的「科學理論」，歐洲人有權利、甚至有義務征服並統治世界，科學家支援帝國，因為帝國資助他們，將科學視為進步的引擎，為人類的福祉而轉動，帝國將理性、科學和進步的光明帶到每一個黑暗角落。

然而，事實往往和這些虛構的故事截然相反。歐洲帝國很多時候帶來的戰爭、饑荒和種族剝削，遠多於他們帶來的醫藥、道路和學校。英國人在 1764 年占領了印度最富裕的省份孟加拉，除了橫徵暴斂之外，對其他東西都沒有興趣，使用災難性的經濟政策，導致 1769 年的孟加拉大饑荒，當時有 1000 多萬人死亡，占整個孟加拉地區人口的三分之一，但這並不妨礙英國科學家宣稱他們為孟加拉和印度帶來了進步。

歐洲帝國控制了大面積的土地，做過許許多多的事，有些確實為屬民提供了更好的生活條件。如果將歐洲帝國所犯的罪行和提供的成就列出來，都可以寫成一部百科全書，所以人們很難輕易地得出一個是好是壞的結論。而科學和帝國聯姻，還有一股極為重要的力量不能忽視，那就是資本主義。

英國囚犯被流放澳洲

1788 年 1 月 26 日，英國將 770 名犯人流放到澳洲，此後 80 年，共有 16 萬名英國犯人被流放到澳洲，1 月 26 日也因此成為澳洲國慶日。

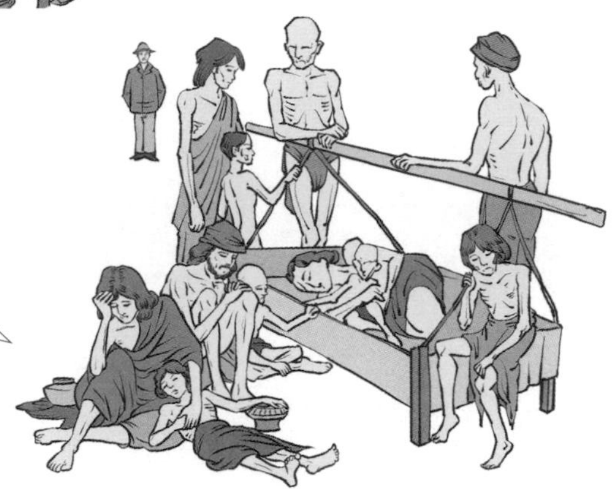

1769 年孟加拉大饑荒

這是印度歷史上最嚴重的一次大饑荒，從 1769 年持續到 1773 年，造成了上千萬人死亡，此後還多次發生饑荒。

反映殖民主義的漫畫

左圖中，抬轎子的分別是清朝人、印度人、黑人和阿拉伯人。

全球性殖民擴張得以實現的因素

1. 兩次工業革命改進了交通和通信。
2. 探險家、傳教士、軍隊的活動為殖民擴張打下了基礎。
3. 世界貿易的興盛、商業銀行等金融系統不斷健全。
4. 資本輸出為西方列強殖民擴張提供了強大的動力。

第十六章 自由市場的真相

01 資本主義運行原理 「相信未來」創造了現代經濟

認眞分析資本主義的運作機制，會發現人們對未來的信心支撐著它的增長，這是人類想像力的驚人成就，也是世界上絕大多數經濟運行的唯一後盾。

增長的主題

金錢在現代歷史中扮演的角色難以簡單概括，要理解現代經濟史和資本主義制度的發展，最重要的一個詞語是「增長」。這是現代資本主義經濟最重要的特點。在西元 1500 年，全球商品和服務業的總產值，大約相當於現在的 2500 億美元，人均產值約爲 550 美元；而今天全世界製造業的生產總值則在 60 萬億美元左右，人均生產總值大約爲 8800 美元。這種驚人的增長是怎麼來的?

銀行運作的原理

以一個簡單的例子來說明問題：某個沒有資金的商人 A 想開一家超市，他去銀行貸款，其資質和計畫書通過審核後，銀行將建築商 B 存入的 100 萬元貸款給 A。之後 A 雇用建築商 B 建超市，支付了 100 萬元，B 又將這 100 萬元存進了銀行，現在 B 的戶頭裡有了 200 萬，但銀行金庫裡實際上只有 100 萬元現金。

根據美國銀行法的規定，銀行可以將這 100 萬元再放貸出去 8 次，也就是銀行每次眞正持有 1 元，就能放貸 10 元。然而，實際上多出來的 9 元都不存在。換句話說，90%的錢都不存在。如果今天所有人都去銀行提出帳戶裡的錢，銀行立刻就會倒閉。事實上，資本主義經濟就是這樣運行了幾百年，這是人類想像力的驚人成就。信用的概念產生，相信未來就是世界上絕大多數經濟運行的唯一後盾。

未來能永遠增長？

資本主義創造了「信用」這一概念，相信未來能夠永遠增長，這是人類想像力的驚人成就，事實上，資本主義經濟就是這樣運行了幾百年，成為世界上大多數經濟運行的唯一後盾。

經濟增長的神話

事實上，經濟一直增長在歷史上並不常見，前現代社會經濟常因為戰亂、瘟疫、災害等影響而大幅度下降。

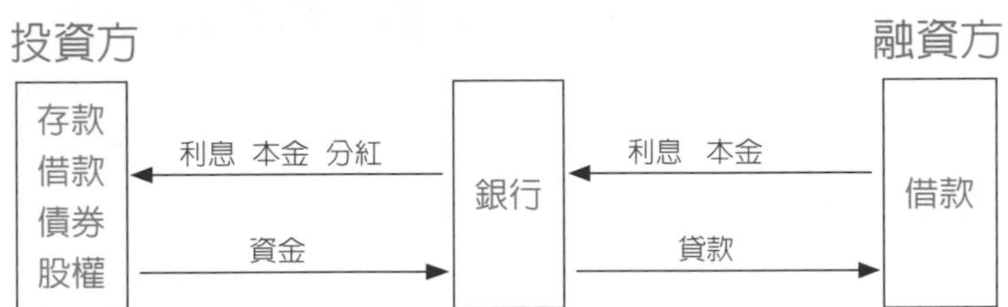

商業活動中資金流向示意圖

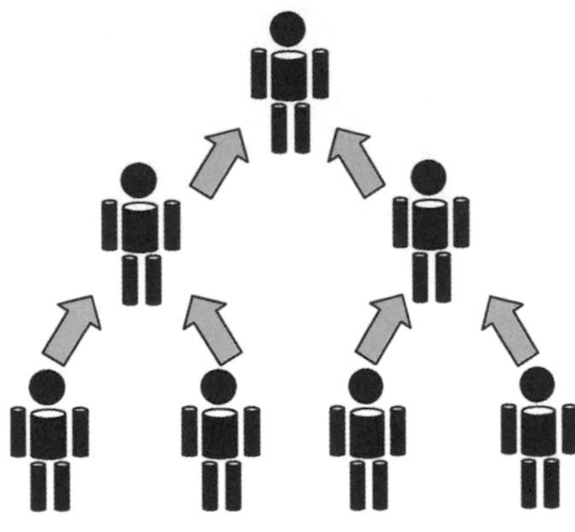

龐氏騙局 20 世紀初一個名叫查爾斯．龐茨的投機商製造的騙局，即利用新投資人的錢向老投資者支付利息和短期回報，以製造賺錢的假象，進而騙取更多投資的詐騙手段。

02 利己也是利他 經濟發展的雙贏概念

金融信貸是資本主義的核心理念，人類在近代發展出「信用」這種金錢概念，亞當・斯密也提出了利己也是利他的觀點，經濟的發展是雙贏的概念，影響深遠。

將「信用」發展成財富

近代之前，經濟發展十分緩慢，人們並不相信未來，過去人們將錢借貸給別人，並不是相信市場這塊蛋糕會變大，也不相信未來會更美好，貸款的數量有限。在很多文化中，富有是一種原罪，所以無法相信別人，致富只有靠掠奪別人的財富，金錢僅能代表「實際存在於當下」的物品。人類在「公平交換」的困境中持續了幾千年，直到金融信貸的資本主義制度打破這個死循環。

人類在近代發展出「信用」這種金錢概念，它是基於對未來的信任，代表著現在還不存在、只存在於想像中的財富。科學革命帶來了進步的思想，這一思想被商人解讀爲：只要相信進步，以及地理發現、技術發明和組織變革，經濟和財富總量都會增長，每個人都能得到更多的財富。

亞當・斯密引發的革命

就是因爲這一觀念得到絕大多數人的認同，過去幾百年間，這種信任創造了信用貸款，信貸帶來眞實的經濟增長，我們也就更信任未來，也願意提供更多的信貸。

1776 年，蘇格蘭經濟學家亞當・斯密發表了《國富論》，可以說是歷史上最重要的經濟學著作。他在這部著作裡提出革命性的觀點：自私的人增加收益的欲望，是增加集體財富和社會福利的基礎。亞當・斯密指出，利己也就是利他，不要將經濟看成是零和博弈，而是雙贏的局面。這個觀點不但在經濟學上具有劃時代意義，也在道德和政治上具有深遠影響。亞當・斯密調和了傳統上道德和財富的矛盾，認爲有錢也是有道德，我們不僅可以同時享受這份變大的大餅，而且如果我的這塊變大了，你的大餅也跟著變大。這一思想對後世資本主義發展的意義不可估量。

《國富論》打開資本主義發展的大門

在進入資本主義社會之後，人們發展出「信用」的概念，而亞當．斯密的《國富論》指出利己也能利他的雙贏概念，從而為資本主義的發展打開了一道大門。

亞當．斯密

經濟學的主要創立者，英國古典政治經濟學最偉大的代表，被公認為現代經濟學之父，他的《國富論》是歷史上最重要的經濟學著作之一，構成了市場經濟的理論基礎和商品經濟運行的原則。

《國富論》的主要觀點和主張

03 資本與財富的不同 資本主義的誕生

資本主義最重要的特點是將財富變爲「資本」，多餘的財富不再被用來享受，而是繼續投入生產之中，追求利潤的資本永不停息，資本主義由此得名。

區分「資本」與「財富」

在亞當・斯密的故事版本裡，富人是社會上最好的人，他們是地球上創造天堂的人。但亞當・斯密強調，並非所有富人都能創造天堂，除非他們將自己的財富投入到生產上，以帶來更多的利潤，從而讓經濟增長的車輪轉動起來。

因此，資本主義經濟確立了一條新的倫理規範：生產的利潤必須再次投入到生產之中，而不是用於個人的奢侈享受上。資本主義也就因此而得名。

資本主義的誕生，將「資本」和「財富」區分出來。資本是投入於生產活動中的各種金錢、物品和資源，而財富則是浪費在非生產活動中的金錢、物品和資源。按照這一理論，富可敵國的法老和海盜都不是資本主義者，而如果一個普通的工人拿出工資的一部分投資股票，即使他不是資本家，也已經是一個資本主義者了。

庸庸碌碌的經濟動物

中世紀的貴族極少把財富投資於促進和擴大生產上，更多的是將大量的財富用於舉辦各種宴會和比賽、發動戰爭，以及興建城堡和宮殿。但到了現代社會，貴族已經被信仰資本主義的新精英所取代。這批人是董事長、金融家、實業家和中產階級者。他們的財富遠超過貴族，但對於奢侈品的興趣不大，享樂時間很少，他們每天像蜜蜂一樣忙碌，參加各種商務談判，尋找最佳的投資機會。他們就像純粹爲經濟而生的動物。

就連我們普通人，聚會聊天的話題也往往離不開看好哪檔股票或債券，投資什麼房子機會較大。各國政府爲了增加未來的收入，也一樣將稅收投資於基礎設施、高科技產業或者教育事業，只是視政府認爲哪種產業更能增加未來的收入。

讓「財富」變成「資本」

資本主義與前現代社會最大的區別是，財富不僅是用來揮霍或儲藏的物品，而是要投入到生產中，帶來更多的利潤，抱持這種思維的財富才是「資本」。

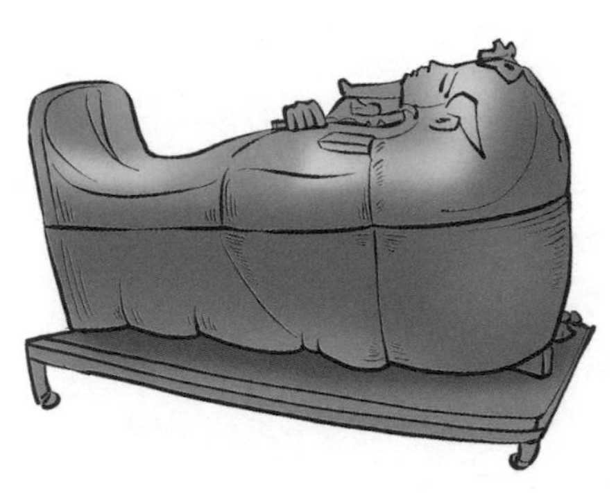

圖坦卡門寶藏　從埃及法老圖坦卡門的墓中發掘出大量財富，古代埃及法老通常將財寶帶入金字塔或者帝王谷。

中世紀貴族　中世紀的貴族不是將財富儲藏起來，就是買地興建城堡宮殿，而不會將錢財投入生產中。

資本再生產　資本主義與前現代社會最大的不同，就在於將金錢再投入生產中，永無休止地追求利潤。正如華爾街流傳的「資本永不眠」。

個人理財　時至今日，隨著投資管道的拓展，就連普通人也注重個人理財，目的是使自己的資產實現增值最大化，這在前現代社會是很難想像的。

04 經濟永遠增長的神話 科學家拯救經濟泡沫

資本主義已經不單單是一種經濟模式，更是一種倫理和思維模式，它的根本前提是經濟將永遠增長，這一神話怎樣才能持續下去呢？

經濟是否會永遠增長？

一開始，資本家所考慮的只是經濟如何運作的理論。這套理論不僅描述金錢和資本如何運作，而且提出了相關規範。然而隨著經濟的發展，資本主義的影響模式已經不單單是一種經濟模式，更是一種倫理和思維模式，告訴我們只有經濟增長才能帶來正義、自由和快樂，乃至一切。資本主義已經迫使每個人都用這種思維在思考。科學發展也在這種理念下發生變化，投資之前首先要回答這項研究會不會提高產量和增加利潤，以及促進經濟增長。現代科學史和資本主義結合得如此緊密，以至於離開資本主義，現代科學史就變得難以理解。

但是，資本主義的根本前提在於經濟可以永無窮境地增長，這明顯與事實相悖。狼群會認爲羊群將無限擴大嗎？怎樣將經濟增長的神話持續下去呢？

身負重任的科學家

現代經濟在呈指數級別增長，最大的原因就在於科學家總是每隔幾年就獲得一項新發現，比如美洲大陸、內燃機引擎、飛機、基因工程等。自 2008 年以來，因爲每個人都害怕經濟會停止增長，政府開始瘋狂印鈔票，金融體系裡憑空多出了幾萬億的財富，然後盼望科學家在經濟泡沫破滅之前，使用諸如生物科技、奈米技術等新發現，創造出全新的產業，依靠新商業和新產品帶來龐大的利潤，抵消銀行和政府的赤字。如果實驗室的腳步不敵泡沫破滅的速度，未來的經濟遠景顯然十分堪憂。

依靠科技推動經濟增長

資本主義已經超越經濟模式階段，而成為倫理和思維模式，現代經濟增長除了投資之外，更多的是依靠科學家的新發明，創造全新產業，避免泡沫破滅。

科技成就對經濟的推動

尼古拉斯・奧托

德國著名工程師，四行程內燃機的發明者和推廣者。

奧托的四行程內燃機，使汽車大規模生產成為可能，奧托也因此被認為是當代世界真正的創造者一。

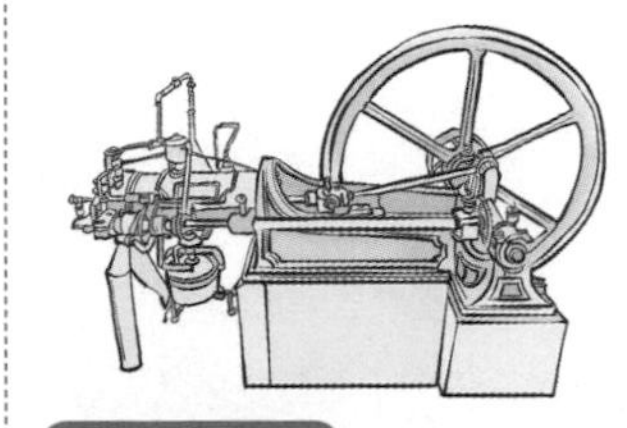

四行程內燃機

四行程內燃機經過進氣、壓縮、動力、排氣四個過程來完成一個循環，比二行程的效率高很多。

萊特兄弟

美國發明家，發明了機身比空氣重的固定翼飛行器，也就是飛機，從此改變了人類的交通、經濟、生產和日常生活。

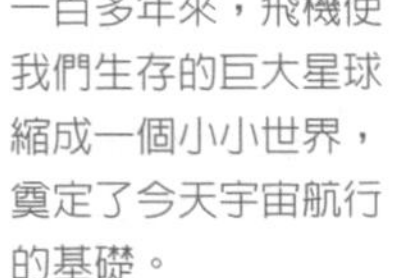

一百多年來，飛機使我們生存的巨大星球縮成一個小小世界，奠定了今天宇宙航行的基礎。

飛行者一號

人類歷史上第一架有動力、載人及可操縱且重於空氣的飛行器，1903 年 12 月 17 日飛行者一號首飛，標誌著航空時代的到來。

伊恩・威爾穆特博士

英國胚胎學家，是世界上第一個用體細胞複製出動物的科學家。

複製技術展示出廣闊的應用前景，在培養優良畜種、生產基因轉殖動物、生產人胚胎幹細胞用於細胞和組織替代療法方面，有著重要的價值。

複製羊桃莉

1997 年，複製羊桃莉誕生，標誌著生物基因技術新時代的來臨，使多莉一躍成為世界上最有名的動物。

05 資本的信貸冒險 探險家與投資者的結合

貸款並非資本主義首創，但資本主義出於追求利潤的衝動參與了投資冒險，贏得發現新大陸的回報，之後資本主義就開始信貸投資的循環，這一力量遠遠超過帝國的軍事擴張。

一次意義重大的投資冒險

貸款與資本主義並非歐洲人首創。在近代中國、印度和阿拉伯世界，商人和資本家也有類似的思考，但他們往往遭到帝國統治者和貴族的輕視，非歐洲國家的建立者主要依靠向民眾收稅和掠奪的手法獲得資金，幾乎不需要信貸系統。與此同時，歐洲的國王則接受了資本主義的思考方式，歐洲人征服世界的過程中，主要依靠資本家主導，並且從信貸活動而非稅收籌集活動經費，因此資本家逐漸掌握了政治、經濟的統治權，他們的目標就是得到最高的回報。

哥倫布發現美洲的過程就是一次尋找投資與投資獲得巨大回報的冒險活動。他堅信地球是圓的，往西走能夠發現新大陸，但在尋找金主資助遠征活動的過程中屢屢碰壁。最終是西班牙的伊莎貝拉女王決定投資，然後哥倫布開啓了他那改變世界之旅。伊莎貝拉女王也獲得巨大回報：西班牙人征服了美洲。

資本主義的奇妙循環

哥倫布的成功使得王公貴族與銀行家開始對勘探冒險活動的信心大增，更加願意資助這類活動。逐步形成了帝國資本主義的奇妙循環，商人們通過信貸活動，順利購置了遠航探險的裝備，發現並征服新殖民地，而殖民地帶來利潤，通過殖民活動獲得財富還貸，建立了信任，信任則轉化爲更多的信貸，下一次冒險活動就更容易融資。

這種循環方式遠超過帝國的軍事擴張，軍事擴張往往因耗資巨大而停止，信貸投資遠征則讓經濟實力更加強大。時間流逝，西歐發展出一套複雜的金融系統，其效率超過任何王國或帝國。於是，荷蘭崛起成爲「海上馬車夫」。

信貸投資遠征模式

哥倫布尋找新大陸是一次探險活動與信貸資助的巨大成功。此後，這種信貸投資遠征就成為常態，甚至比帝國進行軍事擴張更為強大。

哥倫布覲見伊莎貝拉女王

在其他國家尋找投資屢遭碰壁之後，哥倫布終於得到伊莎貝拉女王的資助，這次遠征是資本與冒險活動的圓滿合作。

哥倫布登上新大陸

哥倫布被伊莎貝拉女王封為海洋艦隊司令及新發現土地的總督，可以獲得所掠奪珠寶香料的 10%，並一概免稅，有權收取經過這些屬地的船隻 1/8 的利潤。

獻給國王的回報

1493 年，哥倫布返回西班牙，向西班牙國王及伊莎貝拉女王獻上財物和當地土著，並接受國王和女王最高禮儀的迎接。

阿姆斯特丹銀行

1609 年，世界上第一家現代意義上的公共銀行——阿姆斯特丹銀行建立。荷蘭人隨後發展出當時最先進的信貸系統，逐步成為「海上馬車夫」。

06 海上霸主地位的確立 由商人撐起的荷蘭帝國

荷蘭是如何從一個偏遠貧窮的歐洲低地變成了全球海洋霸主？成功的關鍵在於擁有最完善的信貸體系，從而贏得投資者的信心，建立荷蘭帝國的不是國王，而是商人。

荷蘭的驚人崛起

在 16 世紀，西班牙是整個歐洲最強大的國家，而荷蘭僅僅是西班牙領地中一個偏遠的低地。然而 80 年後，荷蘭不但脫離西班牙而獨立，並且取代了西班牙和葡萄牙，成爲全球海洋霸主，建立全球性的荷蘭帝國，一躍成爲歐洲最富有的國家。它是怎麼做到的？

荷蘭人成功的關鍵就在於信貸。荷蘭帝國是由荷蘭公司所建立，最著名的荷蘭公司莫過於荷蘭東印度公司（Vereenigde OostIndische Compagnie, VOC）。這家成立於 1602 年的公司在阿姆斯特丹股票交易所獲得資金，建造大量船隻後，從印度、中國和印尼運回貨物，在歐洲販賣，很快又出資進行對印尼的軍事侵略，最後幾乎攻占整個印尼，統治印尼幾百萬人口長達 200 年之久。那麼，荷蘭人爲何能獲得金融體系的信任，取得如此驚人的成就呢？

遵守法紀，保護私有財產

相對於西班牙，荷蘭人具有什麼樣的優勢？首先，他們堅持準時、全額還款，這一原則讓貸款人借貸的風險降到最低；其次，荷蘭司法獨立，保護個人權利，特別是私有財產權。這對於不願意保障個人及其財產的獨裁國家來說，是極大的優勢，最終資本不斷流向願意遵守法紀、保護私有財產的國家。

同樣在荷蘭和西班牙進行投資，前者能夠連本帶利地歸還金錢，而後者則因爲西班牙和法國、土耳其的衝突，在耗資巨大的軍事活動中，別說利息，連本金都要不回來。至於打官司，荷蘭法院會公正裁決，而西班牙法院則揣測上意判決，甚至西班牙國王會因爲你有錢，以「莫須有」的叛國罪將人關進監獄，爲了自由最終不得不付出贖金。荷蘭人建立帝國是因爲他們贏得了投資者的信心，而西班牙則恰恰相反，建立荷蘭帝國的不是國王，而是荷蘭商人。

荷蘭商業帝國的建立

當西班牙、葡萄牙即將沒落時，荷蘭人憑藉其出色、不斷創新的商業頭腦，迅速占據了世界海上霸主的位置，而建立這一切的並非荷蘭國王，而是荷蘭商人。

荷蘭東印度公司的商船

荷蘭東印度公司在成立後將近 200 年間，總共向海外派出 1772 艘船，約有 100 萬的歐洲人搭船前往亞洲。

荷蘭東印度公司的標誌

其公司標誌以 V 串聯 O 和 C。

阿姆斯特丹證券交易所

於 1609 年、在荷蘭阿姆斯特丹內達姆廣場誕生，成為世界上最古老的股票交易所，以金融類股票為主，國外股票占了相當高的比例。

荷蘭人創造的人類金融史上的第一

1. 成立了世界上第一家聯合股份公司：荷蘭東印度公司。
2. 發行了世界上第一支股票：荷蘭東印度公司股票。
3. 成立了世界上第一個證券交易所：阿姆斯特丹證券交易所。
4. 成立了第一家現代意義的銀行：阿姆斯特丹銀行。
5. 歷史學家幾乎一致地認為：荷蘭人是現代商品經濟制度的創造者，他們將銀行、證券交易所、信用及有限責任公司，有機地統一成金融和商業體系，帶來了爆炸式的財富增長。

07 致富的美好幻象 史上最慘烈的金融崩潰

18 世紀，法國和英國爭奪殖民霸主地位時，發生了密西西比泡沫事件，這是當時歐洲最大的金融危機，不但讓法國金融體系遭到重大打擊，甚至成爲法國大革命的誘因之一。

法國金融危機

到 17 世紀末，荷蘭人由於發動戰爭成本高昂、過於自滿，逐步失去了歐洲金融和帝國引擎的地位，法國與英國開始爭奪這個地位。最終英國獲勝，法國在 18 世紀爆發了密西西比泡沫事件，是當時歐洲最大的金融危機，法國王室因此臭名遠揚。

18 世紀初，法國由於連續發動戰爭，國內奢靡之風盛行，導致債臺高築，此時約翰・羅出任財政部長，他是密西西比公司的所有人，在美洲密西西比河下游開拓殖民地，擁有壟斷經營權利。密西西比公司鼓吹密西西比遍地黃金，商機無限，於是該公司股票一路上漲，從每股發行價 500 里弗爾漲到 2750 里弗爾，一個月之後漲到 5000 里弗爾，三個月後更上漲到 10000 里弗爾，在政府的參與下，無論貴族還是普通農民，都幻想從密西西比股票中獲得無盡財富。

密西西比公司崩盤

然而，泡沫不可能無限擴大。有部分股票炒手經過計算，發現股價已經太誇張，完全不可能維持，決定脫手套現，其他投資者見到價格下跌也跟著拋售，於是密西西比公司股價開始暴跌，跌幅爲 95%，許多人傾家蕩產、甚至自殺。

密西西比泡沫事件讓法國人對法國金融系統和國王的金融智慧都失去了信心，「銀行」這個名詞在法國被詛咒了一個世紀，而法國王室的金融體系也一直沒有走出這場重大打擊，路易十五很難推動各項信貸計畫，路易十六時期年度預算的一半都要拿來支付利息，瀕臨破產的他不得不召開已經停止 150 年的三級會議，法國大革命也由此拉開序幕。從這個意義上說，密西西比泡沫稱爲史上最慘烈的金融崩潰也不爲過。

三大金融泡沫事件之一

密西西比泡沫事件與鬱金香炒作、南海公司泡沫，並稱為金融史三大金融泡沫，是政府利用壟斷和權力赤裸裸地進行掠奪，導致貨幣體系的崩潰。

約翰．羅

蘇格蘭銀行家、金融學家，他在法國推行用紙幣代替金銀貨幣，由於缺乏正確金融理論的指引，最終成為密西西比泡沫事件的罪魁禍首。

法蘭西波旁王朝路易十五「金路易」

18 世紀的歐洲依然採用金屬本位貨幣，約翰．羅推行紙幣本位，但因為法國政府的貪婪而最終崩潰。

反映密西西比泡沫的版畫

密西西比公司的股票有時幾個小時就能上漲 20%，讓整個法蘭西沉浸在致富的狂熱之中。

三大金融泡沫造成的後果

歐洲早期的三大金融泡沫是指 1637 年荷蘭鬱金香狂熱、1719 年法國密西西比公司泡沫，以及 1720 年英國南海公司泡沫。

鬱金香泡沫導致很多個人和銀行破產，加速荷蘭衰落的步伐。英國南海公司泡沫事件導致英國政府頒布《泡沫法案》，禁止股份有限公司長達 100 多年。密西西比泡沫事件則加劇法國政府的財政困境，並導致「銀行」這個詞被法國人詛咒了 100 年之久。

08 國家角色轉變 資本與政治的聯姻

資本主義已經發展至公司通過控制政府來達到目的，第一次中英鴉片戰爭就是一個典型。到了今天，資本與信貸、政府之間的聯繫，更是達到空前的密切程度。

國家為資本家發動戰爭

到了 19 世紀，資本主義與政府的聯繫更加緊密，股份公司不再像荷蘭東印度公司、英國東印度公司那樣管理殖民地，公司的經理和所有人已經控制了母國的政府，公司可以控制政府來做那些麻煩事。就像馬克思和其他社會批評家所說的那樣，現在的西方政府幾乎就像是資本家的工會。

國家爲資本家服務最臭名昭著的例子，莫過於中英第一次鴉片戰爭。爲了扭轉對華貿易逆差，英國在 19 世紀上半葉向中國大量出口鴉片，導致數百萬中國人成了癮君子，清政府認定販毒非法，並開始禁止毒品交易，沒收、銷毀鴉片。英國的鴉片煙商與英國政府及議會關係良好，於是向政府施壓。1840 年，英國以保護自由貿易爲名，向中國宣戰，並依靠軍事技術優勢輕鬆贏得了戰爭，毒品貿易因此合法化，清政府還被迫賠償英國鴉片商人的一切損失。到 19 世紀末，中國鴉片成癮者約占總人口的 10%。

信用等級的重要性

今天，資本與信貸、政府之間的關係依然非常緊密。一個國家是否成功，更多地依賴於它的信用等級，而非自然資源。要評定一個國家的信用等級，經濟體系是否健全比資源的多寡更加重要。自然資源豐富但政府低效、司法腐敗、治安混亂的國家，其信用等級必然不高，很難依靠信貸資金開發資源，很可能在資金上坐困愁城。相反地，政府和司法系統健全、社會安定，即使資源不足的國家，也能以較低廉的代價獲得資金，支撐國家的經濟發展。

國家為資本開道

資本主義發展到成熟階段，就是政府為資本服務，甚至不惜發動戰爭，到今天，資本更成為評價一個國家信用價值的基礎。

資本與政治聯姻的漫畫
漫畫中形象地表現出資本家在背後控制議會的情景。

簽訂中英《南京條約》

中英第一次鴉片戰爭的起因並不僅是鴉片，還在於英國為了獲得在中國巨大的市場進行自由貿易的機會，因此，英國史學家又將其稱為「通商戰爭」。

標準普爾主權信用評級方案框架圖

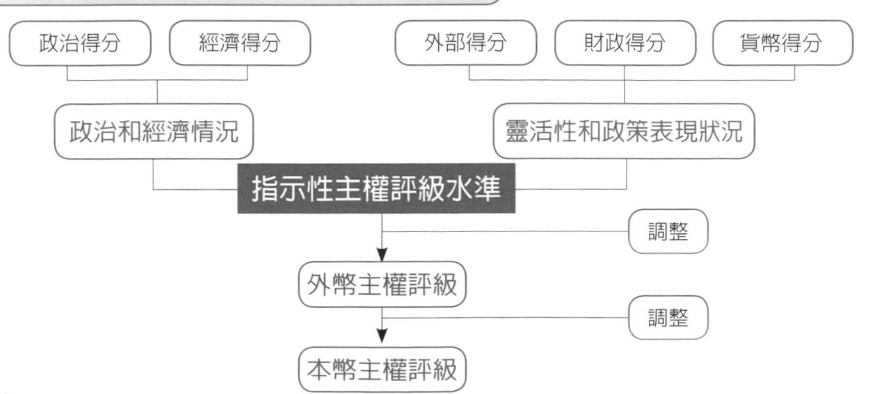

09 自由市場與資本主義 市場調節萬能的陷阱

市場根本無法脫離政治，相信自由市場萬能的理論，本身就與資本主義的教條相違背。過於迷信市場的力量，就很難避免經濟蕭條和經濟危機的衝擊。

自由市場信仰者的論調

資本與政治的關係究竟該何去何從？自由市場的信奉者認爲資本應該自由影響政治，反過來，政治不該過多干預經濟，自由市場的力量自然發展，就能確保經濟以最快的速度增長，政府的介入只會導致價格、供需關係扭曲，無法使資源配置達到最優。在商人眼裡，最好的政府就是什麼都不管的政府，他們認爲把錢留在口袋裡就可以開設新工廠，讓失業的人都能有工作。

自由市場信仰者將自由市場做爲最高價值、進行鼓吹，幾乎批評政府做的一切事情，從對外出兵、稅收，甚至連各種福利政策也在被抨擊之列。他們認爲市場能夠更好地提供有價值的服務，國防和法律制度也不例外，即使沒有直接稅收的情況下也能被提供。

走向極端就是可笑

相信絕對的自由市場本身就是幼稚可笑的。因爲這個世界上根本不存在完全脫離政治的市場，這與資本主義的教條相背離。資本主義最重要的資源在於「信任」，而這一資源極易受到各種欺詐、盜竊乃至暴力活動的威脅，僅靠市場本身無法避免這些坑蒙拐騙的行爲。這時就要依靠政府對市場的管理，以法規禁止欺詐，以法庭和監獄執行法律，否則足以毀掉信任，經濟也會衰退。

自由市場本身的種種缺陷也會導致市場失靈。比如公共物品供給不足，道路、郵政、國防等具備特殊性的服務，由於投入過大或利潤太少，私人公司不願或無法提供；此外，諸如壟斷與惡性競爭、資訊不對稱導致的投資盲目性等都非政府干預無法修正缺陷。20 世紀 30 年代的大蕭條和 2008 年美國房地產泡沫破裂來的經濟衰退，都提醒我們不得不吸取教訓。

自由市場的缺陷

該如何處理資本與政治的關係？自由市場信奉者認為政府干預愈少愈好，而實際上如果沒有政府干預，資本主義最重要的資源「信任」就很容易被破壞。

亞當・斯密自由競爭理論的要點

1. 相互競爭，使其作品日臻完美，愈趨低廉。
2. 競爭愈自由、愈普遍，事業愈有利於社會。
3. 一種事業若對社會有益，就應當任其自由、廣其競爭。
4. 充分的自由競爭會最大限度地發揮社會每個成員的主觀能動性和積極性，並通過個體事業的發展，來推動整個社會財富的增長。

大蕭條時期的工人

1929 年～1933 年的經濟危機是最嚴重的資本主義經濟危機，充分暴露市場失靈的問題，通過凱恩斯的國家干預理論指導羅斯福「新政」，才走出危機。

市場調節的盲目性

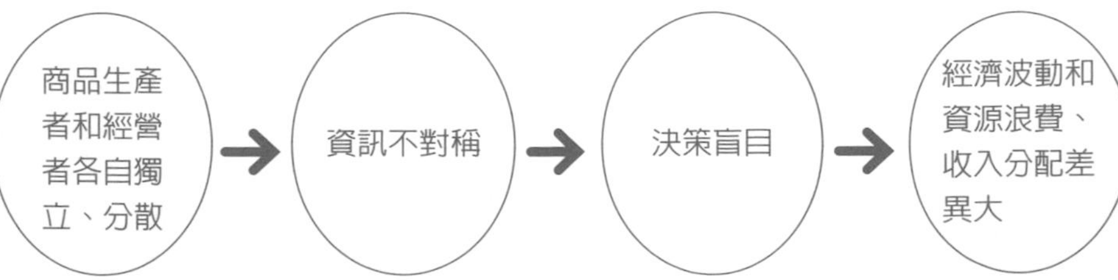

10 資本主義的地獄 貪婪的資本家

亞當・斯密高估了人性的善良，不惜代價追求利潤的動機，讓資本來到世間之時，「從頭到腳都滴著血和骯髒的東西」，如果不能通過政治或法律進行制約，對利潤的追求可能徹底毀掉道德。

原始積累時期的罪惡

自由市場的另一個危險在於，亞當・斯密高估了人性的美好，他相信如果鞋匠獲得更多利潤，就會雇用更多助手，促進生產的發展。然而，貪婪的鞋匠有可能剝削和壓迫弱者，以減少工資、延長工時的手段來增加利潤。

更糟糕的是，貪婪的強者還能利用自己的力量，將爲他們工作的弱者變爲奴隸。歐洲早期資本主義的興起，與大西洋奴隸貿易有密切關係。16～19 世紀，大約有 1000 萬名非洲奴隸被運到美洲，其境遇極爲悲慘。而整個奴隸貿易產業並不是國家或政府控制，而是根據供需法則，由市場組織、管理和資助，歐洲中產階級投資這些活動，爲奴隸貿易提供資金，這是完全的市場活動。

當利潤增長變成最高追求目標且不受道德或政治因素約束時，人們對增長的追求往往導致災難。大西洋奴隸貿易可能是資本主義原始積累階段最大的罪行，但這並非偶然、單一的事件。

樂觀的想望

人類的歷史從來不是純潔無邪，到了 19 世紀，資本家的道德並未得到提升，工業革命大幅提高了生產率，讓銀行家和資本家賺得盆滿缽滿，但數以百萬計的勞工陷入赤貧狀態。即使在今天，血汗工廠因爲惡劣的工作條件、低廉的報酬、高強度的工作而臭名昭著，但在全世界依然有數不清的這類工廠。

資本主義創造了一個只有它能夠運作的世界。樂觀的資本主義者認爲，只要再多些耐心，把經濟蛋糕做得再大一些，天堂就一定會降臨人間。雖然分配永遠不會公平，但最後所有人都能得到一塊「足夠」滿足他們生活的蛋糕。然而，經濟蛋糕眞的能無限做大嗎？

資本主義的原罪

亞當・斯密低估了資本家的貪婪，原始積累時期的資本主義充斥著三角奴隸貿易這樣的罪惡，即使在今天，血汗工廠的報導也屢見報端，人類歷史從來不是純潔無邪的。

反映壟斷時期競爭的漫畫

從 19 世紀晚期開始，壟斷組織開始出現，在市場上形成絕對優勢，憑藉自己的地位規定壟斷價格，賺取高額利潤，其他競爭者只能在剩餘的市場占有率裡分到殘羹冷炙。

血汗工廠裡的童工

大規模雇用童工是從 18 世紀工業革命之後開始的，資本家將童工變成單純創造剩餘價值的工具，使兒童的身心備受摧殘，造成了嚴重的社會後果，經過工人階級長期鬥爭，資產階級政府才陸續立法限制。

三角奴隸貿易

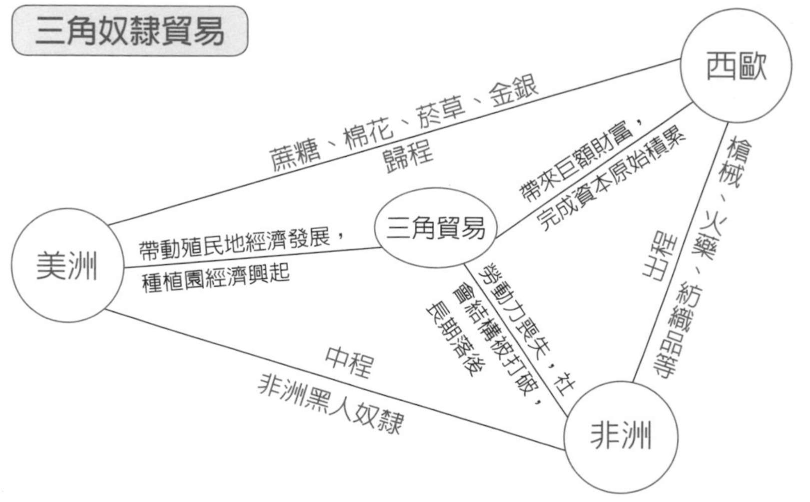

第十七章
日新月異的技術

01 利用能源與新材料 工業革命突破的核心

人們一直擔心能源和原材料枯竭，而事實證明新能源和新材料會隨著科技的發展而不斷出現。正是新能源和新技術革命推動了工業革命，進而改變人類的生產和生活方式。

層出不窮的新資源

回顧過往 300 年的經濟史，人類在過去幾個世紀雖然一直擔心能源和原材料被耗盡，但實際上在用量激增的同時，可供使用的能源和原材料不減反增。每當出現能源或原材料危機的時候，經濟增長放緩，投資就會流入相關科研領域，科學家和工程師總能找到解決問題的辦法，今天人類使用的新材料，如塑膠、橡膠、鈦、稀土元素，都是我們祖先完全不知道的。在 17 或 18 世紀，建造和製作人工物品的大部分能量，來自人或動物的肌肉，現在這些能量主要由內燃機和核電站提供。

工業革命就是能源轉換革命

早在工業革命之前，人類就已經知道如何使用不同的能源，當時幾乎所有人類活動依靠的力量，就是人類或動物自身。而肌肉的力量，即人或動物的肌肉都是從植物而來，植物的能量則來自太陽，所以歷史上人類成就的絕大部分，都是從植物中獲得太陽能轉化的能量。正因如此，人類歷史在過去一直是由植物的生長週期和太陽能的變化週期所主導。

從整個工業發展史來看，能源革命推動了工業革命，工業革命是由技術突破引起，突破的核心就在於應用技術推動能源開發利用方式發生了變化，進而出現新的產業，改變人們的生產生活方式。

新材料與新能源

人類對能源和原材料耗盡的憂慮被證明是杞人憂天，隨著產業革命的發展，可供使用的能源和原材料不減反增，工業革命突破的核心，就是能源開發利用方式產生革命，從而發展出新產業，改變了人們的生活。

新材料革命的標誌

查理斯・固特異 美國發明家，世界橡膠之父，他發明的橡膠硫化技術，對後世橡膠工業產生巨大影響。

天然橡膠對溫度過於敏感，1839 年固特異發明的硫化橡膠技術，成功克服了這一弱點。→

固特異是為了還債才進行發明，但他沒能從橡膠硫化技術中獲得益處，負債累累，於 1860 年在貧病中去世。

列奧・貝克蘭 美籍比利時發明家，塑膠之父。他於 1909 年第一次用苯酚和甲醛，製造出完全人工合成的塑膠。

華萊士・卡羅瑟斯 美國化學家，1930 年成功研究出第一種合成橡膠——氯丁橡膠，1935 年發明了尼龍。

能源革命的標誌

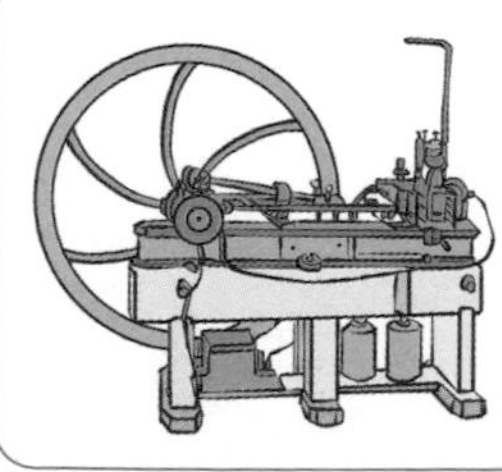

四行程內燃機

第二次工業革命中的成果，使得石油成為工業發展不可或缺的能源，大大推動了人類技術的進步。

核電站

20 世紀 50 年代開始出現，是以核裂變反應中產生的能量轉變為電能的發電廠。

02 一切從蒸汽機開始 工業革命大進展

從蒸汽機、內燃機再到電力，人類可以通過適當方式，使能源爲人類所用。這點改變了人類歷史，從大英帝國到今天的電力時代，動力革命也推動了人類的發展。

廚房中熱能隱藏的潛力

人類進入文明社會幾千年的時間裡，一直面對能源使用史上最重要的發明卻視而不見。在廚房裡燒水沸騰的時候，每個人都注意到熱能轉化成動能，蓋子跳上跳下，但沒有人想到這件事隱藏的眞正潛力。

工業革命的第一個大突破發生在 17 世紀末到 18 世紀初，由於英國煤礦容易發生透水事故，在西元 1700 年，英國煤礦工程師發明「蒸汽機」，將其用於礦井裡抽水，英國人很快地發現了蒸汽機的價值，進一步使用於織布工廠。工業革命就此開始了。英國從此一躍成爲領先世界的工業國家，並建立起一度占世界陸地面積 20%的「日不落帝國」。

將能量為我所用

蒸汽機有各式各樣，但基本原理都是將熱能轉化爲動能，蒸汽機的重要性不僅是它本身提供的動力，更在於它打破了一個巨大的心理障礙。那就是證明通過適當的裝置，世界上幾乎任何地方與類型的能量，都可以爲人類所用。這激發了人們研究轉化能量的熱情。

在工業革命之前，人類能源依賴植物，而在此之後，能源被認爲是取之不盡的，還沒取得只是因爲知識不夠。各種利用能源的裝置不斷被發明出來。19 世紀中期，艾蒂安・雷諾發明內燃機，從而啓動了石油中儲存的能量，徹底改變人類的運輸方式，還將石油變成國家之間爭奪的政治力量。

最爲驚人的是電力的發展。大約兩個世紀以前，電力只是被用於魔術或者神祕的科學實驗，但到了今天，通過一系列發明，電已經成爲人類不可或缺的能源，很少有人能想像如果生活中沒有電該怎麼辦。

能源利用的成就史

新能源的利用是工業革命的重要成就，蒸汽機帶給人們的啓示是任何類型的能量都可以為人類所用。此後，內燃機、電力、原子能成為人類發展的巨大推動力。

廚房中的熱能

水蒸氣能推動爐蓋的現象被無數人注意到，但工業革命之後，才有人想到將熱能轉化為動能，打開了人類轉化能量的大門。

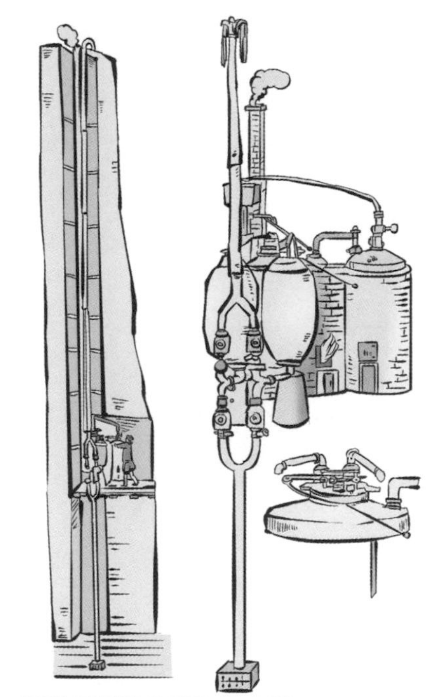

薩弗里製造的蒸汽提水機

蒸汽機首先被用於礦井抽水，依靠真空吸力汲水，效率低，能耗大。

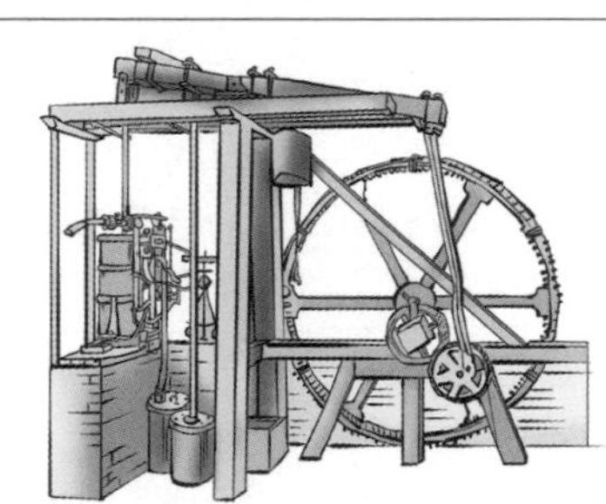

瓦特改良的蒸汽機

瓦特的蒸汽機使熱效率成倍提高，煤耗下降，在各個工業部門得到廣泛應用。

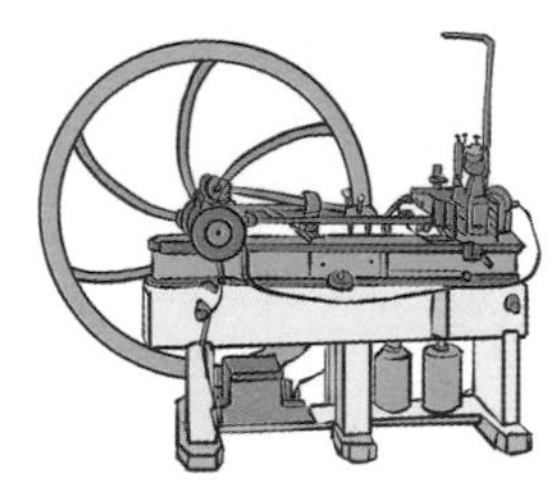

奧托發明的內燃機

1866 年，德國發明家奧托研製成功第一臺往復活塞式四行程內燃機，以煤氣為燃料，功率和熱效率都是當時最高。

03 無窮的能源與材料 駕馭新能量的課題

工業革命的核心就是能源轉換的革命，其關鍵不是發現某個特定能源或原材料，而是人們對如何使用它們有了全新的認識。宇宙充斥著能量和物質，只要人類有辦法駕馭。

方興未艾的技術開發

單純就太陽系來說，每天太陽放射出的能量只有一小部分到達地球，但即使這一小部分，也遠遠超過了全球石化燃料所儲存的全部能量。地球上所有植物進行光合作用的過程中，只能保留大約 3000 艾焦（1 艾焦相當於 10 的 18 次方焦耳）的太陽能，而到達地球的太陽能則高達 3766000 艾焦，現今人類所有活動，每年大約消耗 500 艾焦的能量，這僅相當於地球在 90 分鐘內接受的太陽能而已。

目前人類對新能源的利用方興未艾，諸如太陽能、風能、生物質能、潮汐能、地熱能、氫能和原子能等。新能源不但具有取之不盡、用之不竭的特點，比如地球上波浪蘊藏的電能高達 90 萬億度，也能避免或減少能源利用過程中的汙染。人類在能源方面主要面對的問題，就是找到一個更好的「抽水泵」，能夠更低成本地利用新能源。

解決「原料短缺」

在人類學會轉換和駕馭能量之後，也逐步解決了另一個阻礙經濟發展的問題：原料短缺。有了大量廉價的能源，人類在傳統材料的基礎上，根據現代科技的研究成果，能夠取得過去無法使用的材料，或者發明全新的材料，比如塑膠和尼龍，以及發現先前未知的天然原料，如矽和鋁。

目前全世界材料產業的產值以每年約 30%的速度增長，化工新材料、微電子、光電子、新能源成了研究得最多、最被投資者看好的新材料領域，材料創新已經成爲推動人類文明進步的重要動力之一。

新能源之路

人類已經意識到能源和新材料是無窮無盡的，但面臨的主要問題就是如何找到低成本地利用新能源之路，另一個重要問題是找到更能適應科技發展的新材料。

傳統能源與新能源

幾種新能源的形式

太陽能　太陽每分鐘照射到地球上的能量，相當於 500 萬噸標準煤，地球上的風能、水能、海洋溫差能、波浪能和生物質能都來自於太陽。

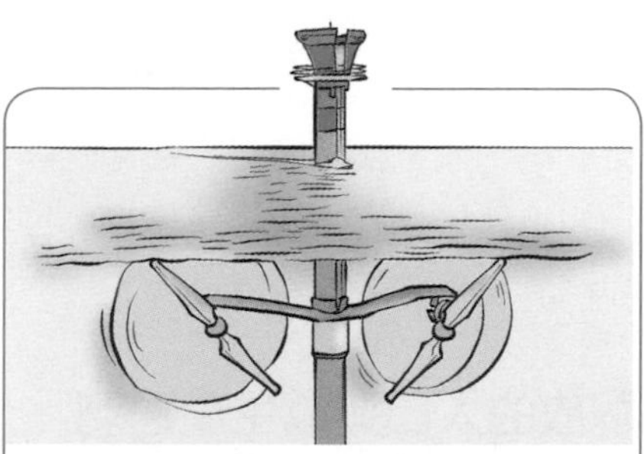

潮汐能　利用海水週期性漲落運動中所具有的能量，科學家估算世界潮汐能發電的資源量在 10 億千瓦以上。

風能　空氣流動所產生的動能，人類利用風能的歷史可以追溯到西元前，全球的風能約為 1300 億千瓦。

地熱能　從地殼中抽取的天然熱能，來源於地球內部熔岩，其中距地表 2000 公尺內儲存的地熱能為 2500 億噸標準煤。

04 催生新的生活方式 工業化的農業

提到工業革命，很多人腦海中首先浮現的，大概是工廠煙囪不斷冒著煙和惡劣的工作環境。事實上，工業革命首先引爆且影響最深的是農業。

以機械取代人力

在過去 200 年間，工業化生產首先成爲農業的支柱，影響農業和食品生產的過程，農業機械承擔了過去人力和畜力難以完成的工作，工業產品如化肥、殺蟲劑則讓土地和家畜變得更加高產，現代化的運輸工具可以快速、低成本地將農產品投送到世界的另一端。

智人在農業革命中被抬升到神聖的位置，但其他農場動物則變成人類的附屬品，被當成生產食物的機器。在集約化動物農場之中，人們會滿足牠們的物質需求，但毫不關心牠們的精神需求。飼養這些農場動物，只是爲了生產更多的肉、蛋、奶或者幼崽。顯而易見，這會給動物造成極大的痛苦，而動物福利已經是工業化農業產生的道德難題之一，到今天全球有幾十億頭（隻）農場動物成爲機械化流水線的一部分，每年約有 100 億隻動物被工業化屠宰，以支撐我們的經濟和生活方式。

解放的人口造成生產過剩

農業革命之前，農民在文明社會中占總人口的比例超過 90%，而工業革命使得生產率大幅提高，解放了數以十億計的人口，讓他們開始走出農村。如美國現在只有 2%的人從事農業，不但養活了整個美國的人口，還大量出口剩餘的糧食。

正因爲農業工業化釋放出的人力，才使得走進城市的人生產了愈來愈多的產品，人類製造出前人無法想像的多樣產品，生產鋼鐵、建築及各類物品。人類有史以來第一次出現產能過剩，生產超過了需求。於是催生出一個全新的經濟問題：消費。

農業革命和城市化

工業化生產首先在農業上產生突破，機械化、化肥、殺蟲劑的使用，大幅提高了農產品產量，農場動物成為機械化流水線上的一部分，勞動力解放更加促進了城市化的進程。

農業機械化

農業機械化大幅提高農業生產力，有效保障了農業發展和食品安全。

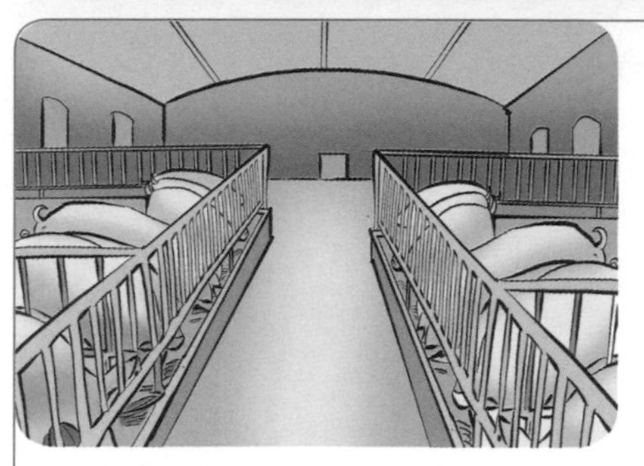

工業化養殖和工業化屠宰

人類需要肉食，工業化養殖和屠宰是滿足人們日益增長的肉類食品需求的唯一手段，但其非人道的生產方式也受到非議。

1800～2050 年英國、美國和中國的城市化進程圖

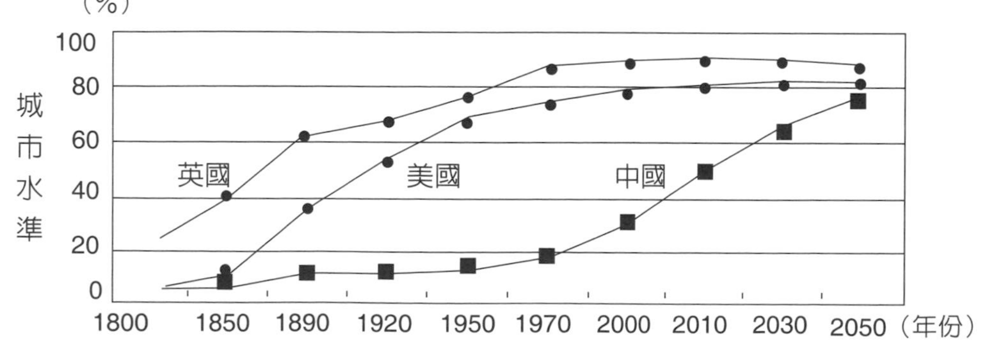

05 消費主義狂潮 資本主義的「宗教」

工業革命解決了物品匱乏的問題，隨之而來的是生產過剩，鼓勵消費成了這個時代的新時尚。商人們千方百計地說服人們消費，讓消費者相信：通過消費就能走進天堂。

人們成為優秀的消費者

在工業革命之前，人類的歷史是物質匱乏的歷史，於是節儉成爲美德，正直的人應該從不浪費食物，衣服破了就拿去縫補，只有國王和貴族才被允許放棄節儉的價值觀，公然炫耀自己的財富。

工業革命之後，海量的產品解決了物品稀缺的問題，但光生產還不夠，還需要消費，否則產品沒人購買，企業或投資人就只能關門大吉。於是新的倫理觀——消費主義粉墨登場。

消費主義的美德就在於鼓勵人們善待自己、寵愛自己，節儉是一種需要治療的心理障礙，過度消費直至入不敷出才是眞正的好事。消費主義在大眾心理學的鼓吹下，通過電視節目、網路、電臺等無孔不入的傳播，成功讓普通大眾變成優秀的消費者。

通過消費走進天堂

過去 100 年，消費主義讓我們買下無數不需要、甚至買不起的產品，購物成爲人類最喜愛的消遣。各種節日乃至宗教節日全都成了購物節，每年紀念節日的主要方式就是跑去「血拼」購物，反正閒著也是閒著。

傳統農業社會中，人們最恐懼的是飢餓，而今日最重要的健康問題則變成肥胖，一個糟糕的事實是肥胖者較多的國家，無一能使肥胖率下降；在許多國家，窮人比富人更胖。這是消費主義的雙重勝利，大家吃得多，食物消費得也多，而反過來，吃多導致肥胖就要購買減肥產品，於是胖子爲經濟增長做出了雙重貢獻。

資本主義和消費主義的倫理如同硬幣的兩面，富人的最高使命是投資，平民的最高使命則是消費。大多數人都輕鬆達到了資本消費主義的理想。

資本主義的新倫理觀

工業革命之後，物品稀缺的問題得以解決，消費成了資本主義的新倫理觀。在傳媒無孔不入的影響下，有史以來第一次，資本／消費主義成為大部分信徒都按照教義行事的「宗教」。

什麼是消費主義

- 以「欲求」為特徵的一種意識形態、價值觀念和生活方式。
- 把個人的自我滿足和快樂，放到第一位的消費思潮或風氣。
- 被現代文化刺激起來的欲望之滿足。

前現代社會，節儉在大多數文明中都代表一種優秀品質，荷蘭哲學家伊拉斯謨曾說：「簡樸是我們美德的可靠衛士。」

在各種傳媒的轟炸之下，消費主義倫理大獲全勝，各種節日都是以購物做為慶祝方式，甚至誕生「雙十一」這種消費主義的狂歡節。

肥胖與減肥是消費主義的雙重勝利，一方面，吃得多可以消費更多的食品；另一方面，減肥也造就了減肥產業，再次促進經濟增長。

消費主義的特徵

1. 把消費當作人生的終極目標
2. 為消費而消費
3. 對商品象徵意義的消費
4. 人為製造消費需求

第十八章
現代新和平

01 物種再次大滅絕 稱霸全球帶來的危機

工業革命帶來了生物界的又一輪大滅絕，這種滅絕可能進一步威脅智人的生存。如果人類滅絕，也許下一個統治地球的，將是進化後的老鼠和蟑螂。

新一輪的滅絕

工業革命給予人們控制大量能源和原材料的能力，人類對於周圍生態系統的依賴大爲減少，於是按照人類的需求和想像，地球被重新塑造，這導致其他物種的棲息地受到破壞，讓其他生物遭遇毀滅性打擊，又一次的物種大滅絕開始了。

今天的地球上大約有 70 億智人，所有人的總重量大約爲 3 億噸，與此同時，所有家畜和家禽總重量約達 7 億噸，而所有倖存的大型海陸野生動物的總重量，加起來不到 1 億噸。

地球統治者可能易位

生態破壞與資源短缺的問題並不相同，在不遠的將來，人類可能掌握大量資源，但同時，地球上大部分的自然棲息地也會被破壞，大部分物種會走向滅絕。這場生態系統災難最終也可能威脅智人的生存。

很多人稱這是對自然的毀滅，但準確地說，自然本身並不會被毀滅，只是「被改變」而已。正如 6500 萬年前，一顆小行星擊中地球，讓恐龍滅絕，但哺乳動物的進化卻開啓了一條康莊大道。今天人類做著相同的事情，大量物種乃至人類本身都將滅絕，而某些生物則在人類造成的改變中自得其樂，比如對老鼠和蟑螂來說正在全盛時期。也許 6500 萬年之後，會有一群高智商的老鼠控制地球，牠們會感激人類爲牠們開闢了統治地球的道路。

從「智人」到「鼠人」

已經稱霸全球的人類，正在根據自己的需求和想像重塑地球，結果就是造成第六次生物大滅絕，也許將帶來人類的毀滅，而下一個統治地球的將是老鼠和蟑螂。

生物滅亡時鐘

恐龍滅絕　科學研究一般認為，6500 萬年前，一顆巨大的隕石撞擊墨西哥灣，引起超級火山爆發，地球上的氣候突變，導致稱雄地球 1 億多年的恐龍滅絕。

鼠人　科學家認為人類滅絕之後，最有可能存活並統治地球的，是由老鼠進化而成的生物，時間則是未來 300 萬年至 1000 萬年。

02 時間的重要性增高 工業社會的精準步調

從傳統農業社會緩慢的步調，轉變成工業社會的準確定義時間，工業生產的節奏，決定了每個人需要按照精確的時間表運作。

精確定義時間

現在談論人類滅亡的話題還爲時過早，人口數量在近 200 年內，正處於前所未有的高峰。在西元 1700 年全球人口是 7 億，1900 年增加到 15 億，2000 年達到了 60 億，今天已經足足有 70 億。

工業革命以來，我們的日常生活因此發生了一系列重大的改變。顯著的變化之一，就是傳統農業的步調被工業社會精確一致的時間所更改。在傳統農業社會，人類的活動有顯著的季節性，重視季節變換的信號，但並不關心年份和時刻。而現代工業革命將時間表和流水線做爲工業生產的基礎，也變成人類其他活動的基礎。包括學校也開始使用時刻表，因爲它被認爲是生產知識和未來工人的工廠，工業化的教學則被認爲效率和產出率較高，還可以讓孩子很早就習慣工業化的作息時間。

全球一體化的時刻表網路

在時刻表的普及中，非常關鍵的一點是公共運輸。因爲工人要準時上班，所以公車和火車必須準點到達，精確的交通時刻表必不可少。在 1847 年，英國火車公司開會協調，統一按照倫敦附近的格林威治時間爲準，這是史上第一次用統一時間強制全國民眾按此生活。後來發展出全球性的統一時刻表網絡，界定了全球人類的所有活動保持同步。

古代社會的城市中幾乎沒有任何鐘錶，歐洲中世紀城市裡，通常只在城鎮的中央廣場上建立高塔，上面會有個巨大的時鐘。這些塔鐘出名的不準時，但城鎮裡並沒有其他鐘錶，所以也沒多大的關係。而到了現代，價格便宜、精準的可攜式鐘錶早已普及，普通家庭擁有的鐘錶數量可能就比中世紀一個國家擁有的還多。

按照精準時刻生活

精確的時間觀念是工業化社會發展的成果，全球的時間被精準定義，以便全球人類的活動保持同步，並且按照時間表生活。

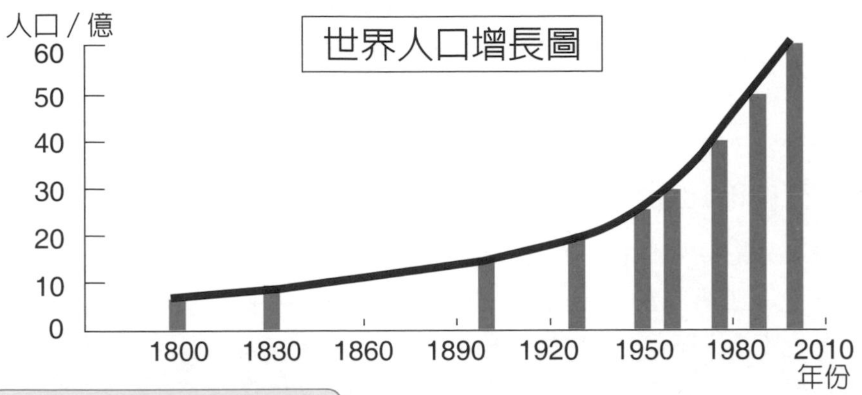

精準時間的定義和發展

1

中世紀歐洲城鎮裡的大鐘

很可能是整個城鎮唯一的鐘錶，在對時間要求並不精確的時代，大略知道時間就可以滿足人們的需求。

2

格林威治時間

為了協調各地混亂的時間表，英國火車公司決議按照倫敦附近的格林威治時間為準，後來又變成全球統一的時間，以適應工業化社會對時間的要求。

列車時刻表

火車到站時間的準確性，被視為衡量一個國家發達程度的標誌。

按照精準的時間表生活

今天我們的日常生活中處處都有計時器，每天都要看上幾十次，按照精準的時間安排日程。

03 最重大的社會革命 打破家庭和社群的基石

工業革命之後，市場與國家的力量全面崛起，個人的概念前所未有地被強調，而傳統中最重視的家庭和社群，則在市場與國家的衝擊下岌岌可危，趨於瓦解。

家庭與社群的功能移轉

工業革命帶給人類社會幾十種重大的變化，時間概念只是其中之一，其他還有城市化、工業無產階級興起、農民階級消失、民主化、父權社會的解體等，但都比不上人類有史以來最大的社會革命：打破家庭和社群的基石，將人群拆散成原子狀的個體，家庭和社群的大部分功能被移交到了國家或市場。

工業革命之前，大部分人都離不開三大傳統框架：核心家庭、大家庭及當地的親密社群。人們的日常生活圍繞著核心家庭展開，家庭和親密社群為成員提供工作機會、醫療保障、婚姻介紹與安全保障。王國和帝國等更大的系統也確實存在，但通常不會干涉家庭或社群內部的事務，即使干涉效果也十分有限。因為傳統農業經濟條件下，沒有多少資源能夠發展大規模的警察、福利、醫療系統，只能讓家族和社群來完成。

「個人」的概念開始被重視

中國傳統的宗法社會中，家庭、家族和國家在組織結構方面有共同性，實行嚴格的父權家長制，國家權力一般只能達到縣一級，而在鄉村普遍實行鄉紳和家族共治的形式；在 200 年前的鄂圖曼帝國沒有龐大的執法和司法系統，依靠各地家族彼此私刑處理。那時一個人如果失去了家庭或族群，就失去一切生存保障，只能去別的家庭當僕人或當兵，女性只能淪落風塵。

工業革命後兩百年時間裡，市場和國家的力量全面崛起，「個人」的概念被國家和市場受到重視，於是它們說：「做回自己，我們會提供你一切的需要，我們會給你食物、住房、工作、教育、醫療、福利、安全，從生到死我們負責，別擔心家長說的話。」開始不斷削弱家庭和社群與成員的緊密聯繫。

國家讓家庭和社群崩潰

工業革命為社會帶來的最大革命，是打破家庭和社群的基石，削弱了成員與兩者之間的聯繫，使個人的概念得到前所未有的重視。

傳統中國家庭

傳統中國以家庭為社會基礎，用「子孫滿堂」來表述家庭的成功與幸福，講究「父慈子孝、兄友弟恭、長幼有序、夫婦有別」等儒家倫理。

歐洲傳統家庭

歐洲傳統家庭倫理認為婚姻是上帝的安排，主張一夫一妻制，父母的責任就是讓子女接受與身分相符的教育，為子女尋找合適的職位。

個人主義的含義

1. 強調個人的中心地位，個人是目的，社會是手段。
2. 強調個人尊嚴、個人的自由和平等。
3. 強調個人權利和個人利益至上。

04 以解放個人之名 國家和市場取代家庭

在數百萬年的演化過程中，人類生活和思考的方式都將自己預設爲屬於家庭、屬於社群，但僅僅在 200 年的時間裡，我們就在國家力量的支配下，改變了幾十萬年以來維持不變的小群體生活方式，成爲相互疏遠的個人。

政府與市場支持的個人主義

個人主義和個人解放讓人擺脫了家族和社群的控制，將我們直接置於政府和市場的控制之下；從生到死，警察會保護我們，可以去公立學校，可以向銀行貸款，購買房產還能按揭，老了能請專職看護。相應的稅收也以個人爲單位，司法系統不再搞連坐制度，每個人都爲自己負責。在歷史上，大多數時代中女性都被認爲是家族財產，而現在國家和市場逐漸承認她們的權利。

國家機器 vs.現代家庭

當然，解放個人是要付出代價的。很多人都感嘆著家庭和社群功能的消失，感覺疏離。當組成國家的是一個又一個孤單的個人，那麼干預個人生活也就容易得多。很多時候個人被市場剝削，國家不但不保護個人，反而動用軍隊、員警和官僚制度加以迫害。

到了現代，核心家庭並未消失，它能夠滿足人們最親密的需求，其情感功能短時間還是難以被取代。即使如此，家庭也愈來愈受到國家和市場的干預。市場在人類戀愛和婚姻方面的影響愈來愈大，比如婚戀問題，原先依靠的是父母之命、媒妁之言，而現在市場會幫我們訂下戀愛和婚姻的理想，再將生活提供給我們，當然，這一切都不是免費的。

國家同時還介入了家庭關係，特別是父母和子女的關係。家長不能再肆無忌憚地打孩子，西方國家愈來愈將父母看作是孩子的僕人，無論父母爲孩子付出多少似乎都不夠。如果孩子在人生中出了任何問題，有時也會習慣性地怪到父母頭上。

個人主義的體現

工業革命僅僅用 200 年的時間，就改變了家庭和社群支配個人的方式，除了情感功能，國家和市場全方位地介入個人生活。

個人貸款

銀行向個人提供貸款和按揭服務，有助於個人擺脫家庭和族群對個人經濟的控制，是國家和市場將個人從家庭和族群中解放出來的重要步驟，但同時，個人也被國家和市場更直接地控制。

監護權

西方社會對未成年人權益的保護，基本上都沿著「國家不斷擴權，父權不斷收縮」的發展路徑，監護權從親權中分離出來，國家成為未成年人的「公共家長」。

美國個人主義的具體表現

1. 個人隱私：1974 年美國頒布《隱私權法》，個人的隱私權受到尊重和法律保護。
2. 個人自立：強調個人以自身力量生活的能力。
3. 個人表現：勇於表現自己，愛冒險，愛新奇。
4. 個人自由：美國法律強調自由是「在法律約束下的自由」。
5. 個人選擇：主要是指政治上的投票和選舉。
6. 個人平等：平等觀是美國特殊歷史條件下的產物，平等是指機會平等，而不是處境相同。

05 傳統社群被取代 國家與消費大衆

當傳統的社群趨於瓦解之時，新的社群——國家認同和消費大衆的社群開始取代傳統社群，成爲對身分的認同和情感的寄託。

想像的社群填補感情空缺

所謂想像的社群，指的是雖然成員之間並不認識彼此，卻想像大家都是夥伴。數千年來，王國、帝國和宗教就一直提供這種想像的社群之功能。比如古代中國，皇帝被認爲是君父，臣民都是臣子，全國被認爲是一家；中世紀數以百萬計的虔誠穆斯林，也想像著整個伊斯蘭世界就是一個家庭，彼此都是兄弟姊妹。只是，這種想像的社群力量有限，因爲它不能提供每個人密切的情感需求，只有身邊熟人所結合形成的社群才能做到。

國家和市場打散了大部分地方的親密社群，不再有一群認識多年的人生活在一起。但人是群居動物，需要對某個社群有歸屬感，國家和市場對此作用不大，於是，想像中的社群開始填補這種情感上的空缺。

現代興起的兩大社群

現代興起的兩大想像社群，就是「國家」和「消費大衆」。今天人們的歸屬感愈來愈多是來自於對國家的認同，國家努力說服我們和其他幾百萬人是一夥的，有共同的過去、共同的利益和共同的未來，這並非謊言，而是一種想像，國家成了一種社群，被稱爲國家主義。國家社群與以往的親密社群差別很大，絕大多數社群成員之間完全陌生。

還有消費大衆的社群，市場也變成了一種社群，雖然這些消費者彼此不認識，但都有同樣的消費習慣和興趣，於是就將大家定義爲同夥。如環保主義者、歌手或足球俱樂部的粉絲，他們定義的方式也是靠消費，這可以說是他們身分認同的基石。

想像的社群

當國家和市場打散了大部分傳統社群，對某個群體有情感歸屬的人們集合在一起，發展出「國家」和「消費大眾」的社群，他們雖然並不相識，但相同的身分認同讓彼此定義為同夥。

君父與臣子

中國古代在儒家定義的理想社會秩序是「君君、臣臣、父父、子子」，將國家與家庭聯繫起來，於是就有了「君父」與「臣子」的稱呼。

納粹的國家主義

國家主義是近代興起的有關國家主權、國家利益和國民利益問題的政治學說，納粹主義就是國家主義發展到極端的一種表現，它認為德意志民族最優秀，並且要向外「拓展生存空間」。

狂熱歌迷

出於對明星有著相同的消費習慣和興趣，歌迷將有同樣愛好的人定義為一夥，儘管他們之間並不相識。

球迷

隨著體育產業的高速發展，將喜愛相同俱樂部或國家隊的球迷群體，定義為同一社群，他們定義的方式也是依靠消費。

06 改變與不變 新社會秩序的微妙平衡

在前現代社會，傳統秩序相當穩定，極少發生劇烈的社會革命，而到了今天，社會秩序變動如此劇烈，以至於每年都在發生革命性的變化，唯一不變的就是持續改變。

唯一不變的就是改變

在過去，社會傳統秩序是相當堅實而缺乏變化，其中蘊含著穩定性和連續性，歷史上的改變極少是大刀闊斧，多半是幾十年或幾個世紀逐步積累的結果，劇烈迅速的社會革命並不多。過去的人往往認爲社會結構是永恆不變的。

但 200 年以來，社會秩序變動得如此劇烈，以至於發生了根本的變化。談到現代革命，人們會想到特定年份，如 1789 年法國大革命，1848 年歐洲自由革命，1917 年俄國共產主義革命。事實上，現代的每一年都在發生革命性的變化，所以很難定義現代社會的特性。在過去 200 年間，政治主流是摧毀舊世界，再建立新世界來取代。即使最保守的政黨也宣稱自己要進行社會改革、醫療改革、教育制度改革，唯一確定的，就是持續不斷的改變。

如此暴力，如此和平

人類的秩序在過去 200 年間變得如此不穩定，但同時又比以往更加和平。我們能夠預計變革愈多，暴力就愈多。19 世紀和 20 世紀的政治史，就是一連串的戰爭與屠殺。但如果只看到這些災難，卻沒有看到美好之處，同樣是不正常的。事實上，過去幾十年，和平與安寧也達到一個歷史高峰，世界變得比以往更加和平，甚至大幅領先其他時代。這就產生了一個奇妙的現象：從經濟、社會和政治層面來說，這個時代的變動比起以往任何時代都要多，但也都更安寧，即使還存在著爲數不少的戰爭和屠殺。在劇烈變動的新社會秩序中，似乎是劇烈的結構變化與穩定構造，同時奇妙地結合在一起。

加速變化的社會

人類的秩序在過去 200 年中，變動得如此劇烈，社會正呈現加速發展的態勢，現代的每一年都在發生革命性的變化，而世界同時也變得比以往更加和平。

1789 年大革命

法國大革命蕩滌了法國封建舊勢力，是最徹底的資產階級革命，也成為現代社會的開端。

1848 年革命

打擊了歐洲各國的專制制度，摧毀維也納體系，是歐洲平民與自由主義學者對抗專制君權的武裝革命。

1917 年革命

世界上第一次勝利的社會主義革命，建立了第一個社會主義國家，開闢人類歷史的新紀元。

世界和平

第二次世界大戰之後，雖然局部戰爭不斷，但世界大致保持了和平，比歷史上任何時代都更加安寧。

第二次世界大戰後至今，世界保持和平的主要因素

1. 兩次世界大戰的慘痛經歷和大量核武器存在的現實，每刻都在提醒人們必須維護和平。
2. 國際間加強合作。
3. 世界格局向多極化方向發展。
4. 維護和平的力量日益壯大等。

07 暴力犯罪確實地減少 我們這個年代的和平

與大多數人的認知相反，事實上現代社會遠比野蠻、殘暴的前現代社會平和得多，國家制度讓暴力事件大幅減少，被他人殺害的可能性遠小於自殺的可能性。

死亡數字的省思

很多人都對這個年代的和平視而不見，因爲誰都沒見過幾百年前的樣子，因而忘卻過去的世界實際上更加野蠻、殘暴。我們往往容易被敘利亞和伊拉克的戰爭場景所震撼，但這並不代表人類整體。過去幾十年間，世界正變得愈來愈和平，2000 年全世界死亡的人數是 5600 萬，而死於戰爭和暴力犯罪的人數爲 83 萬，只占當年死亡總數的 1.5%，而該年死於車禍的人是 126 萬，自殺的總人數是 81.5 萬，即使「911 事件」之後，恐怖襲擊和戰爭甚囂塵上，但被恐怖分子、士兵或罪犯殺害的可能性，還不如自殺的可能性來得大。

國家制度降低暴力

國家制度是暴力發生率降低的主要原因，家族和社區的崩潰使得暴力的內部等級降低。歷史上大部分的暴力，源自本地家族或社群之間的仇恨。在普通農民組成的古代社會，農民唯一了解的政治組織就是自己的社群，而如果沒有規模大於當地社群的政治機構，每 10 萬人中每年有 400 人被暴力殺害。等到王國和帝國建立以後，隨著其力量的增強，暴力程度就隨之下降，中世紀歐洲各個獨立王國中，每年遭到暴力凶殺的人數在 20～40 人之間。

今天，全球每年每 10 萬人遭到凶殺的人數只有大約 9 人，像西歐、澳洲、日本等地，每 10 萬人中只有 1 個人死於暴力犯罪。從宏觀角度來說，國家控制的法院和警力依然提升了全球的安全水準，即使在某個暴虐的獨裁者統治之下，現代人死於他人之手的可能性依然小於前現代社會。

現代社會降低暴力犯罪率

現代社會比過去的年代要平和得多，死於戰爭、恐怖襲擊和暴力犯罪的可能性低於自殺，儘管世界不那麼安全，但現代人比我們的祖先更加安全。

古代暴力犯罪

在前現代社會，大部分暴力犯罪，來自於本地家族或族群之間的仇恨導致的械鬥和仇殺，所造成的傷亡還多於戰爭造成的危害。

聖巴多羅買大屠殺

在前現代社會，源於宗教的衝突造成的暴力殺戮，往往更加驚人，聖巴多羅買之夜是巴黎歷史上最血腥的一夜，據估計巴黎有 6000 名胡格諾教徒被殺害，全法國死於這次屠殺的人多達 7 萬。

犯罪現象的四大規律

1. 犯罪的起伏律：無論犯罪的發展總趨勢如何，其在特定社會發展階段中會出現時起時伏、波浪式發展的變化。
2. 犯罪的消長律：犯罪率的升降主要取決於社會各種積極和消極因素的彼此消長。
3. 犯罪的輻射率：犯罪的誘因、手段、方式，通過各種資訊載體的傳播而被擴散。
4. 犯罪的同步率。

08 帝國的退位 戰爭不再是常態

當代國際上暴力迅速減少，全面戰爭大致已經退出了歷史舞臺，獨立國家也幾乎不會被滅亡。國際暴力事件和全面戰爭正處於歷史上最少的時期。

最少的國家暴力

我們這個時代的和平，有賴於國際之間暴力的減少。不可否認的事實是：國家之間的暴力，自 1945 年之後就迅速下降，現在的國際暴力事件正處於歷史上最少的時期。這主要體現在兩方面：一是歐洲帝國崩潰相對平和有序及迅速，二是取代歐洲帝國的獨立國家之間沒有太多全面戰爭。

歷史上，歐洲帝國一旦瀕臨崩潰，總是鐵腕鎮壓叛亂，即使無法挽回，也會孤注一擲地爆發內戰，之後就會有一段時間的無政府狀態。而現在，歐洲國家則相對和平有序地將權力移交給新的獨立國家。蘇聯帝國的解體就是典型的例子，沒有外部入侵，也沒有內部叛亂，蘇聯最後一位統治者米哈伊爾·戈巴契夫自願而和平地放棄了統治，甚至自願放棄許多沙俄時代占領的領土。

全面戰爭退出歷史舞臺

在過去，入侵並征服一個國家是政治史上常見的情況，而帝國退出之後的獨立國家，自 1945 年之後，幾乎已經沒有發生過入侵吞併其他國家的事情。

歷史上國際政治的一個鐵律是：任何兩個相鄰的國家，都會有某種可能讓他們在一年之內向對方宣戰。但現在，人類歷史上第一次打破了這條鐵律，對絕大多數國家來說，沒有什麼合理、可信的情況，會在一年內發動全面戰爭。除非發生類似世界末日等級的事件，否則幾乎不可能再次爆發傳統的全面戰爭。自 1945 年來，還沒有任何一個經過聯合國承認的獨立國家，被大規模入侵而毀滅。雖然小型國際衝突不斷，仍有成千上萬的人被戰爭奪去生命，但戰爭不再是常態。

遠去的全面戰爭

國家之間採用戰爭解決問題的選擇愈來愈少，自第二次世界大戰以來，國家之間的暴力處於歷史上最少的時期。那麼，是什麼原因造成這一結果呢？

戈巴契夫

蘇聯最後一任總書記，在他的領導下，蘇聯於 1991 年宣布解體，一度是世界第二強國的蘇聯就此不復存在。

蘇聯解體漫畫

戈巴契夫主動向西方靠攏，背離了社會主義道路，最終親手將蘇聯共產黨的領導權葬送。

聯合國安理會

安理會負有維護國際和平與安全的重要責任，是唯一有權採取軍事行動的聯合國機構，對戰後國際和平與安全具有重要影響。

解決和平問題的對策

1. 建立公正、合理的國際政治新秩序。
2. 加強合作，共同反對霸權主義、強權政治。
3. 加強國際合作，打擊恐怖主義。
4. 繼續發揮聯合國在國際事務中的作用。
5. 加強交流，以和平方式解決國際爭端。

09 權衡下的局勢 和平比戰爭更有利

世界新和平的現象，與現代戰爭的代價過高有關，由於現代財富基於複雜的社會結構，已經很難被掠奪，而和平狀態下的交易更加有利可圖。

現代戰爭較少爆發的原因

已經有許多學者發表著作，解釋這種世界新和平的現象，其中最主流的理論是現代戰爭的代價太高，特別是核武器的出現，讓戰爭的結果可能變成相互之間的集體自殺，因此，國與國之間會盡量避免挑起戰爭，過去那種武力征服全球的想法也就成了不可能。

另外，由於現代武器的成本愈來愈高，戰爭成本飆升，這意味著戰爭的利潤下降。發動戰爭的動機在於掠奪財富或兼併土地，在過去，財富是土地、牲畜、奴隸和黃金，要劫掠比較方便；而今天，財富的形式變成了人力資本、知識及銀行這種複雜的社會結構，很難被掠奪。有些地區的財富依然以物質的形式存在，比如油田、礦藏，這些地區也就成爲最容易發生戰爭的地區，比如1990年的伊拉克入侵科威特。

有利可圖的誘因

和平時期比以往更加能夠產生厚利，在現代經濟中，國際貿易和國際投資占了很大的比例，可以說和平帶來特殊的紅利，如果不算那些被節省下來的戰爭成本，單單保持和平也會帶來豐厚的利潤，資本都具有避害趨利的傾向，在和平安全的地方，資本就容易流動、聚集，也會振興經濟。

最後一個重要原因在於歷史上的領導精英，比如遊牧民族的領袖都認爲戰爭是件好事，而現代的統治精英——政治家、商人和知識分子則相信能夠找到避免戰爭的辦法，更明智地處理國際事務，全球化背景下，國家之間的緊密合作也使得任何經濟或外交政策，不可能完全獨立行使，全球帝國也像以前的帝國一樣會努力維護國際和平，自然也就有效加強了全世界的和平。

和平帶來更大的利益

世界新和平的主要原因有：發動戰爭的成本高昂，核武器會讓戰爭沒有最後的勝利者；以及現代財富的形式變為人力資本、銀行這種難以掠奪的財富，全球化讓和平帶來比戰爭更豐厚的利益。

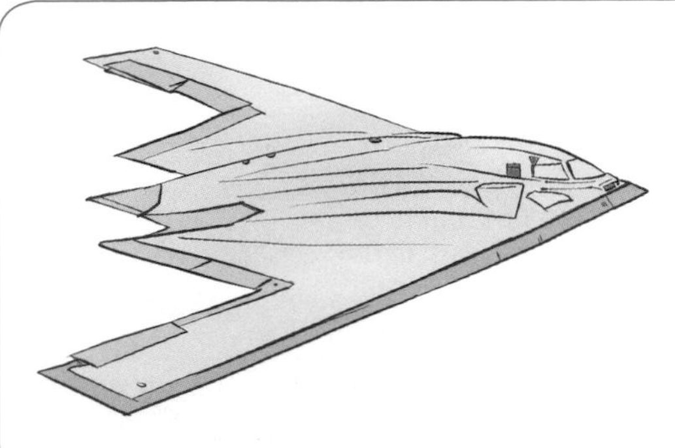

B-2 隱形轟炸機

算上研製費用，每架 B-2 轟炸機的造價超過 20 億美元，現代戰爭高昂的成本，使得發動戰爭的代價大為增加，也讓政治家更謹慎地考慮戰爭的選項。

華爾街

美國金融中心，能夠影響整個美國乃至世界經濟的金融市場和機構，華爾街最重要的財富在於：人力資本、知識和銀行等社會結構，而並非有形資產。

八國首腦峰會

在全球經濟一體化的趨勢面前，國家之間合作更趨緊密，各國政治精英更願意選擇通過協商、對話的方式，來解決彼此之間的問題，從而維護了國際和平。

第十九章
快樂歷史學

01 歷史學的盲點
衡量人類的幸福

當人類的進步一日千里，歷史學卻很少探討這一切是否爲人類帶來更多的幸福感，如果不能帶來更多的幸福，爲何要做出這種改變？到現在還沒有快樂歷史學這個分支，這也是歷史學研究的一大盲點。

我們有沒有更幸福？

在過去 500 年的時間裡，一系列翻天覆地的變化，使地球整合爲一個單一經濟體，科技革命使人類掌握了超人的力量，如今人們擁有的財富以前只存在於童話裡，社會秩序、日常生活和人類心理發生極大的改變。只是，這一切是否爲人們帶來更多的幸福感？歷史學家很少探討這個問題，但這是我們向歷史提出的最重要問題：如果人類努力做出的種種改變並不能讓人更加幸福，那麼爲何還要做這些改變？

兩種截然相反的觀點

現在還沒有快樂歷史學這個分支，不過幾乎所有人對快樂多少都有些見解，常見的看法有：歷史不斷發展，人類的能力愈大，能夠滿足的願望愈多，想必也就比祖先更快樂。

然而事實未必如此。正如我們前面所說：農業革命之後，證明了農民比狩獵採集者遭受更多的剝削和疾病威脅，歐洲開闢新航線，使歐洲帝國達到鼎盛，大大提升了人類整體的力量，但對非洲、美洲和澳洲原住民來說，就是一場災難。但發展顯然帶來了不可置疑的幸福，當現代醫學將兒童死亡率由33%下降到 5%，誰能質疑現代醫學爲無數家庭帶來的快樂呢？

我們是否更幸福？

過去 500 年人類社會飛速發展，但歷史學家很少問這樣一個問題：歷史的進步有沒有讓人更加幸福？如果我們沒有更幸福，那麼做這些改變又有何意義？

幸福指數和國民幸福指數

幸福指數是衡量幸福感受的主觀指標

國民幸福指數，1972 年由不丹國王吉格梅·旺楚克提出，這個標準被稱作 GNH(Gross National Happiness)。

要素一：生活品質（核心）：可支配收入、可支配時間和可支配個性發展。

要素二：幸福人生：美滿的家庭、愜意的工作環境和愉悅的社交娛樂。

幸福指數橫向對比

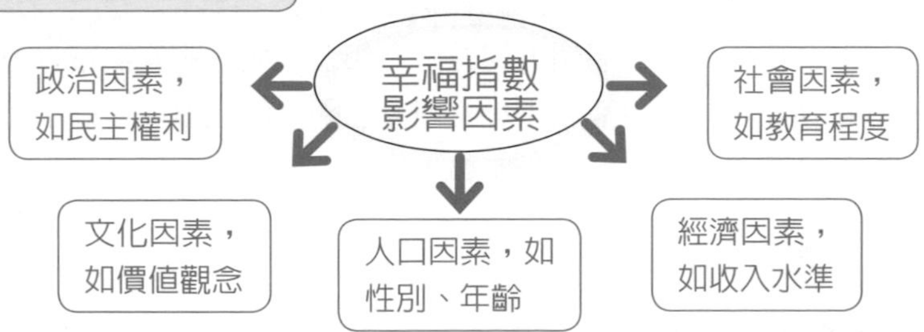

1936～2010 年，芬蘭嬰兒死亡率（每 1000 個新生兒）

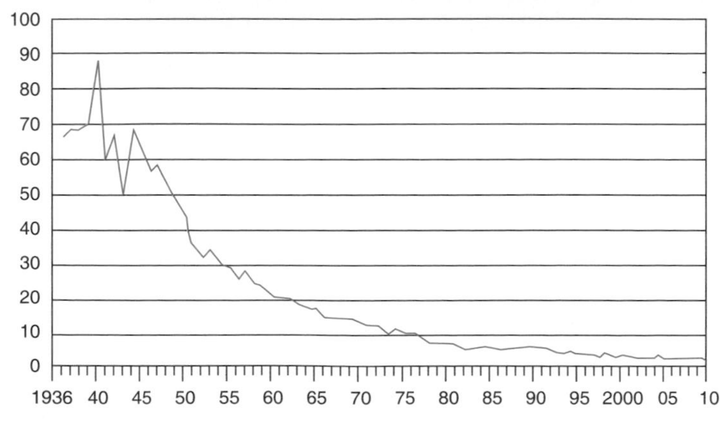

20 世紀 30 年代，芬蘭嬰兒夭折率高達 65‰，隨著醫學進步，今天的嬰兒死亡率已經降到 3‰左右，成為世界上嬰兒死亡率最低的國家之一。

02 客觀與主觀條件的對比 找到快樂之源

要探討快樂，首先要知道什麼是快樂，又是什麼帶給我們快樂。經過幾千年的探討，人們發現影響快樂的因素相當多樣，最重要的是個人預期與客觀條件是否相符。

究竟什麼能夠帶來快樂？

探討快樂的話題，首先要面對的問題就是快樂的定義。幾千年的時間裡，許多哲學家、神學家和詩人反覆思考快樂的本質是什麼。深入思考過這個問題的哲學家和思想家們大多認爲，社會、倫理、精神因素對於幸福感的影響，絕對不在物質之下。社會學與生命科學中，目前普遍接受的定義是「主觀感受到幸福」（Subjective Well-Being, SWB），也就是人內在感受到的暫時愉悅或長期滿足感。測量的方式是通過調查問卷進行評估，從中探討主觀幸福感與各種因素的關係，這是學術界目前主流的主觀幸福感之研究方法。

經調查發現，金錢確實能夠帶來快樂，但有一定的限度，如果超過限度，帶來快樂的效果就不再那麼明顯；此外，疾病會短期減少人的快樂，但只要不是病情持續惡化，那麼就不會造成長期的不快，而家庭和社群對快樂的影響，要比金錢和健康重要得多。

關於快樂最重要的發現

人們通過對經濟學、心理學等諸多學科、長達幾十年的大量調查研究發現，快樂的感覺主要來自個人預期，而並非客觀因素影響，影響快樂最重要的因素是客觀條件與主觀條件是否相符。如果你想要一輛自行車，並且得到了它，那麼就會感到快樂滿足；如果希望得到藍寶堅尼，卻獲得一輛二手日產，就不會感到多高興。這意味著：即使當代生活條件已經大幅提高，人們感受到的快樂也未必比 200 年前的人更多，因爲條件變好的速度遠不如預期提高的速度；而情況變差的時候，如果也相應下調預期，從而適應了新環境，那麼困苦的人也能夠感到很快樂。

探索快樂的祕密

快樂的本質是什麼？學術界經過大量的調查研究發現，金錢只能帶來一定的快樂，最重要的因素在於，客觀條件與主觀條件是否相符。

金錢只能帶來有限的快樂

研究證明，剛開始金錢能夠明顯提升快樂感，但超過一定限度就不再明顯。

主、客觀條件的判斷

對快樂進行的研究中，最重要的發現是客觀條件與主觀條件是否相符，如果條件變好的速度遠不如預期，那麼人們就不會感到很快樂。

快樂的四大定律

- 體驗律：快樂愈低級，其體驗便愈強烈而短暫；愈高級，其體驗便愈平淡而持久。
- 價值律：快樂愈高級，價值愈大；愈低級，價值愈小。
- 實現律：快樂的實現程度與欲望成反比，而與天資、努力、機遇、品德成正比。
- 快樂律：就一個人的行為總和來說，愈有道德，快樂就愈長久。

03 恆定的幸福水準 快樂的化學成分

生物學家從生理學的角度研究發現，快樂的感覺並非來自中大樂透、找到眞愛等外在因素，而是人體內部生化物質的分泌。那麼，這是否意味著如果我們能夠用精神藥物讓自己快樂，就能永遠感覺幸福？

快樂來自生化物質

當社會科學用調查問卷的形式研究主觀快樂感，然後再和財富、政治自由等社會經濟進行聯繫時，生物學家則從不同的角度入手，也同樣得到了相似的結論：我們對幸福的感覺其實並不是由外在因素（如金錢、社會關係或政治權利）決定，而是取決於大腦神經、神經元、突觸及各種生化物質，諸如多巴胺、催產素或血清素。因此，我們能夠感受到快樂的唯一原因，是由生化系統的進化所決定，只能保持一個相對恆定的幸福水準。

所以，即使我們中了大樂透、全款買房、升官發財或找到眞愛，都不會因此讓我們快樂，快樂只是不同生化物質引起的各種大腦反應。生物學家相信，我們的生化系統是進化的結果，會讓我們保持一個相對恆定的快樂水準，就算某些事情讓我們興高采烈，但終究還是會回到初始設定的恆定水準。

進化過程中的快樂

快樂在進化中的功能是爲了更好地生存，進化本身對快樂並沒有什麼要求，只能讓人享受一時的快感。可以說，基因決定了人們的生化系統之差異，也就解釋了爲什麼有人天生樂觀，有人則容易憤怒不滿或鬱鬱寡歡。有些人在逆境中也能一直保持愉快，而有人即便中了大獎、買了新車、找到眞愛，雖然會有一時的快樂，但很快就會回到原點。

歷史事件並不能讓人快樂

從歷史的角度來說，歷史事件對人類的生化系統影響不大，中世紀住小土屋的農夫與現代住豪宅的富翁，只要他們大腦中血清素濃度一樣高，對快樂的感覺就是一致的。

快樂是由什麼構成的？

生物學家業已證明：快樂並非來自外界，而是由大腦分泌的生化物質決定，生物進化的機制決定了我們不可能享受永遠的快樂，除非用精神類藥物操縱生化系統而感受到快樂。

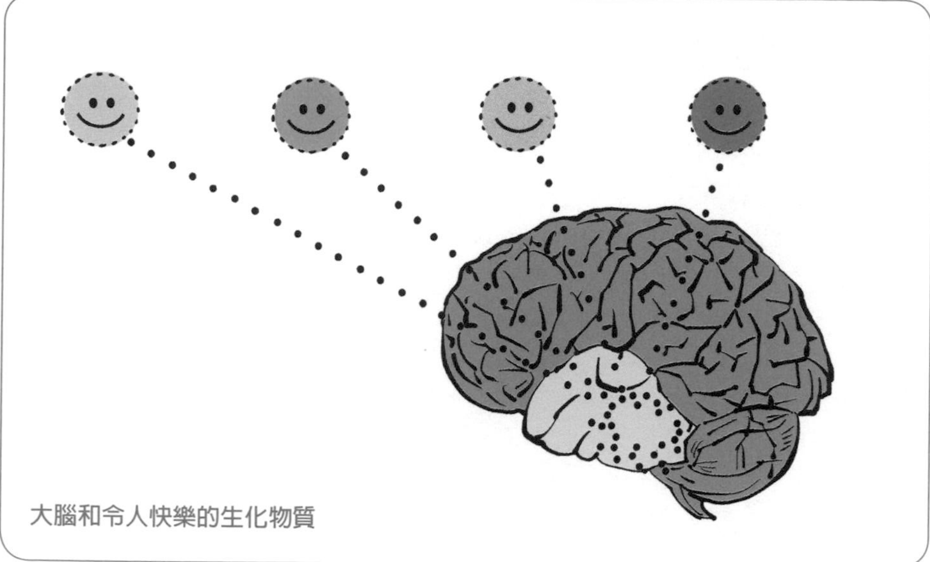

大腦和令人快樂的生化物質

幸福的六大定律

幸福第一定律

幸福感都是暫時的，想持續擁有幸福就必須不斷滿足更多的渴求。

幸福第二定律

幸福感的遞減性，對同一類幸福的渴求度會隨著多次滿足而降低。

幸福第三定律

人們獲得幸福的經歷愈曲折，獲得的幸福感愈大。

幸福第四定律

沒有渴求就沒有幸福。

幸福第五定律

幸福是需要感覺的。

幸福第六定律

幸福感的獲得需要有愉悅的心情。

我們還可以舉法國大革命的例子。法國大革命重新塑造了法國的社會和政治，卻無法改變法國人的生化系統，所以天生快樂的人在革命前後都一樣快樂，而那些天生憂鬱的人，過去抱怨路易十六和瑪麗皇后，革命後也一樣會抱怨羅伯斯比爾和拿破崙，人們想像的快樂只存在於幻想之中。

走入美麗新世界

按照生物學家的觀點，如果快樂只來自生化系統，那麼歷史上唯一重要的事，就是大力研究讓我們眞正快樂的辦法：操縱人的生化機制，用百憂解之類的精神藥物，讓人感受到快樂即可。這正是 1932 年阿道斯・赫胥黎的反烏托邦小說《美麗新世界》中描繪的場景，書中的全球政府只需要爲人民注射一種讓他們感到快樂的藥物——蘇麻（soma），所有人無論生活在什麼環境中都會感到滿足，並且不影響工作。這讓人十分不安，但又難以解釋：永遠擁有快樂有什麼不對呢？

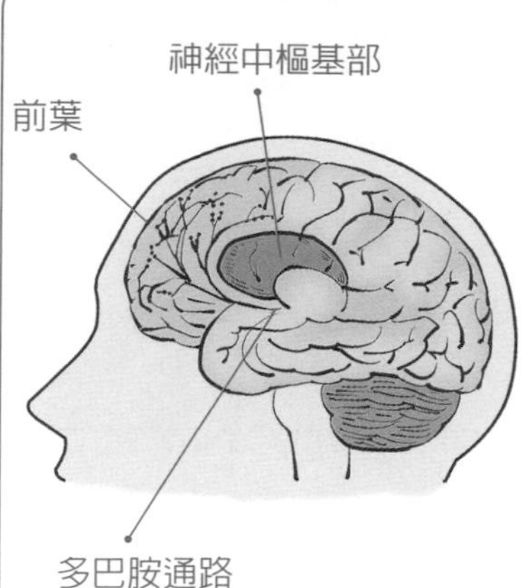

多巴胺在大腦中的分泌

這種物質主要掌控人的情欲，傳遞令人興奮與開心的資訊，也與上癮有關。

阿道斯．赫胥黎

英國作家，代表作是 1932 年的《美麗新世界》；與喬治．歐威爾的《1984》、薩米爾欽的《我們》，並稱為「反烏托邦三大小說」。

《美麗新世界》封面

本書以「美國夢」的實踐為基礎，矛頭指向了所謂的科學主義，描繪科學主義的烏托邦，預測 600 年後的世界，人性被機器剝奪殆盡，人類安於現狀，接受機械化的工作和生活方式。

酒神的狂歡節

在西方文化中，酒神象徵著豐收與狂歡，希臘人每年在葡萄收穫的時節都要舉行酒神祭，成為希臘的重要節日。

04 快樂不等於幸福 探尋幸福的本質

幸福與快樂並不能畫上等號，我們的人生會賦予生命種種意義，這種意義能夠帶來快樂，說不定中世紀的人感受到的快樂比現代人還要多。那麼，我們賦予生命的意義到底是什麼？

幸福取決於生命的意義和價值

爲什麼《美麗新世界》中描述的烏托邦，令我們如此不安？因爲這種不安的源泉是對快樂的定義。把快樂定義爲身體的快感，無法讓所有人接受。快樂與幸福不能畫等號，幸福不是快樂與不快之間的差距，對幸福感最重要的認知，是生命的意義和價值。生命如果有了意義就更容易讓人滿足，以及感受到幸福，儘管發現意義的過程充滿考驗和艱辛。

雖然任何時代、具有任何文化的人，他們的身體對快感和痛苦的感受都是一樣的，但人們賦予自己經歷的意義可能大不相同。中世紀的人很可能比現代發達社會的人更幸福，因爲他們相信死後能獲得神承諾的永恆幸福，而現代人舒適的生活最後只能帶來被遺忘的死亡，這種生活除了毫無意義的湮滅之外並無可期待。

幸福就是自我欺騙的錯覺

從目前純粹科學的角度來說，人類的生命完全沒有意義，只是盲目的進化歷程中無目的運轉的結果；如果明天早上地球爆炸，所有人類和獅子、猩猩、老鼠、蟑螂一起滅絕，宇宙的其他部分也會如常運轉。

也就是說，人們在生活中找到的意義和價值，純粹是一種自欺的妄想，在這點上，無論中世紀信徒對於生活賦予超脫俗世的宗教含義，或者現代人文主義、民族主義和資本主義賦予生活的種種意義，本質上並無二致。我們從中感受到的各種生命意義都是錯覺與幻想。

那麼幸福的眞正祕訣，就是讓自己對生命意義的妄想，與同時代的集體妄想同步，如果自己能夠和身邊人的想法達成一致，就能說自己的生命有了意義，並且從中獲得快樂。

快樂的來源

實際上，從純科學角度來說，人類的生命並無意義，是我們為生命賦予種種含義，幸福的真正祕訣就是：將自己加於人生的意義與時代的集體意識同步。

反映中世紀臨終禱告的畫作

雖然今天看來，中世紀的人愚昧而狂熱，但他們死後能前往天堂享受永恆的幸福，其幸福感可能更超越現代人。

吸菸者感受到的快感

源於尼古丁刺激大腦產生多巴胺，許多人以化學品上癮的方式尋找快樂，但由此帶來了嚴重的健康損害。

集體狂歡

獲得快樂的祕密在於，將自己對快樂的感覺與時代的節奏同步，當能夠感受到與周圍的人具有同樣強烈的情感時，也就獲得了快樂。

快樂守恆定律

第一定律

當你付出的勞動沒有得到物質的回報時，一定可以得到等值的精神愉悅。

第二定律

當一個人有足夠的經濟條件助人為樂或樂善好施時，他當年為了生計而不擇手段的罪惡會得到救贖。

第三定律

在經濟發達地區和高收入人群中，容易產生義舉和義工。

05 歷史研究的空白 「快樂歷史學」的啓程

哲學家、不同的宗教信仰和意識形態，對快樂各有不同的解釋，佛教與現代生物學的研究不謀而合：不要追求那些感覺良好的心理感受了。有關幸福的科學研究是歷史學的一大空白，現在是時候塡補這個空白了。

不要盲目追求感覺

對於快樂這個主題，自由主義者認爲快樂是一種主觀感受，想判斷是否快樂，就應該直接詢問個人的感受，並將「個人主觀感受」奉爲圭臬，視爲最根本的源頭。然而，這其實只是自由主義者的一家之言。大多數的宗教和意識形態都認爲，關於善、美和快樂都有客觀的標準。從古埃及箴言到老子、蘇格拉底，哲學家不斷告誡人們：認識你自己。意即大部分人並不知道眞實的自我，也因此可能忽略了眞正的快樂。

2500 年前，佛教就已經系統化研究了幸福的本質和原因。佛教有著自己的幸福觀，其主要問題是：「苦難存在，而我該如何擺脫它？」佛教徒和生物學家的見解基本一致，但從相同的觀點出發，佛教得出了不同的結論：幸福與不幸只是轉瞬即逝的波浪，短暫的體驗並不重要，沒有必要爲之奮力掙扎，只要停止渴望與追逐，就能從苦難中解脫。

塡補歷史學的空白

學者近幾年才開始對「幸福」進行科學研究，在剛開始制定初步理論和研究方式時就妄下結論，還爲時過早。大部分歷史書籍關注社會結構、帝國興衰、偉人成就和科技發展等大事，但很少告訴人們，這些對個人的痛苦與幸福有何影響，這是我們面對歷史時的最大空白，因此，塡補這些空白可以幫助我們更加理解歷史，也爲我們設想未來帶來新的角度。

智者的幸福哲學

先哲們告誡人們：認識你自己。如果無法認清真實的自我，就不能找到真正的快樂，「快樂歷史學」在過去一直為人所忽視，而對它進行研究的歷程才剛開始。

「認識你自己」

這句箴言被鐫刻在德爾菲的阿波羅神殿上，在古希臘時代，這裡曾被認為是「世界的中心」，因此也是古希臘的宗教聖地。

釋迦牟尼

佛陀認為，人生本無幸福可言，只有生老病死等各種痛苦，這來源於人的貪求欲望，為了達到幸福的彼岸「涅槃」，只有滅除貪愛欲望。

幸福心理的結構

幸福心理

- 情感，幸福首先是一種個人感情，稱之為幸福感。
- 需要，情緒的產生有賴於需求滿足與否。
- 認知，需要由個體的認知來評判。
- 行為，有賴於人的行為活動，感知幸福的事物。

第二十章
智人的未來

01 智慧設計法則 打破自然選擇

在將近 40 億年的時間裡，地球上每一種生物的進化都是遵循自然選擇的法則，但就在 21 世紀，智人開始超越這一界限，我們很可能將由智慧設計法則取而代之。

自然選擇的法則

在長達 40 億年的時間裡，地球上的生物都是遵循著自然選擇的法則，而並非某一個具備智慧的創造者有意識設計的。地球上的物理作用、化學反應乃至生物的自然選擇，對智人和其他生物都是一視同仁，並無二致的。但當進入 21 世紀，智人的科技已經發展到這種程度：超越依靠漫長時間的自然選擇法則，通過自己的智慧設計法則取而代之。

顛覆生命遊戲規則

人類在 1 萬年以前的農業革命之中，開始通過有意識的育種方式，使古老的自然選擇法則取得了突破，比如用長得最肥的母雞和動得最慢的公雞交配，生下又肥、動作又慢的下一代，還有對狼的改造，產生了多種多樣的狗。這就是智慧設計的開始。

而未來的智慧選擇將遠超過這一切，智人通過改造生物創造完全不同的動物。2000 年就有一位生物學家，將兔子和綠色螢光水母的 DNA 結合，誕生了地球上從未有過的生物——發出綠色螢光的兔子阿巴。這很有可能代表著地球史上最重要的生物學革命：生物將不再是自然選擇的結果，而是由人類的智慧設計來控制，甚至最終徹底改變生命的遊戲規則。到目前爲止，人類最有希望通過三種途徑實現自我升級：生物工程、仿生工程與無機生命工程。

超越生物進化史

經過幾十億年的漫長自然選擇，智人的科技終於在新世紀大幅變化：依靠自己的智慧設計法則來取代自然選擇，這將是地球進化史上的一次革命。

綠色螢光兔子

西元 2000 年，法國科學家利用受精卵顯微鏡注射技術，將一種螢光水母的螢光蛋白植入兔子受精卵，誕生了綠色螢光兔子「阿巴」。

智慧設計法則指導下的三大工程

生物工程

在分子和基因級別的生物層面進行干預，改變乃至重新塑造生物體，讓人類獲得前所未有的能力。

機械手臂

仿生工程就是在工程上實現並有效應用生物功能的學科，某些生物具有的功能比迄今任何人工製造的機械都要優越得多。

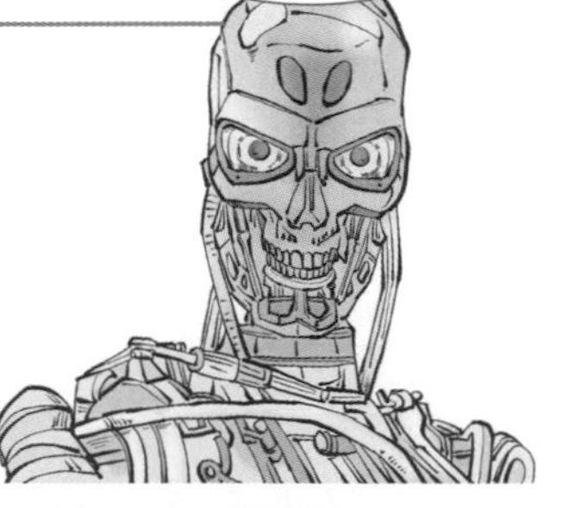

電影《魔鬼終結者》劇照

在《魔鬼終結者》中，計算機控制系統「天網」全面失控，機器人有了自己的意志，開始殺戮人類，本片反映人類內心深處的擔憂。

02 從老鼠到超人 生物工程的隱憂

人類早就有藉由閹割牲口而干預生物體的能力，但近年來生物工程領域已經達到分子和基因級別的水準；人類透過基因改造獲得前所未有的能力，然而卻還沒有預見後果和危害的遠見。

長出耳朵的老鼠

生物工程是通過生物層面進行干預的行爲，比如植入基因，從而改變乃至重塑生物體。這一技術在人類歷史上已經有很長時間的應用。諸如藉由閹割公牛來改造其特性，閹割後的公牛不再具有強烈的攻擊性，也更容易用來拉磨。

而在今天，生物工程已經進入細胞和分子級的水準，1996 年科學家曾在一隻老鼠身上植入牛軟骨細胞，讓牠長出了形似人類耳朵的有機組織，有朝一日可將其移植到因爲受傷而失去耳朵的人身上。

不出意料地，對於這種科學家干預自然事物的做法，宗教團體、甚至無神論者都表示震驚，動物保護組織更爲此提出嚴正抗議。目前人類已經擁有修改基因的能力，但還無法做出明智、有遠見的產物。

製造「超人」

如今所進行的生物工程研究，只是不涉及道德和政治爭議的類型。諸如用大腸桿菌來改造生產胰島素，從而降低治療糖尿病的費用；即使有諸如此類的道德爭議，但如果發現治療阿茲海默症的療法，必能有效提高人類的認知能力和記憶力，而任何政府都很難徹底禁止一般人使用這種技術。

科學家更宣稱，發現某一種田鼠身上具有「忠誠基因」，使得這種老鼠具有忠貞的一夫一妻制。只要加上這種基因就能讓田鼠變得顧家，也許哪一天人類也可以這樣做，從而改變社會結構。畢竟，人類和小田鼠的 DNA 差距不大，如果能夠改造小老鼠的認知能力和學習能力，也就沒有不可逾越的技術障礙，限制我們製造出與智人不同的全新人種。人權組織已開始擔憂基因工程製造出「超級人類」，讓其他人都變成了他的奴隸。

生物工程的大突破

人類已經能夠對生物進行基因層次的干預，從而改變乃至重塑生命體，但對於基因工程的後果和可能產生的危害，還沒有足夠的預見性。

生物工程的概念

生物工程是自覺地操縱遺傳物質，定向地改變生物或其功能，短期內創造出新物種，再通過合適的生物反應器，對這類「菌株」進行大規模培養，從而發揮其獨特生理功能的新興技術。

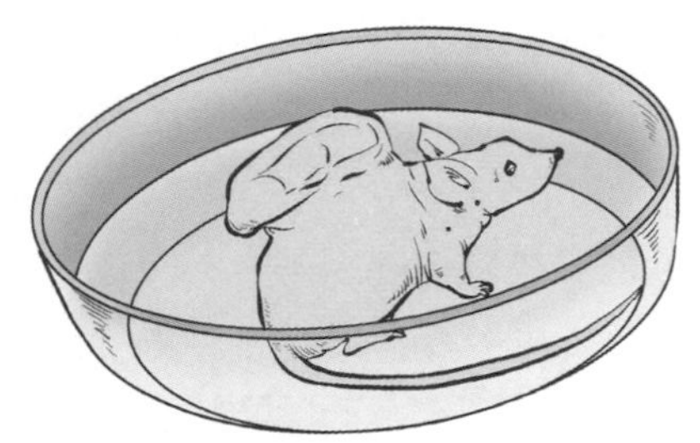

1996 年研究成功的「人耳」老鼠

雖然看起來有些令人作嘔，但這個技術對某些人來說可能是福音，目前的爭論主要集中在動物保護和倫理學的層面上。

被閹割過的公牛

在遠古時代，人類就已經掌握閹割的技術，沒有閹割的公牛叫做「bull」，閹割後的稱為「ox」。

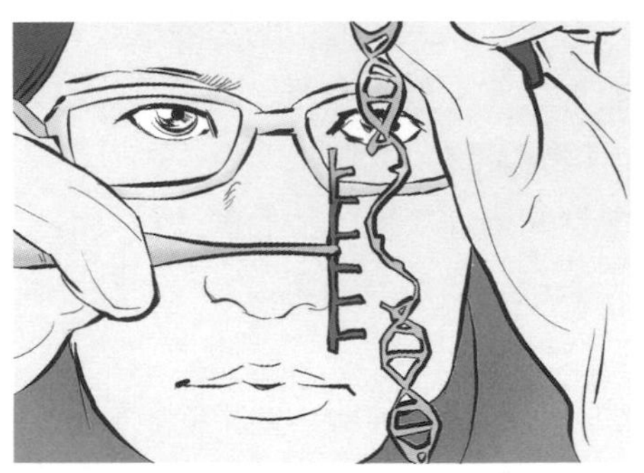

生物工程

此學科在 20 世紀 70 年代開始興起，採用操縱遺傳物質的技術，定向改造生物或其功能，成為智慧設計的重要手段。

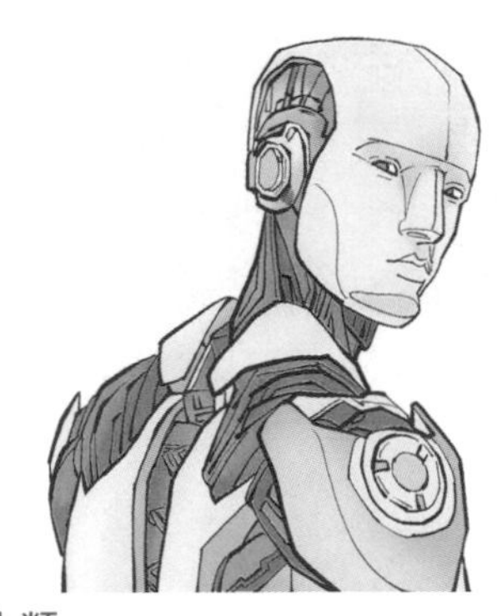

超級人類

以目前的發展方向，總有一天人類能夠創造出完美的「超級人類」，但對人類來說，其後果未可預料。

03 讓滅絕生物重生「瘋狂」的科學家

科學家正在進行讓長毛象重現於世的研究，更進一步，還有科學家想讓尼安德塔人再次出現在地球上，而最瘋狂的夢想則是對超級人類的研究，那是否就代表著智人的滅亡？

大膽的科學計畫

遺傳學家已不僅僅滿足於基因重組，他們還想更進一步，重現已經滅絕的物種。在西伯利亞發現了較爲完整的長毛象遺體後，多國科學家聯合團隊完成對長毛象的基因測序，準備用現代大象的基因代之以長毛象基因，最終讓絕跡5000 年的長毛象再現地球。

隨之有科學家提出更大膽的計畫：在完成尼安德塔人基因測序工作之後，爲何不在智人的卵子裡重建尼安德塔人的 DNA，並用智人母親的子宮孕育一個 3 萬年前的尼安德塔人呢？如果尼安德塔人重現，那麼我們就能解決目前某些關於智人起源和獨特性的難解問題，比較一下兩者的大腦，或許就可以知道哪種生物原因讓我們產生了意識。還有人認爲，如果是智人造成尼安德塔人的滅絕，我們也有責任讓他們復活。

超人誕生等於智人滅亡？

更進一步，有的科學家設想，爲什麼不重新回到上帝最初的那塊畫板，直接設計出更完美的智人呢？新的智人不但能夠改變人類的生理、免疫系統和壽命長短，甚至能夠改變智力和情感，創造出超級人類。

如果眞的出現超級人類，我們會有什麼樣的遭遇？也許我們就是智人最後的幾代。不出 200 年，智人就會消失，並非滅絕，而是通過基因工程升級爲完全不同的生物。

從目前看來，升級人類並沒有絕對無法克服的科學障礙，最大的困難在於倫理和政治上的爭議。而這一趨勢看來是無法扭轉：無限延長自己的生命，強化人類的智力和情感。到那時，也許智人這個名稱便不再適用了。

愈走愈遠的生物工程

從讓長毛象復活到尼安德塔人再生，再到設計、製造「超級人類」，遺傳學家和科學家走得愈來愈遠，問題在於：這條道路是否意味著智人的滅亡？

各種生物工程目標

長毛象

學名真猛瑪象，在北半球分布極為廣泛，西伯利亞和阿拉斯加的永久凍土層中有許多保存完好的屍體，遺傳信息保存完整。

尼安德塔人

現代歐洲人祖先的近親，在 2.4 萬年前滅絕，2009 年尼安德塔人的基因組圖被發布，通過現代科技有望重現尼安德塔人。

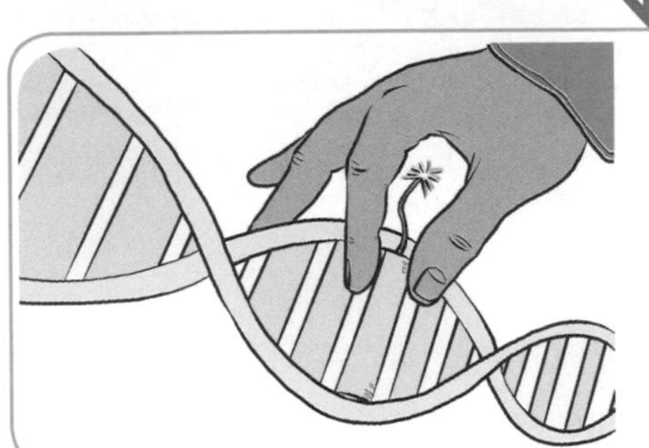

基因工程製造「超級人類」

超級人類很可能有著遠超過普通人的智力、體力和情感，在普通人看來就是天才。那麼，超級人類出現後，智人是否會就此消失呢？

基因工程的五大基本內容

04 革命性的人類前景 不可思議的生化人

仿生工程有著與生物工程同樣強大的作用。當科學發展到將身體與某些無機組織結合起來，很可能將從根本上改變人類的發展，甚至誕生全新的物種。

仿生工程持續發展

仿生工程對於人類的革命性改造將不在遺傳工程之下。簡單地說，仿生工程是把有機體和無機體結合而形成的生命。某種程度上，在人類大幅利用各種機械增強自己能力的今日，每個現代人多多少少都算得上是「生化人」，比如眼鏡、人工耳蝸、心律調節器乃至手機、電腦，我們運用各種設備來提升自己的能力。但未來的技術將遠超過現在，我們有可能成爲眞正的生化人，讓身體與某些無機組織眞正結合起來，不再分開，這將從根本上改變我們的能力、欲望、個性與身分的認同。

科幻電影已經大量顯示了這種半人半機械的人類前景，而在現實中，許多仿生科技的成就早已讓人目不暇接，例如美國軍事機構研究出的間諜蒼蠅或者蟑螂，在這兩種常見的昆蟲身上植入電子晶片，通過遠端控制進入敵方總部，從而掌握敵方的機密。

新物種改變生命形式

最新一代的機械裝置也把智人變爲「生化人」，一項引人注目的成就是「生化手臂」的研究。殘疾人士裝上「生化手臂」之後，能夠用意識指揮手臂的動作，未來生化手臂能夠擁有超過人類手臂的力量，甚至可用意識控制遠在地球另一端的機械手臂。

目前來說，最具有革命意義的科學研究，是構築一個直接的人腦—意識雙向接口，從而讓電腦直接讀取人腦的電子信號，同時傳回人腦能夠了解的電子信號。這將能夠讓人直接閱讀他人的思想，將不同的人腦與電腦連接成大腦區域網，讓大腦直接訪問資料庫資訊和其他人的意識、記憶，那時的生化人將不再是人類，甚至未必屬於有機物，而是一種全新的生命形式。

改變生命形式的仿生技術

仿生科技已經大幅增強人類的能力，還出現了半機械人，未來更為廣闊的遠景是「生化人」，甚至是人腦和電腦、其他人腦的區域連接，這將是一場根本性的生命改變。

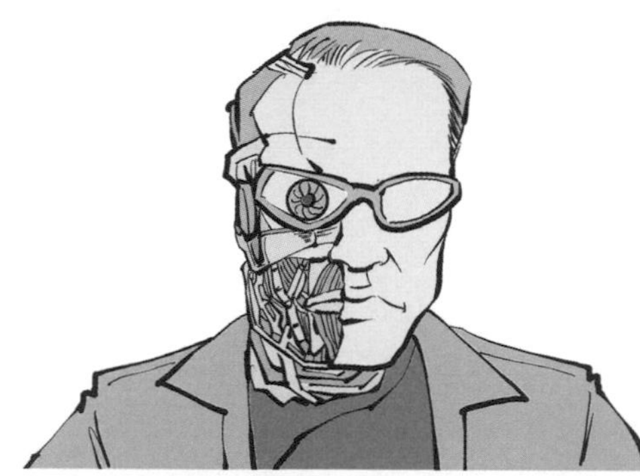

半機械人

在科幻電影中，半人半機械的人類早已屢見不鮮，從技術上來說實現並不遙遠，但人們對這一技術總是心存疑慮。

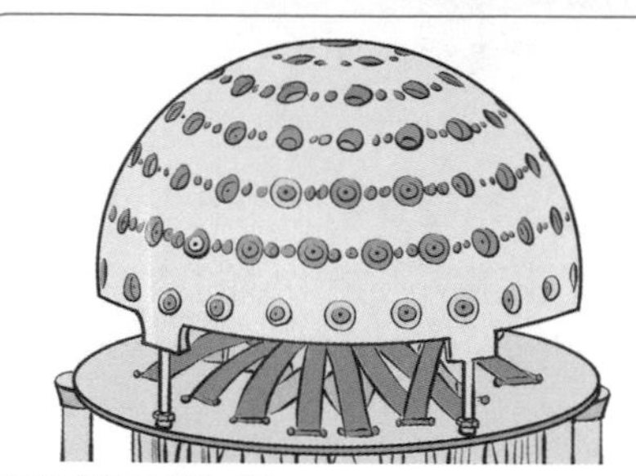

仿生蠅眼照相機

仿照蠅眼透鏡，由幾百或上千塊小透鏡整齊排列組合而成，一次就能照出千百張相同的照片，用於印刷製版和複製電腦的微小電路。

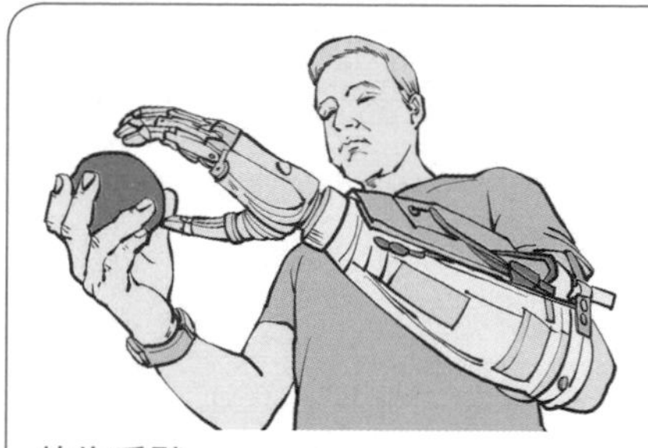

仿生手臂

依照仿生學原理製造的生化手臂，不但能夠用意識指揮手臂動作，擁有超過人類手臂的力量，甚至能控制遠處的機械手臂。

間諜蒼蠅

美國陸軍研究人員已經研製出「間諜蒼蠅」——仿昆蟲飛行器，並開始進行測試，為竊取敵方情報進行偵察。

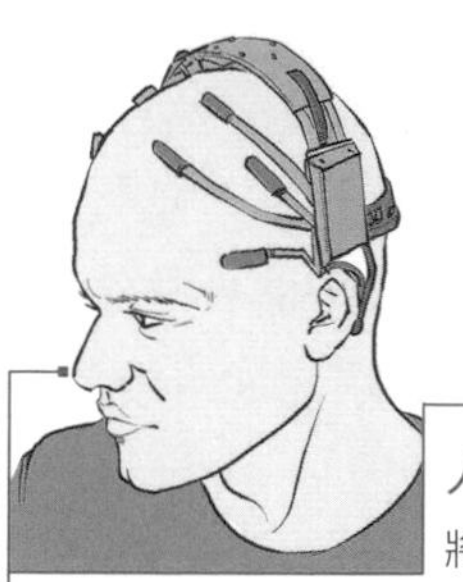

人腦與電腦連接測試

將人類大腦和電腦通過電子信號連接起來，達到直接進行資訊交流的目的，很可能超越一般生化人，而成為一種全新的生物。

05 新的進化方式 無機生命改變了生命法則

隨著電腦的飛速發展，無機生命存在的可能性也開始被人認識。也許有一天自我複製的電腦程式和電腦病毒發生突變，擁有自我進化意識，或者如科學家設想的那樣，在電腦中重建一個完整的人腦。

另一種生命

最後一種改變生命法則的方式，在幾十年前還完全無法想像，那就是創造完全無機的生命，最典型的，就是能夠自我進化的電腦程式和電腦病毒。電腦病毒都能自我複製，以躲避防毒軟體，並與其他病毒爭奪生存空間。也許某一天，在無數次複製過程中產生了突變，能夠更好地躲避防毒程式，並保持複製傳播到其他電腦的能力。那麼任何人都無法預測它會怎樣進化，很快地，有限的電子空間內會充滿了非人造的電腦病毒。

它們是生命嗎？這取決於智人對生命的定義，但毫無疑問的是一種新的進化方式產生了，與有機世界完全不同的進化法則。還有一種可能是將人類大腦備份到一臺電腦中，再以電腦來運作，那麼電腦能否和人一樣思考與感受呢？如果我們刪除這個程式是否算謀殺？

藍腦計畫的大願景

「藍腦計畫」試圖從模擬人腦開始，以電腦「複製」人腦的所有活動，以及內部發生的各種反應。該計畫使用 IBM 的 eServer Blue Gene 電腦（每秒鐘能進行 22.8 萬億浮點運算），模擬人腦的大約 1000 億個神經元。2009 年 8 月，藍腦計畫的負責人宣稱，有可能在 2020 年左右，製造出史上第一個會「思考」的機器人，它將擁有感覺、痛苦、欲望與恐懼。項目負責人表示，如果獲得足夠的資金，樂觀估計在 20 年內就能成功。2013 年 4 月，歐盟決定在這個項目上投入 10 億歐元，希望藍腦計畫成爲歐洲科學的旗艦。

顛覆想像的無機生命

無機生命顛覆了人類對生命法則的認識，自我進化的電腦病毒、將人類大腦備份到電腦中、以電腦複製人腦的所有活動……人類在研究無機生命的歷程中已踏出堅實的一步。

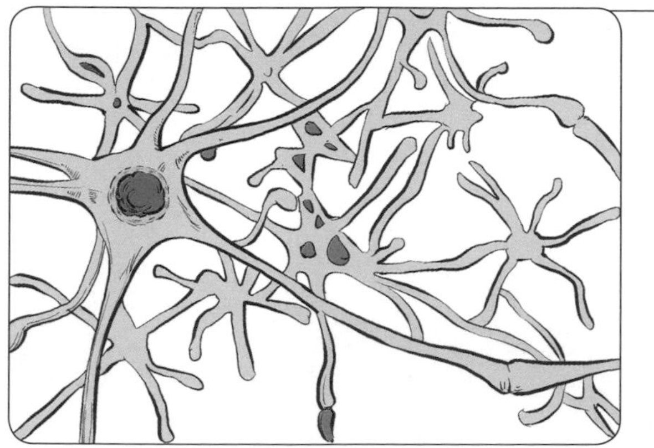

藍腦計畫

於 2005 年由瑞士科學家提出設想，複製人類大腦以達到治療阿茲海默症和帕金森氏症的目的，科學家希望以此揭開人類意識產生之謎。

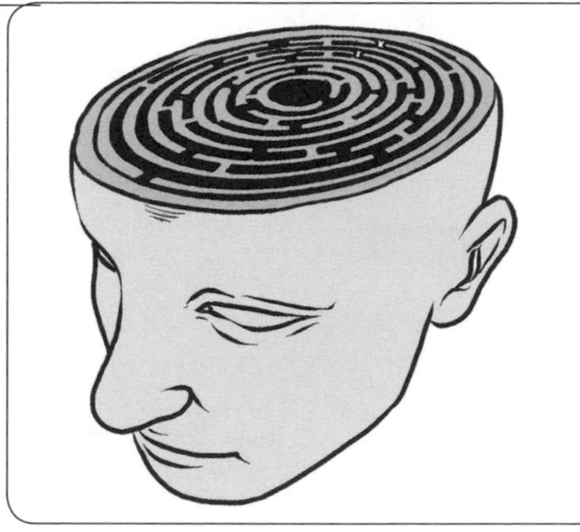

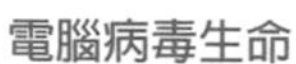

電腦病毒生命

通過不斷複製、自我進化和突變，甚至能夠規避防毒軟體的電腦病毒，任何人都難以預料它將如何進化，也許未來電子空間內會充斥這類非人造電腦病毒。

液態金屬機器人

中國科學家發現液態金屬能夠在吞食少量物質後，以可變形機器形態長時間高速運動，無須外部電力就能自主運動，從而為研製實用性自驅動液態金屬機器人，打開了方便之門。

06 進步與爭議 我們會不會被未來生命淘汰？

如果前述那些不同生命的預言最終成眞，那麼未來世界的主人將和我們完全不同，這會是生命史上的一個「奇點」，所有當下這個世界上的意義都無關緊要，而「奇點」之後的事情都超出我們的想像。

不無可能的「DNA 歧視」

今天我們正處於一個前所未有的社會、政治和道德革命之中，無數曾經固有的方式被動搖了，每個智人團體都要面對新的生命方式——生物工程、生化人或無機生命所帶來的難題。

第一次進行基因組圖譜繪製花費了 15 年的時間，成本高達 30 億美元，而今天我們只要花幾百美元、幾天的工夫，就能繪製出自己的 DNA 圖譜。DNA 圖譜繪製技術的進步，很可能讓我們擁有更個人化的醫療方案，治療更加有效。但從倫理學上來說，爭議也很巨大：保險公司是否有權查看客戶的 DNA 報告？在求職時會不會遭到「DNA 歧視」？

人類世界的奇點

如果未來的三種生命形式的設想都實現了，那麼未來世界的主人將和我們完全不同。未來科技的眞正潛力在於改變智人本身。從物理學角度來說，宇宙大霹靂就是一個奇點，在此之前，物理法則並不存在，而時間也不存在。

對智人來說，奇點就是世界的意義徹底崩潰，而所有的身分、希望、恐懼都變得無關緊要的那一點，我們無法想像這一點或其後發生的任何事情，所有假設都是徒勞的。除非發生核災難或者生態災難介入，我們會隨著飛速發展的科技很快來到這一點，被有著不同體形、不同認知能力及完全不同的生命體驗的生命替代。這就是大多數人所發現令人煩惱不安的事情，而我們不能接受也不願考慮：我們在宇宙中的位置被陌生的生命形式取代的可能性。

最後的智人

如果前面所說的三種生命形式都實現了，那麼也許就到了智人的最終時刻。未來科技的潛力在於改變智人本身，未來的人類將和現在的智人完全不同。

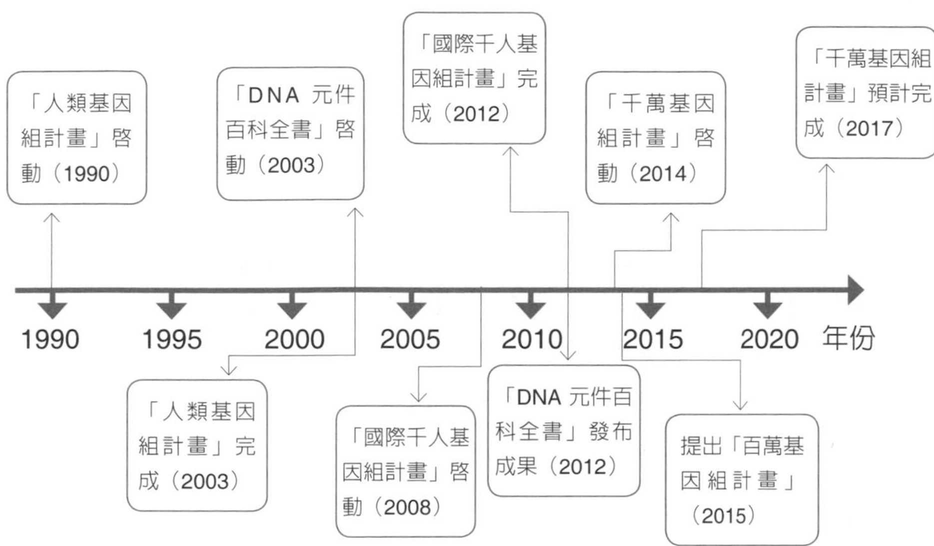

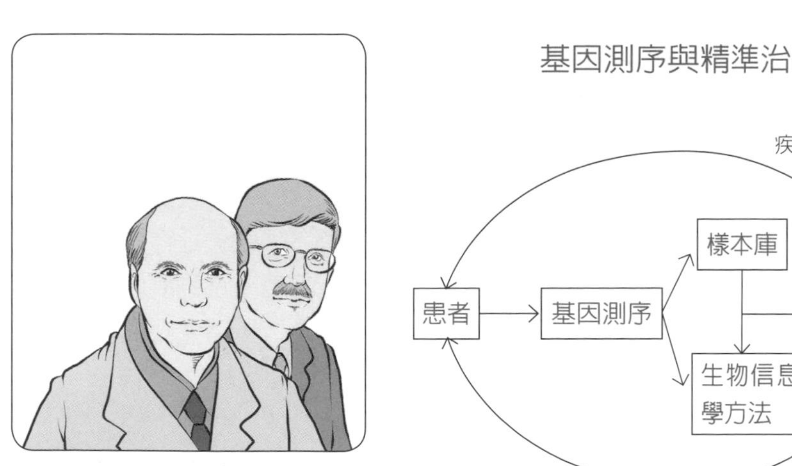

並肩開啓基因組時代的雙雄

美國科學家文特爾（左）和負責「人類基因組計畫」的柯林斯（右）

07 科學神話的重要主題 新人類出現的憂慮

瑪麗・雪萊曾經創造過一個半人半機械的怪物法蘭克斯坦，並成爲科幻小說中經久不衰的話題。然而，在科學的干預下，未來人類很可能眞正創造出更爲強大的新人類。

法蘭克斯坦預言

1818 年，英國詩人雪萊的妻子瑪麗・雪萊，創造出世上第一篇眞正的科幻小說《科學怪人》，書中塑造了一位科學家創造的人造生物，他雖然天性善良，但因爲命運捉弄而失控，並造成一片混亂，最終導致悲劇。這個故事在 200 年間經久不衰，成爲新科學神話的一個重要概念和母題。

《科學怪人》告訴我們，如果妄想奪取神靈的角色，試圖操控生命，那麼必將遭到嚴重的懲罰。這種結局可以讓人比較放心，它預示著智人依然是萬物之靈，也不會有比人類更加優秀的物種。

科學怪人統治世界

然而，科技的發展已經對此直接提出了挑戰。當藥物和技術主要用來防治疾病時，人人平等的人性化社會還是可能實現的，但如果藥物和技術愈來愈側重於增強人類的能力，是否所有人都有權接受這樣的治療呢？

目前，絕大多數科幻小說描繪的未來世界中，與現代人一模一樣的智人在那裡上天入地，反映的依然是當下我們面對的社會矛盾和情感困境。如果未來智人滅絕，而注意力和記憶力是其 1000 倍的陌生物種出現，這些科學怪人也許永遠年輕，甚至其情感和欲望完全不能被我們理解。不過，這樣的科幻小說寥寥無幾，因爲這種未來是我們難以理解的，或許新物種看待我們就如同我們看待尼安德塔人一樣，帶著不屑和輕蔑，說不定差距更大，畢竟我們和尼安德塔人好歹都還是人，而未來的「法蘭克斯坦」則更接近神的概念。

未來的新人類

當瑪麗・雪萊創造「法蘭克斯坦」這個怪物時，一定沒想到未來人類可能創造出比智人更加優秀的「新法蘭克斯坦」，而這將意味著什麼，值得令人深思。

電影中的法蘭克斯坦形象

科學怪人的形象自電影誕生之後，就成為經久不衰的藝術形象，特別是 1931 年的電影版本中，其形象最深入人心。

科學家構想 10 萬年後人類的長相

科學家設想人類會隨著環境改變，眼睛又大又圓，額頭更寬大，臉部變得更平板，而膚色變得更深。

瑪麗・雪萊

英國小說家，詩人雪萊的妻子，1818 年創作出文學史上第一部科幻小說《科學怪人》，被譽為科幻小說之母。

人類未來發展的五種道路

單一人　不同膚色融合在一起，眼睛比現代人大，種族特徵逐漸消失。

倖存人　具有抗輻射能力，他們的眉毛和皮膚都能防輻射。

基因人　基因和藥物相結合，使其智力增強，體格更健壯。

半機械人　人類和機械結合，最終將無所畏懼。

太空人　在星際旅行期間，他們的形體和頭髮會發生變化。

08 面對更強的人類 沉思的時刻

在科技飛速發展的現在，人類的未來似乎有著無限的可能。我們無法預測未來究竟會怎樣，此刻面臨的重要問題是人類強化問題，而比這更重要的也許是：「我們究竟想要什麼？」

不可靠的預測

當然，沒有人能夠確切地預測未來，本書最後部分的預測也不可能都可靠。歷史一次又一次地告訴我們，很多看來指日可待的事情會因爲不可預測的原因，永遠失去實現的可能，而無人預見的事情卻發生了。

當 20 世紀 40 年代進入核時代之後，很多人預測 20 世紀末將會成爲核子世界。冷戰時期進入太空時代之後，蘇聯人首先發射人造衛星，美國人登上月球，這大大激發了人類的想像力，因此有人預測 2000 年時，人類將在月球、火星和冥王星上生活，而今天還沒有國家實現太空殖民的夢想。相反地，誰也沒預料到網際網路能夠像今日這樣蓬勃發展。

無法阻擋的欲望

比起這些預言，更需要嚴肅對待的是歷史發展的基本思想。前文已提到，到了 2050 年就能讓某些人長生不老，而比較保守的預言是未來兩、三百年。這和長達 7 萬年的智人歷史比起來微不足道，人類製造「法蘭克斯坦」的設想也無法被制止。因爲它和人類戰勝疾病與死亡的欲望密不可分，這個欲望將會讓製造科學怪人的一切研究變得正大光明。

我們也許非常接近智人終結的日子。人類面臨的種種問題，包括今天政治家、哲學家、學者和一般大眾所爭論的各種問題，在人類強化問題面前都顯得微不足道。我們阻擋不了追求長生不老的吉爾伽美什，也就無法阻擋製造超級人類的法蘭克斯坦博士。而我們唯一能做的事情，就是在某種程度上影響它的方向，在回答「我們想變成什麼」之前，首先需要回答的是：「我們想要什麼？」

快速發展的反思

沒有人能準確預測未來，我們也許已經接近智人終結的日子，未來的人類會更加強大，出現類似法蘭克斯坦式的超級人類，在此之前，我們想好要做什麼了嗎？

太空城

太空城的設想一度在 20 世紀後半葉非常流行，建造可供人們長期生活的太空城，既是人類的夢想，也是空間技術發展的必然結果，但技術上要實現還有著遙不可及的一段距離。

新科學怪人

理論上通過遺傳工程或基因突變，能夠產生智商 1000 以上的超級天才，他們擁有我們難以想像的能力，但這也可能帶來人類史上前所未有的不平等。

沉思者

智人的能力正快速提升，人類的未來似乎擁有無窮的可能性，但是在此之前，我們需要首先考慮的是：我們想要什麼？

2AB715

一張圖攤開世界史

秒懂人類歷史大事件，破解文明背後的真相

作　　者／王宇琨、董志道
編　　輯／曾曉玲
封面設計／Copy
內頁排版／菩薩蠻數位文化有限公司

行銷企劃／辛政遠、楊惠潔
總 編 輯／姚蜀芸
副 社 長／黃錫鉉

總 經 理／吳濱伶
發 行 人／何飛鵬
出　　版／創意市集
發　　行／城邦文化事業股份有限公司
　　　　　歡迎光臨城邦讀書花園
　　　　　網址：www.cite.com.tw

香港發行所／城邦（香港）出版集團有限公司
　　　　　香港灣仔駱克道193 號東超商業中心1樓
　　　　　電話：（852）25086231
　　　　　傳真：（852）25789337
　　　　　E-mail：hkcite@biznetvigator.com

馬新發行所／城邦（馬新）出版集團
　　　　　Cite (M) SdnBhd
　　　　　41, Jalan Radin Anum, Bandar Baru Sri Petaling,
　　　　　57000 Kuala Lumpur,Malaysia.
　　　　　電話：（603）90578822
　　　　　傳真：（603）90576622
　　　　　E-mail：cite@cite.com.my

印　　刷／凱林彩印股份有限公司
初版一刷／2018年（民107）8月
ＩＳＢＮ／978-957-9199-17-9
定　　價／450元

若書籍外觀有破損、缺頁、裝訂錯誤等不完整現象，想要換書、退書，或您有大量購書的需求服務，都請與客服中心聯繫。

客戶服務中心
地址：10483台北市中山區民生東路二段141 號B1
服務電話：（02）2500-7718
　　　　　（02）2500-7719
服務時間：周一至周五9：30～18：00
24 小時傳眞專線：（02）2500-1990～3
E-mail：service@readingclub.com.tw

國家圖書館出版品預行編目（CIP）資料

一張圖攤開世界史 / 王宇琨，董志道編著.
-- 初版 -- 臺北市：創意市集出版：
城邦文化發行，民107.08
面；　公分
ISBN 978-957-9199-17-9（平裝）

1.世界史　2.文明史

711　　107009716